Tobias Scheer, Philippe Ségéral, Céline Guillot-Barbance
Abrégé de Phonétique Historique

Tobias Scheer, Philippe Ségéral,
Céline Guillot-Barbance

Abrégé de Phonétique Historique

—

Manuel pour la préparation à l'épreuve d'ancien français
de l'agrégation de Lettres Modernes

DE GRUYTER

ISBN 978-3-11-131275-0
e-ISBN (PDF) 978-3-11-131615-4
e-ISBN (EPUB) 978-3-11-131621-5

Library of Congress Control Number: 2024943977

Bibliographic information published by the Deutsche Nationalbibliothek
The Deutsche Nationalbibliothek lists this publication in the Deutsche Nationalbibliografie; detailed bibliographic data are available on the Internet at http://dnb.dnb.de.

© 2025 Walter de Gruyter GmbH, Berlin/Boston

Cover image: © Philippe Ségéral

www.degruyter.com

Table des matières – survol

Table des matières – détail —— VII

Avant-propos —— XXI

Conventions et abréviations —— XXIV

Partie I : Généralités
1 Chapitre 1 – Introduction —— 3
7 Chapitre 2 – Phonétique articulatoire —— 9
16 Chapitre 3 – Structure syllabique —— 15
26 Chapitre 4 – Facteurs qui pèsent sur l'évolution —— 23
42 Chapitre 5 – Réduction des mots —— 35
43 Chapitre 6 – Présentation synthétique des sources graphiques —— 37

Partie II : Voyelles
53 Chapitre 7 – A retenir —— 49
74 Chapitre 8 – L'accent et son action —— 57
82 Chapitre 9 – Réduction des mots —— 63
85 Chapitre 10 – Voyelles en syllabe fermée (CVC) —— 67
142 Chapitre 11 – Voyelles toniques en syllabe ouverte (CV) —— 89
177 Chapitre 12 – Voyelles atones en syllabe ouverte (CV) —— 107

Partie III : Consonnes
196 Chapitre 13 – A retenir —— 121
211 Chapitre 14 – Réduction des groupes triconsonantiques CCC —— 129
212 Chapitre 15 – Obstruantes en Position Forte —— 133
222 Chapitre 16 – Glides j, w en Position Forte —— 141
233 Chapitre 17 – Liquides, nasales et s en Position Forte —— 151
237 Chapitre 18 – La Coda (__.C) —— 155
251 Chapitre 19 – La position intervocalique (V__V et V__#) —— 165
268 Chapitre 20 – *Muta cum liquida* (attaques branchantes) —— 179
279 Chapitre 21 – Les palatalisations —— 187
292 Chapitre 22 – Yod se mouvant à gauche —— 197

Partie IV : Aperçu de l'évolution ultérieure (fin 13ᵉ jusqu'au Grand Siècle)

Chapitre 23 – Période trouble de la fin du 13ᵉ au 17ᵉ siècle : le moyen français et la Renaissance —— 207

Chapitre 24 – *Raide vs roide* : action de la norme sur l'évolution ue > e —— 225

Repères chronologiques —— 233

Glossaire des termes —— 235

Glossaire des processus —— 240

Exercices —— 245

Références bibliographiques —— 273

Table des matières – détail

Table des matières – survol —— V

Avant-propos —— XXI

Conventions et abréviations —— XXIV

Partie I : Généralités

Chapitre 1 – Introduction —— 3
1. Langue étudiée —— 3
2. Phonétique historique du français —— 4
   § Naissance et développement —— 4
   § Phonétique et phonologie historiques —— 5
3. La phonétique historique est d'abord celle qui va jusqu'à l'afr —— 5
4. Ce que nous apportent les graphies —— 6
5. Ressources —— 8

Chapitre 2 – Phonétique articulatoire —— 9
   § Segments —— 9
   § Trois propriétés —— 9
1. Mode d'articulation —— 9
   § Echelle de sonorité —— 9
   § Consonnes absentes du frm —— 10
   § Segments complexes (consonnes) —— 11
   § Segments complexes (voyelles) —— 11
2. Lieu d'articulation —— 12
   § Consonnes —— 12
   § Voyelles —— 13
3. Voisement —— 14

Chapitre 3 – Structure syllabique —— 15
- 16 1 Constituance syllabique —— 15
-     2 Syllabation des groupes consonantiques —— 16
- 17   § V.TRV *vs* VR.TV —— 16
- 18   § Les attaques branchantes du français : *muta cum liquida* —— 17
- 19   § En pratique : recette de cuisine —— 18
- 20 3 Syllabe ouverte *vs* syllabe fermée —— 19
-     4 Longueur —— 19
- 21   § Voyelles longues et brèves —— 19
- 22   § Consonnes géminées —— 20
- 23 5 Consonnes finales —— 20
- 24 6 Poids syllabique —— 21
- 25 7 s, ts —— 22

Chapitre 4 – Facteurs qui pèsent sur l'évolution —— 23
- 26
- 27 1 Lois phonétiques —— 23
-     2 Analogie —— 25
- 28   2.1 Lois phonétiques *vs* analogie —— 25
-         2.2 Définition et illustration en français moderne —— 25
- 29   § *Un terminal* (aéroport) – *deux ...* —— 25
- 30   § Différence avec les lois phonétiques —— 26
- 31   § *J'empacte* —— 26
-         2.3 Action de l'analogie dans les paradigmes verbaux de l'afr —— 27
- 32   § Cause du désordre : l'accent latin et ses conséquences —— 27
- 33   § Réaction contre le désordre —— 28
- 34 3 Facteurs externes —— 29
- 35   3.1 Vocabulaire savant —— 30
-         3.2 Action de la norme —— 31
- 36   § La norme —— 31
- 37   § Apparition de la norme au 13e siècle —— 31
- 38   3.3 Emprunt —— 32
- 39   § Emprunts au germanique —— 32
- 40   § Emprunts au latin —— 33
- 41   3.4 Mélange de plusieurs mots —— 34

42 **Chapitre 5 – Réduction des mots (synthèse) —— 35**

43 **Chapitre 6 – Présentation synthétique des sources graphiques —— 37**
44 1 Relative indépendance de la graphie depuis les origines —— 37
45 2 Importance de la variation graphique avant le 17ᵉ siècle —— 38
46 3 Influence de la norme et innovations graphiques à partir du 16ᵉ siècle —— 39
47 4 Fonctions multiples des graphies dans le français écrit —— 39
48 5 Inventaire des graphies —— 41
49   5.1 Graphies modernes et leur valeur phonétique —— 41
50   5.2 Repères concernant les graphies médiévales —— 42
51   § Consonnes —— 42
           a) Impact des palatalisations sur les graphies —— 42
           b) Les lettres z, x et t en position finale —— 43
52   § Voyelles : impact des diphtongaisons sur les graphies —— 44

Partie II : Voyelles

Chapitre 7 – A retenir —— 49
48 1 Inventaire des voyelles : lc > afr > frm —— 49
53   § Latin —— 49
54   § Ancien français —— 50
    2 Graphie —— 50
55   § Nasalité des voyelles —— 50
56   § <a> [a], [ã] —— 51
57   § <i> [i], [ĩ] (frm [i], [ɛ̃]) —— 51
58   § <u> [y], [ỹ] (frm [y], [œ̃]), plus rarement [u] —— 51
59   § <o> [o], [ɔ], [ø], [u], [õ] (frm [ɔ̃]) —— 51
60   § <e> [e], [ɛ], [ã], [ə] —— 52
61   § <eu> [ø] (frm [ø] et [œ]) —— 52
62   § <ue> et <oe> [ø] (frm [ø] et [œ]) —— 52
63   § <oi> [ɛ], [wɛ], [wɛ̃] (frm [wa], [wɛ̃]) —— 53
64   § <ie> [jɛ], [jẽ] (frm [ɛ], [e], [jɛ], [je], [jɛ̃]) —— 53
65   § <ou> [u] —— 54
66   § <ui> [ɥi] —— 54
67   § <ai> [ɛ], [ɛ̃] —— 54

68		§ <ei> [ɛ], [ɛ̃] —— 54
69		§ <au> [o] —— 55
70		§ <eau> —— 55
71		§ <ieu> —— 55
72		§ <ueu> —— 55
73	3	Position > accent > mélodie —— 55

Chapitre 8 – L'accent et son action —— 57

74	1	Place de l'accent en latin —— 57
75	2	Changement de nature de l'accent entre le latin classique et le latin tardif —— 58
	3	Conséquences du changement accentuel sur le système vocalique —— 58
76	3.1	Ruine de la longueur lexicale et distinctive —— 58
77	3.2	Evolution du système vocalique du lc en lt —— 59
78		§ Voyelles toniques —— 59
79		§ Voyelles atones —— 59
80	4	Lexicalisation de l'accent —— 60
81	5	Ruine de l'accent de longueur, avènement de l'accent de groupe —— 60

Chapitre 9 – Réduction des mots —— 63

	1	La syncope —— 63
82	1.1	Définition : tonique *vs* atone (initiale, prétonique, posttonique, finale) —— 63
83	1.2	Centralisation et syncope —— 63
84	2	Consonification latine de i,e et u,o en hiatus —— 64

Chapitre 10 – Voyelles en syllabe fermée (CVC) —— 67

85	1	Généralités —— 67
86		§ Syllabe fermée : types —— 67
87		§ Syllabe fermée : positions —— 67
88		§ Syllabe fermée : voyelles qui s'y rencontrent —— 67
89		§ Maintien —— 68
90		§ Processus en syllabe ouverte non applicables —— 68
91		§ Modifications —— 68
92		§ Changements non conditionnés —— 68
93		§ Effets segmentaux —— 69
94		§ Le glide j (yod) en coda —— 69

95		§ Le glide w en coda —— 70
96		§ Les nasales n et m en coda —— 70
97		§ Effets segmentaux dus aux nasales —— 70
98		§ La nasale ɲ en coda —— 70
99		§ La sifflante s en coda —— 70
100		§ Neutralité des consonnes géminées —— 71
	2	a —— 71
101		§ a en syllabe fermée par une consonne neutre C° —— 71
102		§ a en syllabe fermée par j —— 72
103		§ a en syllabe fermée par w —— 72
104		§ a en syllabe fermée par m, n —— 73
105		§ a en syllabe fermée par ɲ̃ (ɲ) —— 73
106		§ a en syllabe fermée par s, z —— 74
	3	ɛ̱ (tonique) —— 74
107		§ ɛ̱ n en syllabe fermée par une consonne neutre C° —— 74
108		§ Diphtongaison conditionnée de ɛ̱ en syllabe fermée —— 75
109		§ ɛ̱ en syllabe fermée par j —— 75
110		§ ɛ̱ en syllabe fermée par w —— 75
111		§ ɛ̱ en syllabe fermée par m, n —— 77
112		§ ɛ̱ en syllabe fermée par ɲ̃ (ɲ) —— 77
	4	e —— 77
113		§ e en syllabe fermée par une coda neutre C° —— 77
114		§ e en syllabe fermée par j —— 77
115		§ e en syllabe fermée par w —— 78
116		§ e en syllabe fermée par m, n —— 78
117		§ e en syllabe fermée par ɲ̃ (ɲ) —— 78
	5	ɔ̱ (tonique) —— 79
118		§ ɔ̱ en syllabe fermée par une coda neutre C° —— 79
119		§ Diphtongaison conditionnée de ɔ̱ en syllabe fermée —— 79
120		§ ɔ̱ en syllabe fermée par j —— 80
121		§ ɔ̱ en syllabe fermée par w —— 80
122		§ ɔ̱ en syllabe fermée par m, n —— 80
123		§ ɔ̱ en syllabe fermée par ɲ̃ (ɲ) —— 80
124		§ ɔ̱ en syllabe fermée par s —— 81
	6	o —— 81
125		§ o en syllabe fermée par une coda neutre C° —— 81
126		§ o en syllabe fermée par j —— 81

127		§ o en syllabe fermée par w —— 82
128		§ o en syllabe fermée par m, n —— 82
129		§ o en syllabe fermée par ȷ̃ (ɲ) —— 82
	7	i —— 83
130		§ i en syllabe fermée par une coda neutre C° —— 83
131		§ i en syllabe fermée par j —— 83
132		§ i en syllabe fermée par w —— 83
133		§ i en syllabe fermée par m, n —— 84
	8	u —— 84
134		§ u en syllabe fermée par une coda neutre C° —— 84
135		§ u en syllabe fermée par j —— 84
136		§ u en syllabe fermée par w —— 84
137		§ u en syllabe fermée par m, n —— 85
138		§ u en syllabe fermée par ȷ̃ (ɲ) —— 85
	9	au —— 85
139		§ au en syllabe fermée par une coda neutre C° —— 85
140		§ au en syllabe fermée par j —— 85
141		§ au en syllabe fermée par m, n —— 86

Chapitre 11 – Voyelles toniques en syllabe ouverte (CV) —— 89

    1 Généralités —— 89

142	§ Syllabe ouverte tonique : types —— 89
143	§ Syllabe ouverte tonique : voyelles qui s'y rencontrent —— 89
144	§ Modification —— 89
145	§ Changements non conditionnés —— 89
146	§ Diphtongaisons spontanées —— 90
147	§ Monophtongaisons —— 90
148	§ Effets segmentaux —— 91
149	§ Consonnes labiales p, b, f et v —— 91
150	§ Consonnes nasales m, n —— 91
151	§ Consonnes palatales – Effet de Bartsch-Mussafia —— 92
152	§ Effets de l'hiatus —— 92
153	§ Voyelle tonique en hiatus avec u# —— 92
154	§ Voyelle tonique en hiatus avec i# —— 93
155	§ Voyelle tonique en hiatus avec schwa —— 93

	2	a —— 93
156		§ Evolution générale de a —— 93
157		§ Effet Bartsch-Mussafia sur a —— 94
158		§ a suivi de nasale —— 95
159		§ a en hiatus avec u final (a.u#) et i final (a.i#) —— 95
	3	ɛ —— 96
160		§ Evolution générale de ɛ —— 96
161		§ ɛ suivi de nasale —— 96
162		§ ɛ en hiatus avec u final —— 96
	4	e —— 97
163		§ Evolution générale de e —— 97
164		§ Effet Bartsch-Mussafia sur e —— 98
165		§ e suivi de nasale —— 98
	5	ɔ —— 98
166		§ Evolution générale de ɔ —— 98
167		§ ɔ suivi de nasale —— 99
168		§ ɔ en hiatus avec u final —— 99
	6	o —— 100
169		§ Evolution générale de o —— 100
170		§ o suivi de nasale —— 100
	7	i —— 101
171		§ Evolution générale de i —— 101
172		§ i suivi de nasale —— 101
	8	u —— 120
173		§ Evolution générale de u —— 102
174		§ u suivi de nasale —— 102
	9	au —— 103
175		§ Evolution générale de au —— 103
176		§ au en hiatus avec ə final —— 103

Chapitre 12 – Voyelles atones en syllabe ouverte (CV) —— 107

	1	Généralités —— 107
177		§ Syllabe ouverte atone : voyelles qui s'y rencontrent —— 107
	2	Le schwa ə —— 107
178		§ Une nouvelle voyelle —— 107
179		§ schwa issu d'une voyelle —— 107
180		§ schwa issu de rien (épenthétique) —— 108

181		§ Chronologie —— 108
182		§ L'hiatus —— 109
	3 a —— 109	
183		§ a initial —— 109
184		§ a initial précédé de consonne palatale —— 110
185		§ a initial en hiatus —— 110
186		§ a prétonique, final et posttonique —— 111
	4 e —— 112	
187		§ e initial —— 112
188		§ e prétonique, posttonique et final —— 112
	5 o —— 113	
189		§ o initial —— 113
190		§ o prétonique, posttonique et final —— 114
191	6 au —— 114	
	7 schwa —— 115	
192		§ Sort général de schwa ancien ə¹ et schwa tardif ə² —— 115
193		§ Maintien du schwa ancien ə¹ et du schwa épenthétique après groupe TR —— 116
194		§ Maintien du schwa ancien ə¹ en position finale —— 117
195		§ schwa en hiatus —— 117

Partie III : Consonnes

Chapitre 13 – A retenir —— 121

1 Inventaire des consonnes lc > afr > frm —— 121
- 196 § Inventaire lc > afr —— 121
- 197 § Modifications afr > frm —— 122

2 Graphie —— 122
- 198 § ⟨v⟩ —— 122
- 199 § yod —— 122
- 200 § ⟨s⟩, ⟨z⟩ —— 123
- 201 § ⟨x⟩ —— 123
- 202 § ⟨n⟩, ⟨m⟩ —— 123
- 203 § Palatalisations —— 124
- 204 § Persistance de graphies obsolètes —— 124

205 3 Position Forte, positions faibles —— 125

	4	Action de la position —— 126
206		§ Lénition en position faible, absence de lénition en Position Forte —— 126
207		§ Evolution hors influence segmentale —— 127
208		§ Position forte {#,C}__ —— 127
209		§ Position intervocalique —— 128
210		§ Coda __{#,C} —— 128

211 **Chapitre 14 – Réduction des groupes triconsonantiques CCC —— 129**

Chapitre 15 – Obstruantes en Position Forte —— 133

212			§ Consonnes étudiées —— 133
213	1		Obstruantes en Position Forte primaire —— 133
214	2		Obstruantes en Position Forte secondaire —— 134
		2.1	Trajectoires forte et faible dues à la syncope plus ou moins tardive —— 134
215			§ Trajectoires forte et faible —— 134
216			§ Syncope plus ou moins tardive —— 134
217			§ Locus de variation —— 135
218		2.2	Labiales et dentales —— 135
		2.3	Vélaires —— 136
219			§ Vélaires devant voyelle non palatalisante : k,g+u,o —— 136
220			§ Vélaires devant voyelle palatalisante : k,g+a —— 137
221		2.4	Evolution des consonnes finales —— 137

Chapitre 16 – Glides j, w en Position Forte —— 141

	1		Position initiale —— 141
222			§ Yod —— 141
223			§ w —— 141
	2		Yod appuyé (C+yod) —— 141
224			§ Fonctionnement général —— 141
		2.1	Processus latins —— 142
225			§ dj, gj > ɟ —— 142
226			§ Assibilation tj > tsj —— 142
		2.2	Evolution en proto-français —— 143
227			§ Vue d'ensemble —— 143
			a) C+yod en position intervocalique —— 143
			b) C+yod en position appuyée —— 144

228		§ Palatalisation —— 144
229		§ Métathèse —— 146
230		§ Renforcement : fonctionnement —— 147
231		§ Renforcement : labiale + yod —— 148
232	3	w appuyé (C+w) —— 149

Chapitre 17 – Liquides, nasales et s en Position Forte —— 151

233	1	Position initiale —— 151
	2	Position appuyée interne —— 151
234		§ Situation générale —— 151
235		§ Epenthèse c_am_(e)ra > *chambre* —— 152
236	3	Position appuyée finale —— 153

Chapitre 18 – La Coda (__.C) —— 155

237		§ Consonnes étudiées —— 155
238		§ Désintégration radicale des codas —— 155
239		§ Reprise de la substance des codas par la voyelle précédente —— 155
240	1	Obstruantes —— 156
241		1.1 Labiales —— 156
242		1.2 Dentales —— 157
		1.3 Vélaires —— 157
243		§ Groupes primaires —— 157
244		§ Groupes secondaires —— 159
245	2	Sonantes —— 160
246		2.1 Yod —— 160
247		2.2 l —— 161
248		2.3 s —— 162
249		2.4 r —— 162
250		2.5 Nasales —— 163

Chapitre 19 – La position intervocalique (V__V et V__#) —— 165

	1	Consonnes étudiées —— 165
251		1.1 La consonne finale (V__#) est une intervocalique —— 165
		1.2 Diagnostics pour l'intervocalicité de la consonne finale C# —— 165
252		§ -al - -aux —— 165
253		§ Diphtongaison de la voyelle tonique précédant C# —— 165

254			§ Evolution des consonnes finales —— 166
255			§ Graphie de t,d intervocalique (phonétique et final) —— 167
	2	Evolution —— 167	
256		2.1	Dévoisement en finale —— 167
		2.2	Lénition intervocalique —— 168
257			§ Voisement et spirantisation —— 168
258			§ Sonantes —— 168
259		2.3	Labiales —— 169
260		2.4	Dentales —— 170
		2.5	Vélaires —— 170
261			§ Vue d'ensemble —— 170
262			§ k,g précédés ou suivis de u,o —— 171
263			§ k,g+a —— 171
	3	Genèse de la liaison —— 172	
264		3.1	Chute des consonnes finales en sandhi externe —— 172
265		3.2	Elargissement du domaine d'application et ses conséquences multiples —— 173
		3.3	Naissance de la liaison —— 175
266			§ Première étape fin 12ᵉ siècle —— 175
267			§ Deuxième étape fin 15ᵉ siècle —— 177

Chapitre 20 – *Muta cum liquida* (attaques branchantes) —— 179

268			§ Consonnes étudiées —— 179
	1	Position et type des groupes TR —— 179	
269			§ Groupes TR en position forte et faible —— 179
270			§ Groupes primaires et secondaires —— 179
	2	TR en position faible (intervocalique) —— 180	
		2.1	T = labiale —— 180
271			§ pr, br —— 180
272			§ pl, bl —— 180
		2.2	T = dentale —— 181
273			§ tr, dr —— 181
274			§ tl, dl —— 182
275		2.3	T = vélaire —— 183
	3	TR en Position Forte —— 183	
276		3.1	T = labiale et dentale —— 183

		3.2	T = vélaire —— 184
277			§ TR primaire —— 184
278			§ TR secondaire —— 184

Chapitre 21 – Les palatalisations —— 187

    1   Généralités —— 187

279   § Fonctionnement —— 187
280   § Palatalisation romane et gallo-romane —— 187

    2   La palatalisation romane —— 187
        2.1   Caractérisation et illustration —— 187

281   § Asymétrie k – g —— 187
282   § Deux processus successifs : palatalisation, affrication —— 188

        2.2   Position intervocalique —— 189

283   § g+i,e —— 189
284   § k+i,e —— 190
285   § k+(i,e) : f<u>a</u>c(e)re —— 190
286   2.3   Deux dépalatalisations —— 192

    3   La palatalisation gallo-romane —— 193
        3.1   Caractérisation et illustration —— 193

287   § Processus et voyelles palatalisantes —— 193
288   § Illustration —— 193
289   § Vocabulaire latin : palatalisation seulement en Position Forte devant a —— 194
290   § Vocabulaire germanique —— 194

291   4   Une seule palatalisation —— 195

Chapitre 22 – Yod se mouvant à gauche —— 197

    1   Yod flottant —— 197

292   1.1   Yod flottant engendré par trois processus —— 197
293   1.2   Ancrage réussi —— 198
294   1.3   Ancrage bloqué —— 199
295   2   Palatalisation de la coda existante —— 200

    3   Consonnes palatalisables —— 201

296   3.1   Seuls les vélaires k,g et n,l sont palatalisables —— 201
297   3.2   Transmission de la palatalité par contact ? —— 201

		3.3	r', s', t' n'ont jamais existé —— 202
298			§ Groupes à labiale prj, brj —— 202
299			§ Conditionnement syllabique —— 202
300			§ Résolution progressive des groupes C.j —— 202

Partie IV : Aperçu de l'évolution ultérieure (fin 13ᵉ jusqu'au Grand Siècle)

Chapitre 23 – Période trouble de la fin du 13ᵉ au 17ᵉ siècle : le moyen français et la Renaissance —— 207

301	1	La norme élargit son champ d'action —— 207	
	2	Apparition et évolution de la norme —— 208	
302		2.1	Structuration sociale —— 208
303		2.2	Indicateurs attestant la norme —— 209
304		2.3	*Romanz, franceis* —— 210
305		2.4	Le prestige naissant de Paris —— 210
306		2.5	Commentateurs et grammairiens —— 211
307		2.6	Langue digne et de plein exercice —— 212
308		2.7	16ᵉ siècle : foisonnement d'avis et récits descriptifs —— 213
309		2.8	La monarchie absolue et son apanage : vision du passé, langue unique, purisme —— 213
310		2.9	Résumé : la norme accouchant et précipitant la période d'instabilité —— 214
311	3	Evolutions phonétiques durant cette période d'instabilité —— 215	
312		3.1	Evolutions échappant à l'action de la norme —— 215
313			§ Elimination de schwa en hiatus —— 216
314			§ Elimination de yod après consonne palatale —— 216
315			§ Voyelles nasales —— 216
316			§ Uvularisation de r —— 217
317		3.2	Evolutions entravées par l'action de la norme —— 217
318			§ e > a devant r en coda —— 217
319			§ La Loi de position —— 218
320			§ Consonnes finales —— 220
321			§ r final —— 221
322			§ Chute de r en coda —— 222
323			§ o > u (ouisme) —— 223

Chapitre 24 – *Raide* vs *roide* : action de la norme sur l'évolution ue > e —— 225

324 1 Nouvelle consonification au 13ᵉ siècle —— 225
325 2 ie > je —— 226
326 3 Action de la norme sur l'évolution de ue —— 227
327 4 Statut phonologique des avatars de ie, ue —— 229

Repères chronologiques —— 233

Glossaire termes —— 235

Glossaire des processus —— 240

Exercices —— 245
  1 Evolution lc > afr > frm étape par étape (mots choisis) —— 245
    1.1 Facile —— 245
    1.2 Moyen —— 250
    1.3 Difficile —— 256
  2 Questions de synthèse —— 264
    2.1 Evolution de lc a,ā —— 264
    2.2 dʒ : origine, évolution et graphie —— 266
    2.3 Diphtongaison spontanée *vs* de coalescence —— 267
    2.4 Les palatalisations et leur graphie —— 269
    2.5 Consonnes intervocaliques —— 271

Références bibliographiques —— 273

Avant-propos

Cet ouvrage est destiné à aider les étudiants qui préparent l'« épreuve écrite d'étude grammaticale d'un texte de langue française antérieur à 1500 » de l'agrégation de Lettres Modernes. Il introduit à la phonétique historique du français dans le but de marier le patrimoine glorieux de la discipline, aujourd'hui desséché, avec les acquis de la phonologie moderne, et notamment la **structure syllabique autosegmentale**. Ainsi l'Abrégé est littéralement l'abrégé de la partie phonétique de la **GGHF** (Grande Grammaire Historique du Français, Marchello-Nizia *et al.* 2020).

Poursuivant la tradition des grammaires ↗2 qui en réalité ont toujours été conçues en tant que manuels pour l'enseignement, les faits et analyses que propose l'Abrégé sont énoncés *ex cathedra* ; aussi on n'y trouvera guère des arguments les motivant ou des débats relatant des avis divergents, et le renvoi à des références bibliographiques est exceptionnel. Ainsi des décisions sont prises sur les divers sujets, et assumées. Elles suivent la GGHF, et le lecteur désireux de découvrir les arguments, débats et références bibliographiques pertinents est invité à s'y rendre.

L'Abrégé est un abrégé au niveau du contenu. Les phénomènes rapportés sont réduits au strict nécessaire, le pari étant de concilier simplicité et clarté d'exposition sans trahir les faits ou faire violence à la précision des formulations. Les éléments de variation qui ne sont pas ou guère abordés dans l'Abrégé sont traités dans la GGHF (dossiers lexicaux individuels, influence de l'analogie et de formes morphologiques particulières).

La réduction du contenu a été présidée par l'utilité des patrons pour le concours : quelles sont les chances pour que l'agrégatif y rencontre tel phénomène, tel mot ou telle dérivation ? Notre pierre de touche pour prendre les décisions est la **liste de 180 mots importants** que nous avons établie, et qui est librement disponible en ligne (https://doi.org/10.1515/9783111316154). Cette liste est construite à partir des sujets et questions tombés au concours ces dernières années, ou qui y sont habituels, ainsi que des mots les plus fréquents dans la base de textes **Base de français médiéval** (BFM http://bfm.ens-lyon.fr/). Les mots figurant sur cette liste sont systématiquement mentionnés dans les différents chapitres qui les concernent, et à l'inverse les phénomènes qui ne sont illustrés par aucun mot important ont été écartés, ou mis en parcours secondaire (grisé). Cela ne veut pas dire pour autant que l'Abrégé se réduit à la liste de ces mots importants : lorsqu'un phénomène les mobilisant a également un volet où ils ne sont pas présents, d'autres mots sont cités. Ainsi la liste ne contient pas de mots d'origine germanique (sauf une exception, *blanc*), qui sont moins souvent proposés au concours. Mais faire la phonétique historique du français sans les mots germaniques est à l'évidence impossible. La palatalisation gallo-romane par exemple ne se comprend parfaitement qu'à leur lumière : eux seuls montrent qu'elle est également déclenchée par i,e ↗288-290.

Si l'Abrégé abrège le contenu, sa vocation pédagogique commande souvent l'augmentation du nombre de pages consacrées à un phénomène donné : les faits sont présentés en tableaux plutôt que dans le texte, des dérivations relatant les formes latines et afr par les étapes intermédiaires de l'évolution illustrent le propos, et des notions qui ailleurs ne demandent pas que l'on s'y attarde sont explicitées. Enfin, la répétition a droit de cité en pédagogie, et des tableaux en ouverture des chapitres résument son contenu en montrant, pour chaque patron, un mot latin et son aboutissement.

L'Abrégé est par ailleurs outillé d'une introduction à la **phonétique articulatoire** (chapitre 2) et d'une présentation des principes régissant la **structure syllabique** (chapitre 3). Il contient, en fin d'ouvrage, deux **glossaires**, concernant les termes et les processus, ainsi que des **repères chronologiques** qui localisent les événements les plus importants dans le temps. Egalement en fin d'ouvrage (et en partie en ligne), deux types d'**exercices** sont proposés que les candidats rencontreront lors du concours : d'une part la **dérivation par stades évolutifs successifs** de 30 mots français à partir de leur origine latine, d'autre part des **questions de synthèse** qui demandent aux candidats d'appliquer leurs connaissances globales à un sujet particulier. L'outillage est complété par trois ressources librement accessibles en ligne sous forme de fichiers électroniques permettant la recherche automatique et le tri en fonction de critères définis par l'usager : la **liste des mots importants** mentionnée plus haut, un **index lexical** ainsi que quelques exercices supplémentaires. Ces trois annexes sont en libre téléchargement sur la page web de l'Abrégé (https://doi.org/10.1515/9783111316154).

Par ailleurs, toujours suivant son propos pédagogique, l'Abrégé cherche à **relier les évolutions du français à la forme moderne, pratiquée par les agrégatifs**. Ainsi l'analogie dans les paradigmes verbaux de l'afr est-elle introduite par l'étude de l'activité analogique en français moderne ↗29. La palatalisation gallo-romane est mise en regard de sa réplique qui est actuellement pratiquée dans une variété sociologiquement marquée ↗291.1 (« banlieue »). Ce que l'on appelle la Loi de position est introduit à partir de l'état préconisé par la norme moderne ↗319 afin de montrer comment celle-ci, depuis le 13ᵉ siècle, a agi avec succès sur un processus naturel et régulier pour le rendre anarchique (processus dont l'aboutissement régulier, exempt du poids de la norme, est observable aujourd'hui dans les variétés méridionales).

L'Abrégé porte une attention particulière à la **graphie** et son évolution : le chapitre 6 introduit à la question, et la représentation graphique des voyelles et des consonnes individuelles est introduite en tête des parties sur les voyelles ↗55-72 et les consonnes ↗198-204, en synchronie et s'agissant de leur évolution.

Enfin, l'Abrégé propose **deux parcours de lecture**, l'un comprenant l'essentiel, l'autre, sur fond grisé, invitant à l'approfondissement. Toutes les parties sont concernées : les tableaux récapitulatifs en début de chapitre comprennent des cases grisées afin que les enseignants et étudiants puissent d'un coup d'œil juger des parties essentielles et plus avancées du chapitre. Les remarques sont généralement grisées, mais non toujours, et il y a des paragraphes ou sections entières qui le sont.

Les deux parcours de lecture servent l'ambition qu'a l'Abrégé de faire, à la différence d'autres manuels de préparation à l'Agrégation, la jonction avec la recherche : il veut certes satisfaire sa raison d'être, la concentration sur ce qui est nécessaire pour préparer le concours, mais également, et sans frais supplémentaires (on peut ignorer le grisé), donner la possibilité à ceux qui seraient tentés de le faire, d'aller plus loin. Le second parcours de lecture, sur fond grisé, est ainsi conçu comme le trait d'union entre la fonction d'un manuel *stricto sensu* et la recherche sur les mêmes faits, exposée dans la GGHF. Une différence notable entre les deux est la question « pourquoi » : elle n'est guère posée dans le parcours essentiel de l'Abrégé, mentionnée dans le parcours grisé, et constitue le cœur de la recherche. Par exemple : pourquoi les deux contextes « initiale » et « post-coda » (appuyé) constituent-ils la Position Forte, *i.e.* montrent le même comportement ? L'Abrégé ne fait qu'informer le lecteur que tel est le cas, la GGHF en propose une explication.

Dans le même souci de faire la jonction avec la recherche, l'Abrégé rappelle la position de l'école de Georges Straka, qui a dominé la scène française de l'après-guerre et formé les enseignants et structures contemporaines, lorsqu'il s'en écarte au chapitre 22 (consonnes palatalisables). C'est surtout ici, au service des enseignants davantage que des étudiants, que l'on trouvera les rares éléments de discussion ou de comparaison entre analyses que l'ouvrage contient.

Conventions et abréviations

Les conventions et abréviations pratiquées sont les suivantes.

a. Général

objet	signifie	exemple
V	toute voyelle	
C	toute consonne	
T	toute obstruante	Tr = obstruante + r
R	toute liquide (parfois toute sonante)	wR = w + liquide
TR	*muta cum liquida*, i.e. attaque branchante bien formée	
↗extramétrique	renvoi à une entrée des deux glossaires	
↗69.3	renvoi au §69, remarque 3	
↗66-1°	renvoi au point 1° du §66	
Rq3	renvoi à la remarque 3 du paragraphe courant	
frontière syllabique	point	lē.ge, cen.tu, sap.jat
	.TR = groupe tautosyllabique	pe.tra
	T.R = groupe hétérosyllabique	pet.ra
tonicité de la voyelle	voyelle soulignée	pater
	mots provenant d'autres langues que le latin (notamment germaniques) : c'est l'accent dans la forme romanisée qui compte pour l'évolution, non celui de la forme germanique. (°plegan frk > °plegāre > *plegier* frm *pleiger*). Par conséquent la voyelle tonique des formes germaniques demeure non marquée (°plegan frk). Elle l'est en revanche dans les formes romanisées.	°plegan °exmagāre
longueur vocalique	macron (o de ratiōne)	ratiōne
brévité vocalique	aucune indication particulière (a de ratiōne)	ratiōne
diphtongue	aucune indication particulière	bene > *bien*

objet	signifie	exemple
hiatus	suivant la tradition, les hiatus qui peuvent donner lieu à une confusion avec une diphtongue (<oi> dans afr *oir* < aud*ī*re) sont marqués par le tréma (afr *oïr*). Si utile, les deux voyelles sont séparées par un point indiquant la frontière syllabique : V.V. (afr *o.ir*)	aud*ī*re > *oïr* frm *ouïr* sēc*ū*ru > *seür* frm *sûr*
formes afr	pour les noms et adjectifs, la forme citée est le cas régime sg, sauf indication contraire	
[...]	transcription phonétique	
(...)	dans les formes latines, item(s) perdu(s) dans l'évolution ultérieure	l*e*p(o)re > *lievre*, g*a*l(bi)nu > *jaune*
<...>	forme graphique	
pop.	évolution populaire, par opposition à des évolutions savantes ou par emprunt	

b. Langues, étapes évolutives

objet	signifie
lat	latin (indifférencié pour lc, lt, ltm)
lc	latin classique
lt	latin tardif (= latin vulgaire selon la tradition)
ltm	latin médiéval
pfr	proto-français : étape évolutive qui n'est plus le latin et non encore l'afr
afr	ancien français (9e-13e siècles)
mfr	moyen français (14e-15e siècles)
frm	français moderne (20e-21e siècles)
germ, g	germanique
frk	francique (langue des Francs Saliens)
got	gotique
vha	vieux haut allemand (8e-11e siècles)
mha	moyen haut allemand (11e-14e siècles)
celt	celtique
pic	picard
angl	anglais
prov, aprov	provençal, ancien provençal

c. Indications grammaticales

objet	signifie	exemple
sg, pl	singulier, pluriel (si survenant seuls)	
masc, fém, neu	masculin, féminin, neutre (si survenant seuls)	
m, f, n	masculin, féminin neutre (si survenant accompagnés)	CSm, 3f
N, G, A, Abl	nominatif, génitif, accusatif, ablatif	
Nsg, Apl	nominatif singulier, accusatif pluriel	
1s, 3p, 2s, 6p etc.	pour les verbes, indication de la personne (chiffre) et du nombre (sg, pl)	°pọsseō 1s
CS, CR	en afr : cas sujet, cas régime	
CSs, CSp, CRs, CRp	en afr : cas sujet sg / pl, cas régime sg / pl	
pf, imp, subj, fut, inf, ipf	parfait, impératif, subjonctif, futur, infinitif, imparfait	
#	début ou fin du mot	#d (d initial) d# (d final)

d. Textes afr

St. Lég	Saint Léger
Eul.	Eulalie
Rol.	Roland
Alex.	Alexis

Partie I : **Généralités**

1 Introduction

1.1 Langue étudiée

1 Le français est, comme l'italien, l'espagnol, le portugais, le roumain et d'autres langues encore, une **langue romane**, c'est-à-dire qu'il est fondamentalement une forme évoluée du **latin**, langue qui s'est imposée sur une grande partie de l'**Empire Romain**. Pour ce qui est du français, ceci est advenu à la suite de la conquête de la Gaule par Jules César au milieu du 1er siècle avant JC. Lorsque le français a émergé au 9e siècle sous la forme de l'ancien français, il était parlé dans la **moitié nord de la Gaule** (la limite avec l'occitan au Sud et le franco-provençal au Sud-Est courant au niveau de la Loire).

L'ancien français n'était pas une langue homogène comme peut l'être aujourd'hui le français standard : on distingue des variétés, ou **dialectes**, parmi lesquels l'anglo-normand, le picard, le wallon ou le bourguignon. Il est néanmoins utile, et de tradition, de considérer que ces variétés, transmises plus ou moins fidèlement sous forme écrite (**scriptae**), représentent des incarnations du français parlé alors, l'ancien français, qui est à l'origine du français moderne ↗305. La philologie, les éditeurs et la tradition en ont produit un canon de formes grammaticales et de graphies qui en réalité représentent une assez grande variété. Il n'est ainsi pas rare qu'un mot donné se présente, dans les textes, sous vingt ou trente graphies différentes (dont il n'est pas toujours aisé de savoir si elles recèlent des prononciations différentes). Comme le concours auquel il prépare, l'Abrégé suit la tradition en raisonnant sur le canon établi des formes et graphies, tout en faisant état de variantes graphiques lorsque cela paraît opportun (par exemple s'agissant de la façon de noter les consonnes palatales ↗203).

Par ailleurs, au sein des langues romanes, le français se distingue par le fait d'avoir intégré, à la suite de son contact avec les langues germaniques, un important vocabulaire issu de ces langues. Deux grands groupes d'étymons sont ainsi à l'origine du français : **étymons latins et étymons germaniques**.

Les mots d'origine germanique viennent principalement du **francique** (abrégé frk), la langue de Clovis et des **Francs Saliens** qui ont pris possession du nord de la Gaule, venant du nord-est. Mais autour du 5e siècle, le nord de la Gaule qui verra éclore le pfr, puis l'afr, a également pour voisins les royaumes germaniques des **Wisigoths** (sud et sud-ouest), des **Burgondes** (sud-est), des **Alamans** (vallée supérieure du Rhin) et des **Francs Rhénans** (Rhénanie). Le vocabulaire français contient des mots issus de toutes ces langues germaniques.

L'entrée des mots germaniques dans la langue s'est échelonnée sur une longue période à partir du premier contact avec le latin lors de la conquête de la Gaule par J. César au 1er siècle av. JC, suivi par l'intégration de Germains dans les légions romaines en nombre croissant jusqu'à la fin de l'Empire, les peuplements germaniques installés en Gaule sur invitation des Romains, les invasions, puis de manière continue jusqu'en afr et au-delà.

L'influence du germanique sur la grammaire, et notamment la phonétique, de ce qui allait devenir le français, est plus difficile à déterminer. On a pu voir dans le contact avec le Germanique, qui les possédait, la source des voyelles antérieures arrondies [y] et [ø] : le français est la seule langue romane à les compter dans son inventaire vocalique. Rien n'est moins sûr : l'évolution organique de la langue a parfaitement pu produire ces voyelles. On a également cru voir dans l'arrivée des Germains la raison pour laquelle l'accent du latin serait devenu « expiratoire », ce qui aurait été à l'origine de la syncope des voyelles atones ↗83 ainsi que de l'allongement, puis de la diphtongaison des voyelles toniques libres ↗75. Cette idée est assurément fausse : l'accent « expiratoire » n'a jamais existé, ni dans la diachronie du français, ni ailleurs (Noske 2015). Aussi, le changement de la nature de l'accent ↗75 ne doit rien à une quelconque influence germanique.

1.2 Phonétique historique du français

2 Naissance et développement

La phonétique historique du français est née dans la deuxième moitié du 19ᵉ siècle. Elle a alors appliqué au français les principes de l'école allemande des **néogrammairiens** (parmi beaucoup d'autres, Hermann Paul, Karl Brugmann, Eduard Sievers), qui dans les années 1870 ont établi l'étude scientifique de l'évolution des langues.

Portée par cette dynamique, la phonétique historique du français a connu un développement remarquable dont Gaston Paris (1839-1903) a été le fer de lance, et qui ensuite a été incarné notamment par Arsène Darmesteter (1846-1888) et Edouard Bourciez (1854-1946). Le *Précis* de ce dernier (publié en 1889) est la première présentation globale de la phonétique historique du français en France, précédée seulement d'un an par la *Grammatik des Altfranzösischen* d'Eduard Schwan et de deux ans par la *Grammaire de l'Ancien Français* d'Adolf Horning. Il est inégalé à bien des égards encore à ce jour et constitue pour les cadets le point de référence absolu.

Basés sur ce socle néogrammairien et nourris par une intense discussion dans des revues spécialisées, des ouvrages résumant le savoir ainsi acquis et décrivant l'évolution complète de la phonétique historique du français depuis le latin ont vu le jour, par les susmentionnés Adolf Horning (1887), Eduard Schwan (première édition 1888) et Edouard Bourciez (première édition 1889), ensuite par Arsène Darmesteter (posthume : première édition du Dictionnaire Général en 1890, première édition du Cours en 1891), Kristoffer Nyrop (première édition 1899), Wilhelm Meyer-Lübke (première édition 1908), Léon Clédat (1917), Mildred Pope (1934), Elise Richter (1934), Hans Rheinfelder (1953), Pierre Fouché (trois volumes publiés entre 1952 et 1961) et Georges Straka. Ce dernier, à travers ses propres travaux et ceux de ses épigones issus de l'école qu'il a fondée, a dominé la scène en France dans l'après-guerre, mais G. Straka lui-même n'a pas laissé d'ouvrage général : son approche a été fixée dans l'*Initiation* de François de La Chaussée (première édition 1974).

3 Phonétique et phonologie historiques

Traditionnelle, l'appellation *Phonétique Historique* est née dans la seconde moitié du 19ᵉ siècle lorsque la linguistique ne faisait pas encore la différence entre **phonétique** et **phonologie** : la phonétique était alors la seule référence. La phonologie a fait irruption à la toute fin du siècle seulement : le **phonème**, par opposition au son (ou **segment** ↗7), est découvert à l'école de Kazan (Russie) par deux linguistes polonais, Mikołaj Kruszewski (1881) et Jan Niecisław Baudouin de Courtenay (1895).

A la différence du phonème, le segment n'est pas **distinctif** : en allemand par exemple, [χ] (*Loch* 'trou') et [ç] (*Licht* 'lumière'), tous deux écrits <ch>, sont en **distribution complémentaire** (en fonction de la voyelle précédente) : [χ] ne se rencontre qu'après voyelle postérieure, alors que [ç] est toujours placé après voyelle antérieure. On en conclut que les deux segments ne représentent en réalité qu'un seul objet, décliné en fonction du contexte : le phonème /χ/ a deux réalisations de surface, les segments [χ] et [ç].

On dit alors classiquement que la phonétique étudie les **segments** (ou sons), alors que la phonologie enquête sur les **phonèmes**. Une autre manière de distinguer phonétique et phonologie est de dire que la première discipline s'intéresse à ce qui se passe dans la bouche (ou d'autres parties de la **physiologie**, ainsi qu'aux propriétés **acoustiques** de l'onde sonore produite), alors que la seconde s'occupe des **processus cognitifs** qui donnent lieu aux événements physiologiques.

L'usage du terme *Phonétique Historique* n'a jamais varié depuis qu'il a été introduit, et continue à couvrir tout ce qui a trait à l'évolution diachronique liée aux sons, qu'elle soit phonétique ou phonologique.

1.3 La phonétique historique est d'abord celle qui va jusqu'à l'afr

4 Si le français est depuis l'afr documenté par des écrits de façon plus ou moins continue jusqu'à ce jour, il est évident que le gros de son évolution, pour ce qui est de la phonétique, avait déjà été accompli à l'aube de l'afr, *i.e.* en **proto-français** (pfr, la langue qui n'était plus le latin et non encore l'afr).

Comparée aux bouleversements de cette période, l'évolution depuis l'afr, *i.e.* postérieure au 13ᵉ siècle, apporte sensiblement moins de modifications à la langue. C'est la raison pour laquelle d'une part l'effort principal depuis le 19ᵉ siècle a porté sur les événements antérieurs à l'afr et n'a concerné les périodes suivant l'afr que dans une moindre mesure.

C'est également la raison pour laquelle, d'autre part, les grammaires s'autorisent le raccourci qui consiste à comparer le latin directement au frm : en toute rigueur, il faut comparer la forme d'origine (l'étymon latin ou germanique) à la première forme attestée, *i.e.* celle de l'afr. L'Abrégé cite systématiquement, pour chacun des mots mentionnés, son étymon et sa forme afr, suivie de la forme du frm si elle est différente de l'afr (elle a pour fonction d'identifier le mot).

L'Abrégé inclut un **aperçu de l'évolution de la langue entre le 13ᵉ et le 17ᵉ siècle**, période où un nouveau facteur pesant sur son développement entre en scène : **la norme**. Produit de l'**organisation civilisationnelle** (sociale, économique, culturelle etc.) avancée que le pays a atteinte aux 12ᵉ-13ᵉ siècles, la norme infléchit le cours normal des lois phonétiques en luttant systématiquement contre l'innovation, cherchant à préserver, ou restaurer, la forme ancienne.

1.4 Ce que nous apportent les graphies

5   Bien qu'incontournables pour la reconstitution du changement phonétique, les graphies ne documentent en général que très imparfaitement les différentes étapes de ce changement, surtout s'agissant de leur valeur phonétique. Ce constat vaut tout spécialement pour la période de transition entre le latin classique et le français, tandis que les sources françaises apportent des informations plus riches mais pas toujours faciles à exploiter.

Pendant toute la latinité tardive, les textes écrits conservent pour l'essentiel leur aspect latiniforme et les graphies rendent assez peu compte des évolutions, qui sont pourtant très importantes. Dans la plupart des cas, ce sont les attestations graphiques classiques qui constituent les étymons latins des mots français. Ces graphies classiques, auxquelles il faut ajouter dans certains cas le témoignage des inscriptions et de la métrique, donnent une idée relativement précise des phonies correspondantes, l'alphabet latin offrant une correspondance univoque entre lettre et son.

En revanche, la graphie latine est muette sur la longueur vocalique (hormis dans les vers et parfois les inscriptions) et cette dernière est reconstruite essentiellement par le devenir des mots dans les langues romanes. Il arrive aussi qu'un étymon reconstruit, traditionnellement identifié grâce à une astérisque, serve de maillon intermédiaire et nécessaire pour comprendre l'évolution. Ainsi °captiāre (> *chacier* frm *chasser*) qui est dérivé du participe captus du verbe capere, mais demeuré non attesté jusqu'au 6ᵉ siècle. Ces étymons n'ont pas de correspondant graphique dans la documentation et remontent au protofrançais, au protoroman, au latin tardif, ou même au latin classique, – tels que les linguistes les reconstruisent à la lumière de la suite de l'évolution en français (et parfois dans les autres langues romanes).

Font également partie des étymons reconstruits les formes germaniques latinisées ayant donné naissance à des mots français. Les Germains n'ayant pas laissé d'écrits, la reconstruction se base également sur le comparatisme germanique, *i.e.* avec des variétés proches (vieux-haut allemand du nord pour le francique, gothique de Wulfila pour les Wisigoths qui au 5ᵉ siècle occupent le Sud de la France et fournissent des mots).

A la relative stabilité graphique qui caractérise les sources écrites latines, succède la très grande variabilité des graphies françaises du Moyen Age. Ainsi les graphies utilisées pour transcrire la nasale palatale ɲ incluent, pour *gaaignier* frm *gagner* (< g. °waiðanjan), <ni>, <nni>, <in>, <yn>, <gn>, <gni>, <ign>, <igni>, <ingn>, <ingni>, <inni>, <ngn>, <ngni>. La plupart comportent le digraphe <gn>, mais celui-ci est souvent précédé de <i> ou de <in>. L'orthographe moderne garde trace de ces flottements : ainsi *montagne*, *besogne* avec <gn> à côté de *enseigner*, *oignon* avec <ign>.

Dans leur diversité, ces graphies nous renseignent sur des évolutions phonétiques qui peuvent diverger selon les régions dont sont originaires les scripteurs médiévaux (issu du Sud-Ouest, Michel de Montaigne porte en son patronyme le trait dialectal <aign> = [ɛɲ], l'évolution afr aboutissant à *montagne* <agn> = [aɲ] < montānea), mais qui peuvent aussi être cachées sous un habit encore proche du latin. La prudence s'impose toujours dans les informations qu'on peut en tirer du point de vue phonétique.

Avec toutes les limites qu'on vient d'énumérer, les graphies anciennes restent cependant les seules données historiques sur lesquelles il est possible de s'appuyer pour attester du changement phonétique. Parmi les sources médiévales depuis toujours particulièrement exploitées figurent les textes en vers. Le principe de l'assonance et de la rime, la mesure et les coupes métriques aident dans certains cas à saisir la prononciation ou le statut phonologique d'un segment vocalique (par exemple le e graphique en finale de mot) ou consonantique. L'exemple de r devant consonne est détaillé aux §249 et §322. Dans un texte du début du 12ᵉ siècle, les rimes *sage* : *large*, *cors* : *enclos*, *parecus* : *jurz* montrent que dès cette époque le r n'était plus prononcé dans cette position. La graphie d'une unité seule ne permet pas de repérer ce phénomène car elle ne change pas et la consonne y est toujours présente (*large*, *cors*, *jurz*), mais ce sont les graphies placées à la rime (sans r) qui nous renseignent sur la chute de la consonne.

A partir du 16ᵉ siècle, le témoignage des graphies peut être complété par celui des grammairiens et commentateurs. Parmi ceux-ci, les défenseurs d'une représentation graphique du français modernisée et plus proche de la phonie ne manquent pas (voir par exemple les expérimentations de Meigret ↗308), mais l'action de la norme sur le code graphique étant particulièrement forte, la graphie du français demeurera figée dans un état très ancien qui n'a plus grand-chose à nous apprendre sur la phonie et son évolution (sauf dans le cas de l'écrit moins normé).

1.5 Ressources

6 L'Abrégé propose au chapitre 2 une succincte introduction à la **phonétique articulatoire** et au chapitre 3, une introduction à la **structure syllabique** (autosegmentale). Pour la première, le lecteur peut également s'appuyer sur **Comprendre la Phonologie** (Carvalho *et al.* 2010), et s'agissant de la seconde, sur ce même ouvrage, ainsi que sur le **Précis de Structure Syllabique** (Scheer 2015). A la différence des nombreux manuels de phonétique et phonologie écrits en anglais, il s'agit là de ressources en français.

Enfin, l'Abrégé propose en fin de volume deux **glossaires** concernant les **termes** et **processus** utiles, un tableau des **repères chronologiques** ainsi que deux types d'**exercices** (voir le descriptif dans l'avant-propos). Cela est complété par trois ressources librement accessibles en ligne (https://doi.org/10.1515/9783111316154) : la liste des **180 mots importants** de l'Abrégé (voir l'avant-propos), un **index lexical** ainsi que quelques exercices supplémentaires.

Tobias Scheer (sections 1.1 - 1.3 et 1.5)
Céline Guillot-Barbance (section 1.4)

2 Phonétique articulatoire

7 Segments
Afin de différencier les **sons** non-linguistiques (chant d'oiseau, marteau-piqueur, voiture etc.) des sons porteurs de message linguistique, on appelle les derniers des **segments**. Il s'agit donc de l'unité minimale dans la chaîne linéaire des articulations portant un message linguistique. *Café* possède quatre segments, [k] suivi de [a] suivi de [f] suivi de [e]. Les propriétés **segmentales** sont celles qui caractérisent un segment.

8 Trois propriétés
Les segments, voyelles comme consonnes, se caractérisent par trois (et seulement trois) propriétés :
1. **mode d'articulation** : par exemple voyelle *vs* consonne
2. **lieu d'articulation** : par exemple labiale *vs* dentale
3. **voisement** : par exemple b (voisé) *vs* p (sourd)

2.1 Mode d'articulation

9 Echelle de sonorité
Toutes les articulations présentent un obstacle à l'air expiratoire qui, venant des poumons, traverse la bouche (et/ou le nez). Le mode d'articulation décrit le **type d'obstacle** qui se présente. Celui-ci peut être plus ou moins important, et la mesure en est l'**aperture**, *i.e.* la distance entre la partie supérieure de la bouche (dents supérieures, alvéoles, palais, velum) et sa partie inférieure (dents inférieures, pointe de la langue, lame de la langue, dos de la langue) qui sont engagées dans l'articulation. La distance maximale (**ouverture**, l'obstacle le plus petit) est produite par la voyelle [a] et la distance minimale (**fermeture**, l'obstacle maximal), par les **occlusives** (p,b,t,d,k,g). Pour ces dernières, l'aperture est zéro puisque la langue touche la partie supérieure de la bouche (ou, pour les labiales, la lèvre inférieure touche la lèvre supérieure) : il y a contact.

Dans l'anatomie buccale montrée sous (2) et (3) aux §§13 *sq.*, le mode d'articulation (ou aperture, ou sonorité) décrit ainsi les différentes positions sur l'**axe vertical** (haut-bas).

Toutes les consonnes et toutes les voyelles sont ainsi localisées quelque part entre ces deux pôles extrêmes. On appelle **échelle de sonorité** le spectre ainsi défini par la plus ou moins grande distance entre l'**articulateur inférieur** (parties inférieures de la bouche) et l'**articulateur supérieur** (parties supérieures de la bouche).

(1) mode d'articulation : échelle de sonorité

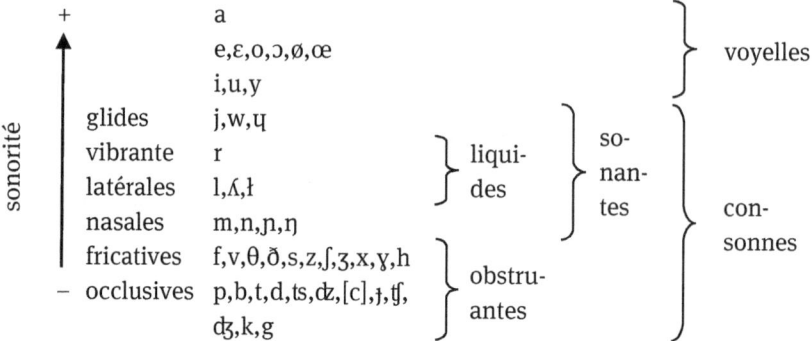

Les voyelles sont les segments les plus ouverts, donc les plus sonores. En leur sein, la **voyelle basse** [a] est la plus ouverte : les **voyelles hautes** [i,u,y] sont des **voyelles fermées**, et les **voyelles moyennes** [e,ɛ,o,ɔ,ø,œ] se situent entre les deux. On distingue encore entre deux types de voyelles moyennes : les **voyelles mi-fermées** (ou tendues ou +ATR) [e,o,ø] dont l'articulation est un peu plus haute et avancée que celle des **voyelles mi-ouvertes** (ou relâchées ou -ATR) [ɛ,ɔ,œ].

Les **glides**, ou **semi-voyelles** [j,w,ɥ], sont intermédiaires entre les voyelles et les consonnes : elles sont classées parmi ces dernières, mais possèdent des caractéristiques vocaliques. La **vibrante** [r] a la particularité d'être articulée au moyen de la vibration de la pointe de la langue (**apex**) contre les **alvéoles** (partie derrière les dents). Les **latérales** [l,ʎ,ɫ] sont articulées de façon à ce que la pointe de la langue touche les alvéoles, alors que ses deux rebords sont abaissés et ainsi laissent passer l'air expiratoire. Lors de l'articulation des **nasales**, la bouche est totalement obstruée et l'air expiratoire n'y passe pas. Mais la luette est abaissée et ainsi l'air s'échappe par le nez (la luette contrôle la communication entre le nez et la bouche : abaissée, elle autorise la respiration alors que la bouche est fermée). L'ensemble des quatre types de consonnes cités, glides, vibrante, latérales et nasales, forment la classe des **sonantes.**

Les sonantes s'opposent, au sein des consonnes, aux **obstruantes**. Celles-ci se partagent en deux catégories en fonction de leur aperture : les **occlusives** et les **fricatives**. Les deux articulateurs sont rapprochés lors de l'articulation des dernières, alors qu'ils se touchent (fermeture totale) s'agissant des occlusives.

10 Consonnes absentes du frm

Dans l'inventaire sous (1), les segments qui n'existent pas en frm, ou dont le symbole n'est pas immédiatement transparent, méritent quelque explication. Notons que les graphies du frm illustrant les différents segments ne sont que des exemples : souvent le même segment en a plusieurs ([ɛ] est <ai> dans *fait*, <ê> dans *bête* etc.).

segments	frm	exemples	
y, ø	présents	[y] = <u> lune	[ø] = <eu> feu
ɛ, ɔ, œ	présents	[ɛ] = <ai> fait vs	[ɔ] = <o> pomme vs
		[e] = <ée> fée	[o] = <au> paume
		[œ] = <œu> bœuf vs	
		[ø] = <œu> bœufs	
ə	présent	[ə] schwa = <e> venir	
w, ɥ	présents	[w] = <ou> Ouest	[ɥ] = <u> nuire
ɲ, ŋ	présents	[ɲ] = <gn> agneau	[ŋ] = <ng> parking
ʃ, ʒ	présents	[ʃ] = <ch> chanter	[ʒ] = <j> jambe
ts, dz	présents	[ts] = <ts> tsar	[dz] = pizza [pidza]
tʃ, dʒ	présents	[tʃ] = <ch> tchatcher	[dʒ] = <dj> djellaba
ʎ, ɫ	absents	[ʎ] italien <gli> figlio	[ɫ] = anglais <ll> fill
θ, ð	absents	[θ] anglais <th> thing	[ð] anglais <th> that
x, ɣ	absents	[x] espagnol <j> viaje	[ɣ] espagnol <g> lago
[c], [ɟ]	absents	[c] tchèque <d'> sled'	[ɟ] tchèque <d> sledi

Afin d'éviter la confusion avec le <c> = [k] de la graphie latine, afr et frm, l'Abrégé note l'occlusive palatale [c] toujours entre crochets phonétiques.

11 Segments complexes (consonnes)
Dans certains cas, deux articulations successives et distinctes comptent pour un seul segment. Ainsi les **affriquées** [ts,dz,tʃ,dʒ] présentes en pfr et afr, mais aujourd'hui simplifiées (**désaffriquées** au 13ᵉ siècle en [s,z,ʃ,ʒ] ↗197) : afr cent <c> = [ts], afr plaisir <s> = [dz], afr char <ch> = [tʃ], afr argent <g> = [dʒ].

tʃ par exemple transcrit l'articulation d'abord d'un t, puis d'un ʃ, mais les deux ne font qu'un **seul segment**, tʃ, au même titre que p ou r. Pour cette raison, L'Alphabet Phonétique International transcrit les affriquées en reliant les deux articulations avec un petit pont ⌢ : t͡s, d͡z, t͡ʃ, d͡ʒ. L'usage typographique toutefois a imposé les symboles marquant l'indissociabilité des deux articulations par leur rapprochement graphique (sans petit pont) : ts, dz, tʃ, dʒ. L'Abrégé pratique cette notation.

Il existe encore d'autres consonnes complexes, dont les labio-vélaires kʷ, gʷ du latin. Celles-ci sont notées <qu, gu> par exemple dans qua̱ndō (> quand) et li̱ngua (> lengue frm langue).

12 Segments complexes (voyelles)
Les **diphtongues** sont les segments complexes vocaliques. A l'instar des consonnes complexes, il s'agit d'une suite de deux articulations vocaliques, mais qui ne valent qu'**un seul segment**. Ainsi <oi> en frm dans roi [o͡a], qui était [e͡i] dans l'afr rei. L'afr a connu de nombreuses diphtongues avant qu'au 13ᵉ siècle les monophtongaisons ne les abolissent ↗147.

L'Alphabet Phonétique International utilise la même convention du petit pont pour noter le fait que les deux symboles consécutifs ne valent qu'un seul segment : [e͡i]. L'usage de l'afr toutefois ne retient pas de moyen graphique pour signaler cela.

Les diphtongues s'opposent aux **hiatus**. Ceux-ci représentent également deux articulations vocaliques consécutives, mais qui, elles, valent deux segments. Ainsi <oë> dans frm *Noël*. L'orthographe indique le fait qu'il faut prononcer [noɛl] (plutôt que *[nœl]), ou encore [eloiz] et non pas *[eloaz] pour *Héloïse*, par le **tréma** sur la seconde partie de l'hiatus. Cette convention existe dans la notation de l'afr, et l'Abrégé suit cet usage.

On reconnaît l'hiatus par le fait qu'il compte pour deux syllabes (compter les syllabes dans *Noël*), alors que la diphtongue n'en vaut qu'une seule (compter les syllabes dans *roi*). Cela est reflété dans la métrique des textes versifiés.

Dans la diachronie du français, les diphtongues ont deux origines : elles peuvent provenir de la **diphtongaison spontanée** ↗146 comme par exemple lc e̯ > ie dans be̯ne > *bien*, ou naître de la combinaison d'une voyelle latine avec un glide j ou w issu d'une consonne, qui se vocalise. Ainsi la diphtongue ei dans afr *dreit, droit* frm *droit* doit son existence à la réduction de k en yod en coda (dīrectu > °dīrejtu), yod qui ensuite se combine avec le e précédent pour former la diphtongue ei (> oi). Dans ce cas on parle de **diphtongues de coalescence**, ou **diphtongues combinatoires**.

A la fin de l'afr, la langue réduit les diphtongues en voyelles simples, *i.e.* des **monophtongues** ↗147 : par exemple, la diphtongue ue dans afr *uevre* (< o̯pera) est **monophtonguée** en [œ] au 13ᵉ siècle, d'où frm *œuvre* [œvrə].

2.2 Lieu d'articulation

13 Consonnes

Les segments ont un lieu d'articulation : dans l'anatomie buccale, il s'agit de l'endroit sur l'**axe horizontal** (avant-arrière) où l'obstacle est formé. On voit sous (2) les différents lieux d'articulation consonantique ainsi que les consonnes qui y sont produites.

(2)   lieu d'articulation des consonnes

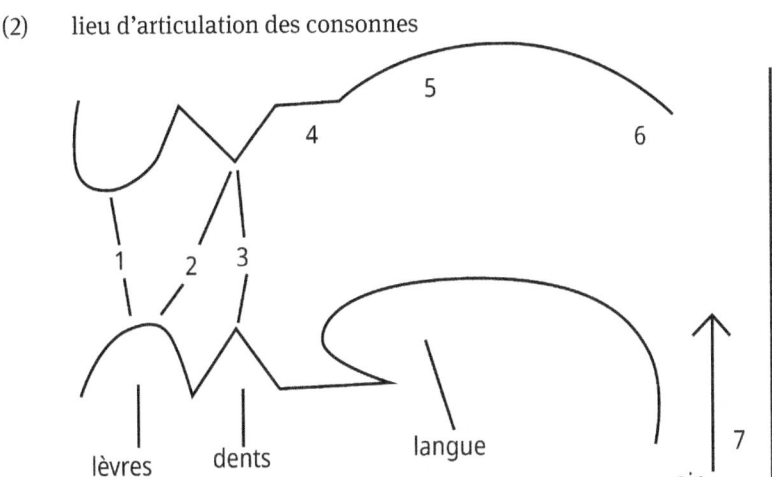

En allant de l'avant de la bouche à l'arrière, il s'agit de :

no (2)	lieu	consonnes	articulateur inférieur	articulateur supérieur
1	bilabiales	p, b, m, w, ɥ	lèvres inférieures	lèvres supérieures
2	labio-dentales	f, v	lèvres inférieures	dents supérieures
3	interdentales	θ, ð	pointe de la langue	dents supérieures
4	dentales	t, d, ts, dz, s, z, n, r, l	pointe de la langue (apex)	alvéoles (derrière les dents)
5	palatales	[c], [ɟ], tʃ, dʒ, ʃ, ʒ, ɲ, ʎ	lame de la langue	palais dur
6	vélaires	k, g, x, ɣ, ŋ, ɫ	dos de la langue	palais mou (*velum*)
7	glottales	h	cordes vocales	cordes vocales

14 Voyelles
L'espace articulatoire des voyelles est plus réduit : il se résume au **triangle vocalique** (qui en réalité est un trapèze) montré sous (3).

Ainsi il n'y a pour le lieu d'articulation des voyelles que trois distinctions :

lieu	
voyelles antérieures (d'avant)	y, ø, œ, i, e, ɛ
voyelles centrales	ə
voyelles postérieures (d'arrière)	u, o, ɔ

(3) lieu d'articulation des voyelles

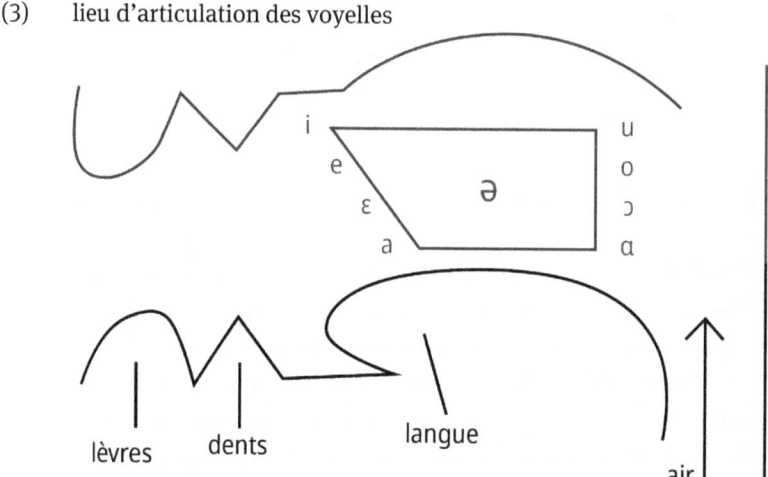

Dans la diachronie du français, la voyelle basse [a] compte d'abord parmi les voyelles non-antérieures (elle ne palatalise pas les consonnes vélaires à sa gauche ↗281), puis à la fin du 4ᵉ siècle devient antérieure ↗145-1° (elle palatalise alors les consonnes vélaires à sa gauche ↗287).

2.3 Voisement

15 Les obstruantes (occlusives et fricatives) distinguent, pour chacune des consonnes, une variante **voisée** et une autre, **sourde** (ou non-voisée). Cette distinction est produite par l'état de la glotte (pomme d'Adam) : les cordes vocales qui s'y trouvent produisent un frottement lorsqu'elles sont fermées (consonne voisée), mais laissent passer l'air sans obstacle lorsqu'elles sont ouvertes (consonne sourde).

lieu	C sourde	C voisée	lieu	C sourde	C voisée
bilabiales	p	b	dentales	t, ts, s	d, dz, z
labio-dentales	f	v	palatales	[c], tʃ, ʃ	ɟ, dʒ, ʒ
interdentales	θ	ð	vélaires	k, x	g, ɣ

3 Structure syllabique

3.1 Constituance syllabique

16 Il est un fait manifeste partout dans les langues du monde : la phonologie ne manipule pas seulement des **segments**, mais également une structure que ceux-ci occupent, immatérielle et inaudible – la **structure syllabique**. Celle-ci est une incarnation de la **structure autosegmentale** introduite dans les années 1970 dont l'idée est que les propriétés phonologiques des segments résident sur plusieurs lignes horizontales et sont reliées entre elles par des lignes d'association, comme sous (4).

La structure syllabique est faite de constituants syllabiques dont l'inventaire classique comporte l'**attaque** (A), la **rime** (R), le **noyau** (N) et la **coda** (C) : une consonne habitera une attaque ou une coda et une voyelle, un noyau.

Cette constituance est montrée sous (4) : le r du groupe rt dans frm *partie* (4a) se trouve en coda (C), qui est suivie d'une attaque (A) qui contient le t. Un constituant supérieur, la rime (R), contient le noyau et la coda, et le nœud σ, enfin, définit la syllabe, qui comporte l'attaque et la rime. Le mot *partie* est ainsi bisyllabique parce qu'il comporte deux noyaux, et donc deux σ.

Le mot frm *patrie* sous (4b) est également bisyllabique, mais le groupe consonantique tr ici appartient entièrement à une attaque, qu'on dit alors **attaque branchante**. Une attaque branchante contient donc deux segments, alors qu'une attaque simple n'en contient qu'un seul (par exemple le p de *patrie*).

Le principe qui permet de savoir si un groupe consonantique CC se partage sur une coda et une attaque comme dans (4a) *par.tie*, ou est solidaire et occupe une attaque branchante comme dans (4b) *pa.trie*, est introduit au §17. Notons dès à présent la convention graphique utilisée pour distinguer les deux cas : le point « . » signale la frontière syllabique comme dans *par.tie* et *pa.trie*.

(4)   constituance syllabique
       a. partie   b. patrie   c. lc quando   d. afr char   e. lc cā.ru

```
        σ       σ         σ       σ         σ       σ         σ              σ       σ
        |       |         |       |         |       |         |              |       |
        R       R         R       R         R       R         R              R       R
       / \      |        / \      |        / \      |        / \             |       |
      A   N  C  A  N    A   N    A   N    A   N  C  A  N    A   N  C        A   N   A   N
      |   |  |  |  |    |   |   /\   |    |   |  |  |  |    |   |  |        |   |   |   |
      x   x  x  x  x    x   x  x  x  x    x   x  x  x  x    x   x  x        x   x   x   x
      |   |  |  |  |    |   |  |  |  |    |   |  |  |  |    |   |  |        |   |   |   |
      p   a  r  t  ie   p   a  t  r  ie   kʷ  a  n  d  o    tʃ  a  r        c   ā   r   u
```

Enfin, les « x » sous (4) représentent les unités de temps : un segment représente une unité de temps, appelée **point squelettal**. Ainsi le groupe rt sous (4a) est assis sur deux points squelettaux, autant que le groupe tr sous (4b), sauf que dans ce dernier cas les deux points squelettaux appartiennent au même constituant, l'attaque (qui donc branche). Il est montré aux §§21 *sq.* que les points squelettaux distinguent les segments longs (voyelle longue, géminée) de leurs versions brèves.

Les points squelettaux distinguent également les segments complexes d'une consécution de deux segments individuels. Il a été indiqué aux §§11 *sq.* que des segments complexes comptent pour un seul segment : cela veut dire, dans les termes de la structure syllabique, qu'ils occupent un seul point squelettal. Ainsi le <qu> = [kʷ] du lc qu<u>a</u>ndo (> *quand*) sous (4c) et l'affriquée <ch> = [tʃ] dans l'afr *char* (< c<u>a</u>rru) sous (4d). Dans les deux cas, deux articulations consécutives ont lieu, tout comme pour le tr de *patrie* (4b). Mais la phonétique (deux articulations consécutives) ne renseigne pas sur l'identité des segments : en phonologie, [kʷ] et [tʃ] ne font qu'une seule unité (ils n'occupent qu'un seul point squelettal), alors que [tr] représente deux unités (occupe deux points squelettaux).

Remarques
1. L'usage connaît, ou a connu, des termes variés pour désigner une attaque branchante : groupe solidaire (s'opposant aux groupes non-solidaires RT, RR, TT), groupe joint (*vs* groupe disjoint), groupe explosif (*vs* implosif). L'Abrégé utilise *attaque branchante*, parfois *groupe solidaire*.
2. Le modèle syllabique présenté ici est classique. L'Abrégé l'adopte pour des raisons pédagogiques puisqu'il est adapté pour un premier contact avec la structure syllabique : il y a autant de constituants (attaque, noyau, coda) qu'il y a de segments (sauf dans le cas des constituants branchants). L'existence de **noyaux vides** est brièvement mentionnée au §23. Le modèle **CV Strict** est fondée sur l'idée que tous les groupes consonantiques enferment un noyau vide. Celui-ci joue notamment un rôle central dans l'analyse de la **Position Forte** ↗205, que le modèle classique est incapable d'appréhender (quelle propriété l'initiale et la post-coda partagent-elles ?).

    La Grande Grammaire Historique du Français (GGHF, Marchello-Nizia *et al.* 2020) propose aux §§16-36 une introduction en français du modèle CV Strict basée sur la diachronie du français. Le *Précis de structure syllabique* (Scheer 2015) en fait de même, dans une perspective plus générale. Dans sa première partie, le *Précis* introduit également, avec davantage de détail que ce qui est permis ici, le modèle classique.

3.2 Syllabation des groupes consonantiques

17 V.TRV *vs* VR.TV

Le principe qui préside à la syllabation des consonnes en attaque ou coda est le suivant. Une consonne appartient de droit à la voyelle qui suit et sera alors son attaque : VCV est toujours syllabé V.CV, comme dans lc c<u>ā</u>.ru (> *cher*) sous (4e).

Lorsqu'il y a plusieurs consonnes intervocaliques VCCV, leur syllabation dépend de leur **sonorité** ↗9. Convenons de représenter les obstruantes (occlusives et fricatives) par un **T majuscule**, et les sonantes (glides, vibrante, latérales, nasales), par un **R majuscule**.

Au cas où dans le groupe CC la première consonne est un T et la seconde, un R, la **sonorité est croissante** TR et alors le **groupe est solidaire** : il appartient entièrement à la voyelle suivante et en forme l'attaque qui est donc branchante. Ainsi VTRV est syllabé V.TRV (*pa.trie*) (4b). Par conséquent le groupe consonantique est **tautosyllabique** (ou homosyllabique) : ses deux membres appartiennent à la même syllabe.

Si en revanche la première consonne d'un groupe VCCV est un R et la seconde, un T, la **sonorité est décroissante** RT. Dans ce cas, le groupe est disjoint et se partage entre une coda (pour R) et une attaque (pour T). La première consonne R appartient donc à la voyelle précédente dont elle constitue la coda et la seconde, à la voyelle suivante dont elle forme l'attaque : VRTV est syllabé VR.TV (*par.tie*) (4a). On dit alors que le groupe est **hétérosyllabique** (ou **entravant**) : ses deux membres appartiennent à deux syllabes différentes.

Il en va de même lorsque les deux consonnes d'un groupe CC sont de sonorité égale (**plateau de sonorité**) : deux sonantes RR (rl dans frm *parler*) ou deux obstruantes TT (kt dans frm *docteur*). Comme RT, ces groupes sont hétérosyllabiques : VRRV est syllabé VR.RV et de même VTTV représente VT.TV.

Il existe des groupes consonantiques triples CCC qui alors présentent une coda suivie d'une attaque branchante : VRTRV est syllabé VR.TRV (*ar.bre*). Deux codas consécutives sont interdites : VR.R.TV n'existe pas ↗24.

Remarque
1. Les groupes #CC initiaux sont nécessairement tautosyllabiques puisqu'il n'y a pas de syllabe précédente qui pourrait accueillir la première consonne : lorsqu'un mot possède un groupe #CC initial, celui-ci est toujours une attaque branchante TR. Cela est vrai pour le latin et tous les stades évolutifs du français jusqu'en frm. Autrement dit, aucun mot ne commence par #RT, #RR ou #TT. Seul s produit une exception à cette règle : il existe dans des groupes #sC dont les deux membres ont le même niveau de sonorité #TT (**plateau de sonorité**) : frm *sport, stop, scan* etc. Cette vertu particulière de s est visible à maints endroits de l'évolution ; elle est explicitée au §25.

---

18 Les attaques branchantes du français : *muta cum liquida*

Si les attaques branchantes TR sont de **sonorité croissante** partout dans le monde, les langues individuelles imposent des restrictions variables sur les groupes TR particuliers auxquels elles confèrent ce statut. Ainsi certaines langues admettent des groupes où R est une nasale (#kn, gn en allemand par exemple : *Knabe* 'garçon', *Gnade* 'grâce'), d'autres ont une définition plus restrictive.

Le pfr et l'afr sont dans ce cas : ils limitent les sonantes R éligibles pour faire partie d'une attaque branchante aux liquides, *i.e.* à la vibrante r et aux latérales l,ʎ,ɫ (en excluant les glides et les nasales). Les groupes Tr et Tl sont donc des attaques branchantes possibles, mais Tj et Tn ne le sont pas. Cette définition restrictive des attaques branchantes est résumée par la formule canonique **muta cum liquida** (obstruante + liquide).

Enfin, certaines combinaisons même de *muta cum liquida* sont proscrites : il s'agit de vl (encore en frm ce groupe n'existe au début de mot que dans des emprunts comme *Vladimir* ou des onomatopées comme *vlan!*) d'une part, de tl, dl (ainsi que leurs variantes spirantisée ðl et palatalisée [cl, ɟl]) d'autre part.

Ce n'est qu'en extrême bout de course de l'afr qu'apparaissent, au 13ᵉ siècle, des attaques branchantes C+yod suite à la consonification de la diphtongue ie en je ↗324 *sq.* dont le produit, yod, forme un groupe solidaire avec la consonne à sa gauche, quelle qu'elle soit : p<u>e</u>tra > *piere* > 13ᵉ *pjere* frm *pierre*.

19 **En pratique : recette de cuisine**
Résumons-nous. Lorsqu'il s'agit de syllaber un groupe CC, il suffit de savoir s'il instancie ou non *muta cum liquida*.

(5) syllabation des groupes CC

muta cum liquida ?	résultat
a. oui : le groupe est *muta cum liquida* selon la définition du §18 (tout groupe obstruante-liquide sauf vl, tl, dl, ðl, [cl, ɟl])	attaque branchante (tautosyllabique)
b. non : le groupe n'est pas *muta cum liquida*	coda-attaque (hétérosyllabique)

S'agissant des groupes à trois consonnes $C_1C_2C_3$, la seule syllabation possible est C_1.TR : C_1 est en coda (et peut être un T ou un R), alors que C_2C_3 forment une attaque branchante TR. Toute autre configuration conduit à la perte de la **consonne médiane** C_2 ↗211. Ainsi RT_1T_2 mpt dans tempt<u>a</u>re est réduit à RT_2 mt en perdant la médiane, pour aboutir à afr *tenter*.

Il en va de même pour g<u>a</u>lb(i)nu : la syncope crée le groupe RTN (N = nasale) lbn, qui ne peut se constituer en R.TN puisque TN n'est pas une attaque branchante possible. La conséquence est la perte de la consonne médiane RTN > R.N qui produit l'aboutissement afr *jalne* frm *jaune*.

En revanche, <u>a</u>rb(o)re > *arbre* ne perd aucune consonne puisque la syncope crée un groupe RTR rbr qui peut être syllabifié en R.TR r.br.

3.3 Syllabe ouverte *vs* syllabe fermée

20 Découlant des structures sous (4), une distinction fondamentale pour la diachronie du français est celle entre **syllabe ouverte** *vs* **syllabe fermée**.

(6) types de syllabe – définition
   a. syllabe ouverte
   une syllabe est ouverte si et seulement si **elle ne comporte pas** de coda.
   b. syllabe fermée
   une syllabe est fermée si et seulement si **elle comporte** une coda.

Le a de *pa.trie* est donc placé en syllabe ouverte, alors que le a de *par.tie* se trouve en syllabe fermée. Ce contraste provoque des évolutions différentes : lc a,ā tonique en syllabe ouverte devient e en afr (cā.ru > *cher*), alors que la même voyelle demeure sans changement lorsqu'elle se trouve en syllabe fermée (car.ru > *char*).

Une autre façon de parler des deux types de syllabes est d'en considérer la voyelle, qui est **libre** lorsqu'elle est placée en syllabe ouverte (*i.e.* non suivie d'une coda), mais **entravée** au cas où elle se trouve en syllabe fermée (*i.e.* suivie d'une coda). On dit qu'une consonne en coda entrave la voyelle à sa gauche. Ces termes, que l'on doit à Gaston Paris (1881 : 36 *sq.*), sont commodes et l'Abrégé les utilise autant que *syllabe ouverte* et *syllabe fermée*.

3.4 Longueur

21 Voyelles longues et brèves

Certaines langues, dont le latin, opposent des **voyelles brèves** comme dans bene (7a) à des **voyelles longues** comme dans °sapēre (7b). Les unités de temps étant représentées par les **points squelettaux**, une voyelle brève compte un seul point squelettal, alors qu'une voyelle longue est assise sur deux points squelettaux, qui appartiennent à un **noyau branchant**.

Cette différence est reflétée dans l'évolution : e bref diphtongue en ie (bene > *bien*), mais la diphtongaison de ē long produit ei (°sapēre > *saveir*, *savoir* frm *savoir*).

(7)   longueur
   a. lc b<u>e</u>ne   b. lc °sap<u>ē</u>re   c. lc c<u>a</u>rru   d. lc c<u>ā</u>.ru

```
      σ     σ              σ       σ     σ              σ     σ              σ     σ
     /|    /|             /|      /|    /|             /|    /|             /|    /|
    / R   / R            / R     / R   / R            / R   / R            / R   / R
   /  |  /  |           /  |    /  |  /  |           /  |  /  |           /  |  /  |
   A  N  A  N           A  N  A    N  A  N           A  N  C  A  N        A  N  A  N
   |  |  |  |           |  |  |    /\ |  |           |  |  |  |  |        |  /\ |  |
   x  x  x  x           x  x  x  x  x  x  x          x  x  x  x  x        x  x  x  x  x
   |  |  |  |           |  |  |  \/ |  |             |  |  \  |  |        |  \/ |  |
   b  e  n  e           s  a  p   ē   r  e           c  a    r  u         c  ā   r  u
```

22 Consonnes géminées

La situation est la même pour les consonnes simples (brèves) auxquelles certaines langues, dont le latin, opposent des consonnes **géminées** (également dites longues ou doubles) : le r simple dans lc c<u>ā</u>ru (7d) est associé à un seul point squelettal, quand le rr géminé dans c<u>a</u>rru (7c) est attaché à deux points squelettaux.

Les géminées sont toujours **hétérosyllabiques**, *i.e.* associées à la coda de la voyelle précédente et à l'attaque de la voyelle suivante : elles ferment la syllabe à leur gauche, dont la voyelle est donc **entravée**.

3.5 Consonnes finales

23

On observe que la consonne finale C# entrave la voyelle précédente (*i.e.* ferme la dernière syllabe) dans certaines langues, alors que celle-ci demeure libre (et la syllabe donc ouverte) dans d'autres.

(8)   statut syllabique de la consonne finale C#
   a. langue type A : C# = coda   b. langue type B : C# = attaque

```
       σ                                   σ     σ
      /|                                  /|    /|
     / R                                 / R   / R
    /  |\                               /  |  /  |
    A  N  C                             A  N  A  N
    |  |  |                             |  |  |  |
    x  x  x                             x  x  x  x
    |  |  |                             |  |  |
    s  a  c                             s  a  c
```

Ainsi les langues font un choix (dit **paramétrique**) concernant la consonne finale : certaines lui confèrent le statut de coda (8a), alors que dans d'autres elle est une attaque (8b) suivie d'un noyau vide. Dans ce dernier cas, la consonne finale est placée en position intervocalique (entre deux noyaux) et se comporte en conséquence.

Le français a été une langue de type B depuis le pfr et jusqu'à la fin du 15ᵉ siècle : dans cette période, la consonne finale est une intervocalique, *i.e.* se comporte en tant que telle ↗251 *sq*. Par exemple, étant libres, les voyelles précédant la consonne finale pratiquent la diphtongaison : me̲l > *miel*.

Ce n'est qu'à partir de la fin du 15ᵉ siècle que le français devient une langue de type A : les consonnes finales commencent à tomber devant pause, indiquant par là qu'elles sont devenues des codas ↗264-267, 320.

3.6 Poids syllabique

24 On distingue les syllabes selon la taille de leur rime, qui détermine leur **poids syllabique**. Elles sont **légères** lorsque la voyelle est brève et non suivie d'une coda : type CV (9a) (rime = un seul point squelettal). Les syllabes sont **lourdes** si la voyelle porte du poids supplémentaire ou bien parce qu'elle est longue (type CV̄), ou bien du fait d'être suivie d'une coda (type CVC) : dans les deux cas, la rime domine deux points squelettaux (9b). Enfin, les syllabes **super-lourdes** cumulent une voyelle longue et une coda (type CV̄C), ou une voyelle brève suivie de deux codas (type CVCC) : ici la rime domine trois points squelettaux (9c).

Les syllabes super-lourdes sont prohibées depuis le pfr et dans tous les stades évolutifs suivants.

L'interdiction des syllabes super-lourdes produit de nombreux effets dans l'évolution du français dont le premier et peut-être le plus frappant est le fait que la diphtongaison des voyelles toniques entravées est bloquée ↗75.

(9) poids syllabique : taille de la rime
  a. syllabe légère
  b. syllabe lourde
  c. syllabe super-lourde

```
   CV              CVC             CV̄              CV̄C             CVCC
    σ               σ               σ               σ               σ
   /               /               /               /               /
  /R              /R              /R              /R              /R
 /  |            /  ⌐            /  |            /  ⌐            /  ⌐
A   N           A  N  C         A   N           A  N  C         A  N  C  C
|   |           |  |  |         |   ∧           |  ∧  |         |  |  |  |
x   x           x  x  x         x  x  x         x  x  x  x      x  x  x  x
|   |           |  |  |         |   ∨           |  ∨  |         |  |  |  |
C   V           C  V  C         C   V           C  V  C         C  V  C  C
```

La réduction des groupes $C_1C_2C_3$ ↗211 est également due à l'interdiction des syllabes super-lourdes. Lorsque C_2 et C_3 ne peuvent former une attaque branchante TR, une séquence à deux codas C.C.C (9c) est produite : galb(i)nu > °gal.b.nu. La **consonne médiane** est alors perdue et on obtient afr *jalne* frm *jaune*.

3.7 s, ts

25 On observe que dans la diachronie du français, en frm et plus généralement dans les langues du monde, la fricative s (ainsi que son incarnation voisée [z] et les versions affriquées [ts], [dz] de s,z) a des vertus particulières : elle est capable d'exister dans des groupes consonantiques qui sont interdits aux autres fricatives (ou occlusives).

Ainsi en latin et dans tous les stades évolutifs du français, les groupes initiaux #CC sont toujours une attaque branchante #TR, sauf lorsque la première consonne est s : frm *sport*, *stop*, *scan* sont bien formés malgré le fait que le groupe implique deux obstruantes #TT ↗17.1.

S peut ou non avoir cette vertu : il l'avait en latin (spatha, stabula), et de même en frm (*sport*, *stop*, *scan*). Mais il l'avait perdue en afr où les groupes #sC ne sont plus autorisés : ils produisent la prothèse e- (qui de fait remonte au lt puisque toutes les langues romanes occidentales la pratiquent) : scribere > *escrivre* frm *écrire*, spatha > *espee* frm *épée*, stabula > *estable* frm *étable*.

Les vertus spéciales de s à former des groupes consonantiques sont encore illustrées par le fait que, médiane d'un groupe CCC, il se maintient (obscūru > *oscur* frm *obscur*, le b étant tombé en coda selon la règle) là où toutes les autres obstruantes sont éliminées (galb(i)nu > °gal.b.nu > *jalne* frm *jaune*). Il en va de même pour ts, qui se maintient sous forme de s (grac(i)le > °graj.ts.le > *graisle* frm *grêle*) ↗211.1.

Tobias Scheer

4 Facteurs qui pèsent sur l'évolution

26 Il existe dans l'évolution des langues quatre facteurs qui sont amenés à jouer un rôle : les **lois phonétiques** et l'**analogie** sont les grands adversaires dans le jeu diachronique. Elles représentent les **forces internes à la langue**.

Les deux autres facteurs sont de nature **externe**. Il faut compter avec l'action des **forces sociales** : le **vocabulaire savant** (ecclésiastique, technique, juridique, médical, scientifique etc.) ou l'action de la **norme** ont toujours un effet conservateur, cherchant à soustraire un mot ou une classe de mots à l'évolution phonétique naturelle, en les figeant. Enfin, le **contact avec d'autres langues** introduit régulièrement des effets sur l'évolution, notamment par les emprunts.

Ces quatre facteurs sont examinés ci-dessous dans l'ordre mentionné. Il faut comprendre que les lois phonétiques sont l'épine dorsale de la phonétique historique : les autres facteurs ne sont convoqués que lorsqu'elles ne parviennent pas à rendre compte de l'évolution observée. Cette hiérarchie est fondée sur le fait qu'à la différence des autres forces, les lois phonétiques, comme leur nom l'indique, sont **régulières** et **prédictibles** : elles ne connaissent **pas d'exception**. Mais leur application, ou leur résultat, peuvent être perturbés par les autres forces. C'est la raison pour laquelle les **lois phonétiques** occupent, comme il est habituel dans les grammaires, la quasi-totalité du présent manuel. La nature d'un Abrégé grossit ce trait : les déviations à la règle restent le plus souvent dans l'ombre.

4.1 Lois phonétiques

27 Les lois phonétiques modifient un segment (une consonne ou une voyelle) en fonction d'un contexte. Dans les langues du monde, en synchronie comme en diachronie, l'effet de celui-ci (*i.e.* la modification que l'on observe sur un segment) est imputable aux trois causes indiquées sous (10), et à ces trois causes seulement.

(10) causes des phénomènes phonologiques
   a. Effet **positionnel**, ou **syllabique**
      Action de la position syllabique qu'occupe un segment (un son) dans la chaîne linéaire.
      Exemple : p en coda est éliminé (°captiāre > *chacier* frm *chasser*), spirantisé et voisé en position intervocalique (nepōte > *neveu*), mais se maintient sans aucun dommage en Position Forte, *i.e.* à l'initiale (patre > *pere* frm *père*) et en post-coda (talpa > *taupe*).

(10) causes des phénomènes phonologiques
  b. Effet **accentuel**
     Action de l'**accent**.
     Exemple : dans l'évolution du pfr, les voyelles toniques libres pratiquent la diphtongaison spontanée ↗146 (e dans b*e*ne > *bien*), alors que les voyelles atones ne diphtonguent jamais (e atone initial dans ven*i*re > *venir*).
  c. Effet **segmental** (assimilation, dissimilation)
     Action d'un autre segment, déterminée par les caractéristiques de celui-ci.
     Exemple : la **palatalisation**. Ce processus transmet à un segment non palatal la palatalité d'un segment palatal : non palatale, la vélaire g dans arg*e*ntu devient palatale sous l'influence du e suivant, aboutissant à ʤ (> afr *argent* <g> = [ʤ]).

Les lois phonétiques ont deux propriétés importantes : d'une part, telle une loi biologique ou physique, elles s'appliquent **sans exception** ; d'autre part elles agissent sur une **période définie** (elles ont un début et une fin).

Comme leur nom l'indique, les lois phonétiques sont **régulières** : tout mot qui comporte la séquence à modifier (par exemple un a tonique libre dans lc p*a*tre) *sera* modifié selon la règle (a tonique libre devient e : p*a*tre > *pere* frm *père*). Il s'agit là de la propriété première de lois phonétiques, qui a fait débat au 19ᵉ siècle et jusqu'à nos jours Rq1 : **les lois phonétiques n'ont pas d'exception.**

Cette conception des lois phonétiques a été forgée par les **néogrammairiens** dans les années 1870 à Leipzig, en explicite référence aux lois naturelles en sciences (physique, chimie, biologie) et en particulier à la récente découverte, alors, des lois régissant l'**évolution des espèces** (Darwin). La langue est ainsi conçue comme un **objet naturel** (et non pas artefactuel, *i.e.* fait par l'homme), qui au même titre que les autres objets naturels obéit à des régularités qui ne souffrent aucune exception. L'eau soumise à un courant électrique dégage de l'hydrogène et de l'oxygène, le premier en volume double par rapport au premier : personne ne songera à ce que ce procédé s'applique parfois seulement, ou différemment selon les cas.

La seconde propriété importante des lois phonétiques est qu'elles s'appliquent sur une **période définie** : leur action a un début et une fin. Ainsi la loi qui transforme a tonique libre en e a eu cours en pfr, mais a cessé son activité en afr : les a de l'afr ne deviennent plus e. Ainsi afr *bas* ne devient pas afr. *bes : lat a dans b*a*ssu demeure dans afr *bas* puisqu'il est entravé, mais l'entrave n'existe plus en afr où le s est déjà dégéminé. Par conséquent, si le processus affectant a tonique libre avait toujours été en vigueur en afr, il aurait produit afr *bas* > afr *bes.

Remarque
1. On appelle « controverse des néogrammairiens » le débat concernant l'inconditionnalité des lois phonétiques, initié par Curtius (1885) (pour) et Schuchardt (1886) (contre) et ayant connu une importante postérité (François 2017).

4.2 Analogie

4.2.1 Lois phonétiques *vs* analogie

28 Les lois phonétiques s'opposent à l'analogie. Engagées dans un mouvement perpétuel, chacune de ces forces détruit en permanence ce que l'autre accomplit : les lois phonétiques introduisent l'**irrégularité dans un paradigme**, que l'analogie ramène à l'**uniformité**, qui sera ensuite perturbée par une nouvelle innovation phonétique, et ainsi de suite.

Ainsi la voyelle radicale du lc probāre est uniformément o dans toutes les formes du verbe. Mais une loi phonétique qui fait passer o tonique libre à ue introduit la coexistence de deux voyelles radicales dans le paradigme verbal : lorsque le o est tonique, il passe à ue (probat 3s > *prueve* frm *prouve*). Mais il demeure dans les formes où il est atone (probāre > *prover* frm *prouver*). L'afr a donc connu **deux bases** pour ce verbe, *pruev-* et *prov-*, produites par l'application d'une loi phonétique ↗32 *sq*.

L'analogie a ensuite uniformisé le paradigme pour le ramener à une seule base : en frm on dit *prouver - il prouve*.

Les **néogrammairiens**, qui dans les années 1870 ont fondé la linguistique moderne dans leur école à Leipzig (où Ferdinand de Saussure est allé étudier), ont compris ce jeu de va-et-vient dans l'évolution des langues et en ont fait le principe central (Osthoff et Brugmann 1878 : XIII).

4.2.2 Définition et illustration en français moderne

29 *Un terminal* (aéroport) *– deux ...*
L'analogie est un calcul de troisième proportionnelle : pour savoir comment prononcer un mot, on n'applique pas une règle ni n'exécute une forme lexicale du mot en question, mais on va plutôt chercher une autre forme lexicale pour imiter ses propriétés.

Ainsi lorsque des locuteurs modernes sont priés de dire la phrase *à l'aéroport de Nice, il y a deux ...* où les points de suspension réfèrent aux bâtiments qui servent à embarquer et débarquer les voyageurs, ils hésitent, puis disent ou bien *terminal-s* [tɛʁminal] ou bien *terminaux* [tɛʁmino]. Dans le premier cas, ils ont appliqué la règle en vigueur en français actuellement pour former un pluriel : suffixer un *-s* qui ne sera pas prononcé, sauf en liaison dans certains cas en registre soutenu (*des savant[z] anglais*). Il s'agit là de la *seule* façon de faire un pluriel en français, sauf un petit ensemble de mots se terminant en *-al, -ail* dont le pluriel est en *-aux* [-o], tels *journal - journaux, cheval - chevaux, signal - signaux, local - locaux, travail - travaux* etc. Cette formation de pluriel n'est plus en vigueur depuis au moins le 16ᵉ siècle : tous les nouveaux mots en *-al* qui sont arrivés depuis lors font un pluriel régulier : *carnaval - carnavals, festival - festivals, chacal - chacals, musical - musicals, bal - bals, rital - ritals*, etc.

Si, donc, un locuteur produit *terminaux* pour les deux bâtiments à l'aéroport (peut-être parce qu'il pense que c'est plus « correct »), il est certain qu'il n'a appliqué aucune règle. Il a fabriqué *terminaux* parce qu'il sait que le modèle *journal - journaux* existe. Il a donc consulté, dans sa mémoire, le mot *journal* (ou équivalent) pour voir comment on fait le pluriel, puis l'a imité pour trouver le pluriel du mot *terminal*.

L'analogie consiste donc à **fabriquer un mot sur le modèle d'un autre mot**, et ce par conséquent, sans appliquer aucune **règle**. On applique une règle lorsqu'une forme donnée est transformée par une instruction, telle « a tonique libre devient e » (patre > pere frm *père*).

30 Différence avec les lois phonétiques

A la différence des lois phonétiques qui sont régulières et ne souffrent l'exception ↗27, **l'analogie n'est *pas* régulière**. Il est impossible de prédire quand, elle agira et quand elle demeurera inactive. L'analogie n'a pas de raison, sauf celle de **rendre les paradigmes uniformes**. Mais elle en uniformise certains pour en laisser d'autres en état non-uniforme.

Ainsi en frm, *dire* et *faire* sont les seuls verbes dont la 2pl est en *-tes* (plutôt qu'en *-ez*, désinence régulière) : *vous dites, vous faites*. Mais l'analogie a ramené tous les dérivés de *dire* (sauf *re-dire* : vous *re-dites*) à la forme régulière *-ez* : vous *inter-disez, contre-disez, pré-disez, mé-disez*, et *vous vous dé-disez*. Souvent les locuteurs hésitent entre les formes régulières et irrégulières : *vous interdites* n'est pas impossible. Or les dérivés de *faire* maintiennent la forme irrégulière : *vous satis-faites, vous contre-faites, vous par-faites, vous sur-faites*. Il n'y a aucune logique à ce partage : l'analogie n'en connaît pas.

31 *J'empacte*

Il y a en français moderne un petit groupe de verbes dont la voyelle précédant la consonne finale de radical montre une alternance telle que schwa ou zéro apparaît devant suffixe à initiale vocalique, et [ɛ] ailleurs : c'est le type *acheter* [aʃət-e] / [aʃt-e] - *j'achète* [aʃɛt] (même type : *appeler, relever, ramener, achever*, etc.). Par ailleurs il existe des verbes dont le radical se termine par deux consonnes qui ne montrent jamais aucune voyelle en leur sein : c'est le type *respecter* [ʁɛspɛkt-e] - *je respecte* [ʁɛspɛkt].

Nombre de verbes qui de droit (*i.e.* par leur étymologie) appartiennent au premier type ont désormais, ou de fait depuis quelques siècles, des formes concurrentes faites dans le second type, et ces formes pour certains locuteurs sont les seules pratiquées. Il suffit de demander à un locuteur moderne de faire une forme du singulier présent de verbes tels que *empaqueter, bequeter, cacheter, colleter, déchiqueter*, qui ont jadis fait partie du type *acheter*. Le résultat est souvent *il empacte, elle becte* (*ça me débecte* est seul possible), *tu déchictes* (plutôt que *il empaquète, elle béquète, tu déchiquètes*). Ces formes sont issues de l'**analogie** : les locuteurs ont fabriqué *elle becte* ou bien sur le modèle inf. *becter* (où le schwa n'est plus jamais prononcé), ou bien directement sur le modèle de *respecter*.

Au 18ᵉ siècle, Mauvillon (1754 : 32) écrit déjà :

> « Surquoi je ne puis m'empécher de remarquer une mauvaise prononciation de beaucoup de François, et ordinaire aux Etrangers. Ils disent j'achete, j'éposusete, j'empaquete, il empaquete, ils dépaquetent, en prononçant l'e de la pénultième muet, comme s'il y avoit j'achte, j'éposusste, j'empacte, il empacte, ils dépactent, au lieu qu'il faut écrire et prononcer j'achète, j'éposussète, il empaquète. »

Puis au 19ᵉ siècle, « Littré proteste énergiquement contre cacte (pour caquette), carle (pour carrelle), cachte (pour cachette), décachte (pour décachette), décolte (pour décollette), épouste (pour époussette), empacte (pour empaquette), furte (pour furète) » (Nyrop 1903 : §20).

On dit souvent que la **fréquence lexicale** joue un rôle dans le choix des cibles analogiques : *acheter* ou *appeler* seraient protégés puisqu'ils sont fréquents. Mais la fréquence peut aussi jouer dans l'autre sens : il sera plus probable d'entendre *je carrle* de la bouche d'un carreleur, et *je nivle* (*niveler*) venant d'un jardinier. Pour eux, il s'agit de mots particulièrement fréquents, et qui pourtant sont les premières victimes de l'analogie.

4.2.3 Action de l'analogie dans les paradigmes verbaux de l'afr

32 Cause du désordre : l'accent latin et ses conséquences
Si l'analogie accomplit son œuvre partout dans la langue, il est un endroit où elle est particulièrement active : les paradigmes verbaux.

Il en est ainsi parce que les lois phonétiques ont introduit une variation importante dans ces paradigmes : dans les trois conjugaisons qui possèdent une **voyelle thématique** longue (I -āre, II -ēre et IV -īre), la (dernière) voyelle radicale est tantôt tonique (au présent 1,2,3s et à la 3p), tantôt atone (à l'infinitif et au présent 1,2p). Cela découle de l'application régulière de l'accent latin, comme montré sous (11).

(11) voyelle radicale tonique *vs* atone

		I -āre		II -ēre		IV -īre	
		V_rad tonique	V_rad atone	V_rad tonique	V_rad atone	V_rad tonique	V_rad atone
inf.			am-ā-re		mon-ē-re		aud-ī-re
sg	1	am-ō		mon-e-ō		aud-i-ō	
	2	am-a-s		mon-e-s		aud-ī-s	
	3	am-a-t		mon-e-t		aud-i-t	
pl	1		am-ā-mus		mon-ē-mus		aud-ī-mus
	2		am-ā-tis		mon-ē-tis		aud-ī-tis
	3	am-a-nt		mon-e-nt		aud-i-unt	

Comme l'évolution des voyelles toniques libres est toujours différente des mêmes voyelles atones (que celles-ci soient libres ou entravées) ↗73, les lois phonétiques produisent, de droit, des paradigmes verbaux qui en afr pour un verbe donné ont **deux bases**, *i.e.* deux voyelles radicales différentes, issues de la tonique ou de l'atone.

On notera que l'accent latin dans ces trois groupes verbaux **se déplace toujours**, mais qu'en afr cela **ne crée pas toujours deux bases** pour un verbe donné : l'évolution introduit une différence fondée sur l'accent seulement pour les voyelles libres. Ainsi dans am-āre, la voyelle radicale a- est libre, et cela produira deux bases en afr, *am-* lorsqu'elle est atone (inf. *am-er*), *aim-* au cas où elle est tonique (*aim-e* 3s). En revanche, tract-āre, dont la voyelle radicale a est entravée, ne produit qu'une seule base en afr, *trait-* (inf. *trait-ier*, *trait-e* 3s).

33 Réaction contre le désordre

L'analogie agit contre ce désordre en rétablissant l'uniformité du paradigme, *i.e.* en faisant en sorte qu'un verbe donné n'ait qu'une seule voyelle radicale dans toutes les formes.

Ainsi dans de nombreux verbes qui de droit devraient présenter deux bases différentes en afr (relevant des groupes latins I, II, IV et dont la voyelle radicale est libre), l'analogie a fait qu'ils n'en ont qu'une seule.

Dans certains cas, la base avec voyelle tonique (formes conjuguées 1-3sg, 3pl) gagne (12a), dans d'autres c'est au contraire la base avec voyelle atone (infinitif, 1-2pl) qui l'emporte (12b) : l'analogie réduit les deux bases au profit de l'une ou de l'autre, sans aucun principe directeur.

Enfin, l'analogie peut aussi se casser les dents : elle ne gagne pas toujours. Le troisième cas de figure est l'absence de régularisation, dont le résultat, à ce jour en frm, sont des verbes à deux bases (12c).

Dans la grande majorité des cas, l'analogie a agi à partir de l'afr seulement (mais parfois elle était déjà active en pfr) : les textes plus anciens montrent la forme produite par la loi phonétique (afr 9e-10e siècle sous (12)), puis la forme analogique apparaît dans les textes plus tardifs (> afr 12e siècle sous (12)).

Sous (12), l'infinitif représente les formes avec voyelle atone et la 3s, celles avec voyelle tonique. L'état primitif à deux bases a été corrigé sous (12a,b) : au profit de la 3s lorsque l'infinitif *bogler* devient *beugler* (12a), au contraire au profit de l'inf. lorsque *prueve* 3s devient *prouve*. Le troisième case de figure, l'absence de régularisation, est illustré sous (12c) : le verbe *vouloir* a conservé ses deux bases tout au long de l'afr et jusqu'en frm : inf. afr *voleir* > afr *voloir* > frm *vouloir* contre afr *vuelt* 3s > frm *veut*.

(12)   afr : une ou deux bases

	afr 9e-10e siècle		> afr 12e siècle action de l'analogie au profit de	
	inf. (atone)	3s (tonique)	inf. (atone)	3s (tonique)
a.	bogler	buegle (> beugle)		inf. > beugler
b.	prover (> prouver)	prueve	> prouve 3s	
c.	voleir	vuelt	–	–

4.3 Facteurs externes

34 L'**évolution naturelle** due aux lois phonétiques est intrinsèque à la langue : elle est dite **phonétique** et **populaire**. Outre que par l'analogie, son application peut être perturbée par des forces externes à la langue, qui sont d'ordre **social**. Celles-ci sont toujours **conservatrices**, *i.e.* cherchent à soustraire un mot ou une classe de mots à l'évolution phonétique en les figeant (vocabulaire ecclésiastique, technique, juridique, médical, scientifique, etc.) ↗35, ou à imposer l'état ancien lorsqu'une évolution est en cours et que les deux variantes anciennes et nouvelles coexistent (action de la **norme**) ↗36.

Enfin, les **emprunts** au latin (ou à d'autres langues) ↗38-40, entrés après une évolution déjà parcourue, n'ont à l'évidence pas participé aux changements qui ont eu lieu en leur absence. Ils sont soumis à la phonologie régnant au moment de leur emprunt et comme les mots qui ont parcouru le chemin complet participent ensuite à l'évolution ultérieure. La langue pratique l'emprunt à d'autres langues à tout instant de façon naturelle (cas de l'intégration du vocabulaire germanique massif autour des invasions du 4e-5e siècle ↗1), mais l'emprunt au latin est bien sûr l'affaire exclusive des savants qui souvent font peser l'idée qu'ils ont de la prononciation du latin. Ainsi la **réforme Carolingienne** des 8e-9e siècles a introduit de nombreux mots latins et cherché en même temps à restaurer la prononciation du latin.

Dans l'ensemble de ces cas où un mot pour des raisons sociales est dévié de sa trajectoire naturelle (**populaire** et **phonétique**) ou n'y a pas participé (emprunts), on dit que son évolution est savante, et qu'il s'agit d'un **mot savant**.

Enfin, l'évolution populaire d'un mot peut encore être altérée sous l'influence exercée par un autre mot, sémantiquement ou phonétiquement proche ↗41.

4.3.1 Vocabulaire savant

Les mots relevant du domaine spécifique d'institutions comme l'Eglise ou l'Etat (militaire, textes juridiques), mais également de la science, de la médecine ou de la technologie, sont souvent entravés dans leur évolution. On oppose ainsi l'**évolution populaire**, normale et non entravée, à l'**évolution savante**, altérée par rapport à celle-ci.

Dans le domaine ecclésiastique, l'hiatus ia s'est maintenu dans di$\underline{a}$bolu > *diable* et di$\underline{a}$conu > *diacre*, de sorte que le i n'a pas participé à la consonification latine ↗84 et par conséquent #dj initial n'a jamais existé. L'évolution populaire de #diV- initial est #djV > #ʒV (di$\underline{u}$rnu > *jorn* frm *jour*). Ainsi l'insistance de l'institution ecclésiastique sur la prononciation non-altérée de l'hiatus fait qu'en afr et frm di$\underline{a}$bolu n'a pas abouti à *jable, ni di$\underline{a}$conu à *jacre.

Souvent les formes populaire et savante coexistent et l'une peut finir par être évincée : cal$\underline{u}$mnia > *chalonge* (populaire), mais frm *calomnie* (savant). Dans d'autres cas, les deux formes coexistent en frm : *caleçon* (savant) - *chausson* (populaire), *camp* (savant) - *champ* (populaire), *cape* (savant) - *chape* (populaire).

Il est également fréquent qu'un mot soit **demi-savant**, *i.e.* présente une propriété qui n'est pas populaire et une autre, populaire. Ainsi dans afr *emperere* frm *empereur* < imper$\underline{a}$t(o)r Nsg, le groupe TR# final créé par la syncope de la voyelle posttonique (imper$\underline{a}$t(o)r Nsg > °imper$\underline{a}$tr) appelle la voyelle d'appui -ə ↗180 (> °imper$\underline{a}$trə). Etant libre, le $\underline{a}$ tonique devient e selon la règle (> °imper$\underline{e}$trə) et le groupe tr voise en position intervocalique (> °imper$\underline{e}$drə). C'est la forme attestée dans *Alexis emperedre*. Enfin, le d tombe dans le groupe dr intervocalique selon la règle ↗273, ce qui produit afr *emperere* frm *empereur*. Toutes ces évolutions sont populaires, mais le maintien du e prétonique ne l'est pas : il aurait dû tomber, pour un aboutissement *emprere.

Ce mot a également connu un aboutissement basé sur l'accusatif singulier imperat$\underline{o}$rem (plutôt que sur le nominatif singulier imper$\underline{a}$t(o)r), qui a donné afr *empereor, empereour* frm *empereur*. Comme dans les formes issues du nominatif singulier, le e prétonique se maintient, ce qui est irrégulier. Il est à noter que la diphtongue ou est souvent représentée par la graphie <o> ↗61 : la diphtongaison a donc bien eu lieu dans afr *empereor* [empərəour]. Ainsi il n'y a que trois événements : le a prétonique devient schwa selon la règle ↗186 (écrit <e> : imperat$\underline{o}$rem > °emperet$\underline{o}$re), le t intervocalique chute (> °emperer$\underline{o}$re) et la voyelle finale tombe (> *empereor*).

De fait le mot est un emprunt au latin : il a été réintroduit dans la langue suite au couronnement de Charlemagne en l'an 800, la dignité d'empereur ayant disparu en Occident depuis le dernier empereur romain déchu au 5e siècle.

Les cas où dans la phonétique historique du français un mot ne participe pas à l'évolution normale parce qu'il est savant sont légion. L'évolution du français demeurerait entièrement opaque pour celui qui n'a pas compris qu'il faut lever cette couche de bruit irrégulier pour apercevoir la régularité des lois phonétiques.

4.3.2 Action de la norme

36 La norme

On appelle la **norme**, dans les langues, l'influence exercée par des **forces sociales** sur la façon de parler et d'écrire. La norme est **consubstantielle au langage** : elle existe dans toutes les langues et est soumise à une évolution qui suit, avec une latence plus ou moins grande, le développement naturel de la langue.

On désigne par le terme **registre** la stratification sociale du langage qui résulte de l'action de la norme : les locuteurs adaptent leur façon de parler et d'écrire à la situation sociale et pragmatique. On ne parle pas de la même façon en famille et lors d'une oraison funèbre, entre copains et dans un entretien d'embauche ou lors d'un service religieux, etc. Cette adaptation doit être apprise, et lorsqu'elle est mal ou non maîtrisée, entraîne des conséquences sociales qui peuvent être lourdes pour l'emploi, la carrière, la position dans la hiérarchie sociale, la recherche de partenaire intime, le parcours éducatif, etc.

La norme est toujours **conservatrice** : elle **combat l'innovation**. Elle évolue lorsque la distance entre l'ancien état, qu'elle préconise, et l'innovation qui se fait jour dans le parler populaire, devient trop grande. Cette distance est fort variable et il n'y a aucune mesure pour prédire à quel moment la norme cèdera. On appelle **diglossie** les situations où la distance entre la norme et le parler populaire est très grande, comme par exemple dans les pays du Maghreb actuellement où la norme, l'arabe standard moderne, n'est pas intelligible par les locuteurs natifs dont la langue est désignée comme *arabe dialectal*.

La norme agit naturellement dans le corps social et fait l'objet d'étude de la **sociolinguistique**. Elle n'a pas besoin de l'**Etat**, mais selon les circonstances l'Etat s'immisce. C'est le cas dans l'**ordonnance de Villers-Cotterêts** de 1539, la première prescription étatique en France concernant la langue, dont les articles 110 et 111 stipulent que les documents administratifs doivent désormais être rédigés « en langaige maternel françois, et non autrement. » Depuis la création de l'**Académie Française** en 1634, c'est cette institution qui, bon an mal an, dit la loi en termes de **bon usage** ↗309.

La norme a toujours donné lieu à des débats nourris, défendue par les uns, vilipendée par les autres. Lorsque l'ancienne norme cède, une nouvelle norme s'établit, sur la base d'un autre phénomène linguistique. Car **il n'existe pas de langue sans norme**, et il est naïf, mais aujourd'hui courant, de croire qu'une victoire sur la norme concernant un de ses véhicules, comme par exemple l'interdiction du conditionnel après *si* (*si elle serait venu, on serait allé en ville*), conduira à l'absence de norme, et qu'enfin la **sélection sociale** en fonction du langage cessera.

37 Apparition de la norme au 13ᵉ siècle
L'existence de la norme suppose une **société qui soit assez structurée** pour être à même, lorsque plusieurs formes d'un mot coexistent (populaire et savante, ancienne et innovée par une loi phonétique), d'en imposer une comme la « bonne forme ». Ainsi en français elle ne se fait guère sentir avant le 13ᵉ siècle (voir le détail aux §§301 *sqq.*).

Ainsi à la fin de l'afr, la norme a par exemple cherché à empêcher ou annuler l'évolution (lc i̯, ē >) oi > e (e étant écrit <e> ou <ai>) qui se produit à partir du 13ᵉ siècle (ce cas est examiné en détail aux §§324 *sqq.*). Elle a échoué dans crēta > afr *croie* > 13ᵉ *craie*, °mariscu frk > afr *marois* > 13ᵉ *marais*, rig(i)da > *roide* > 13ᵉ *raide* (mais *roide* subsiste en langage littéraire), vitru > afr *voire* > 13ᵉ *verre* ainsi que dans les imparfaits -*oit* > -*ait* (afr *vendoit* 3s > 13ᵉ *vendait*). Mais elle a réussi dans vidēre > afr *veoir* > 13ᵉ *var*, restitué en *voir* au 17ᵉ siècle, ou encore s'agissant de °recipēre > afr *recevoir* > 13ᵉ *recever*, rétabli en *recevoir* au 17ᵉ siècle (de même 13ᵉ *savar* pour *savoir*, 13ᵉ *avar* pour *avoir*).

La langue a hésité pendant une longue période allant du 13ᵉ au 17ᵉ siècle entre les formes innovantes et conservatrices qui, cohabitant, ont alimenté des débats interminables parmi les **commentateurs** et **grammairiens**, qui condamnent tantôt les unes, tantôt les autres (voir le détail au ↗326). On trouve encore au 16ᵉ siècle *je cray* pour *je crois*, *fret* pour *froid*, *tra* pour *trois*, *dret* pour *droit* : dans ces mots la norme a emporté la pièce. Elle a cédé sur les imparfaits en -*oit* seulement à la fin du 17ᵉ siècle ↗326.

Le frm a gardé de cette hésitation les gentilés tantôt en -*ois* (*chinois, hongrois, suédois*, etc.), tantôt en -*ais* (*français, japonais, anglais, finlandais* etc.), ainsi que des paires oi - ɛ avec différentiation sémantique : *François - français, Benoît - benêt, harnois - harnais, ormoie - ormaie*.

4.3.3 Emprunt

38 Le français au cours de son histoire a emprunté à beaucoup de langues, mais par le nombre de mots empruntés, le **germanique** et le **latin** tiennent une place particulière.

39 Emprunts au germanique
Le vocabulaire germanique est entré massivement autour des **invasions** (à partir du 4ᵉ siècle, mais le contact avec le monde germanique remonte à la conquête de la Gaule par J. César au 1ᵉʳ siècle av. JC). Il s'agit principalement du **francique**, la langue de Clovis et des **Francs Saliens** qui ont pris possession du nord de la Gaule, venant du

Nord-Est. Mais autour du 5ᵉ siècle, le nord de la Gaule qui verra éclore le pfr, puis l'afr, a également pour voisins les royaumes germaniques des **Wisigoths** (Sud et Sud-Ouest), des **Burgondes** (Sud-Est), des **Alamans** (vallée supérieure du Rhin) et des **Francs Rhénans** (Rhénanie). Toutes ces langues germaniques fournissent des emprunts.

Souvent les emprunts sont marqués au fer blanc par l'absence sur leur corps des processus qui ont eu lieu avant leur arrivée, et de la présence de ceux qui étaient en vigueur lorsqu'ils sont entrés dans la langue. Ainsi °breka frk a donné le nom afr *breche* frm *brèche* et le verbe afr *broiier* frm *broyer*. Le verbe a été emprunté lorsque le processus réduisant la vélaire à jj dans le contexte i,e,a+k+a était encore actif (4ᵉ-5ᵉ siècles) : °brek-āre > afr *broiier* comme, à la même époque, le mot latin pāc-āre > afr *paiier* frm *payer* ↗263. Le même mot germanique a ensuite été emprunté une seconde fois, plus tard lorsque i,e,a+k+a > jj n'avait plus cours mais un nouveau processus était actif, la palatalisation gallo-romane qui transforme k+i,e,a en tʃ ↗287 : °breka frk a à ce moment produit afr *breche* selon la règle, tout comme cạrru a donné afr *char*.

Le **double emprunt** est encore à l'origine des noms propres *Clovis* et afr *Loois* frm *Louis*, qui sont deux aboutissements du même étymon francique, emprunté à deux périodes différentes. °Hluþawic frk a d'abord été intégré lorsque la source frk comportait encore un χC- (> Chlodavīcus > afr *Cloëvis* > afr *Clovis*), ensuite lorsque le χ- devant consonne avait été éliminé par l'évolution propre du frk : Serm. *Lodhuuicus* > afr *Lodovis* > afr *Loois* frm *Louis*.

Il en va de même encore pour g rīki, qui produit afr *rice* (*Alex.*) 'riche', ainsi que afr *riche* frm *riche* : le premier emprunt de ce mot est survenu assez tôt pour avoir encore participé à la palatalisation romane k+i,e > ts (2ᵉ-3ᵉ siècles ↗281), mais assez tard pour ne plus avoir voisé le ts résultant en position intervocalique ↗257. Il a ensuite été emprunté à nouveau pendant la période de la palatalisation gallo-romane k+i,e,a > tʃ (5ᵉ siècle ↗287), produisant tʃ selon la règle dans afr *riche*.

40 Emprunts au latin

Alors que la langue avait déjà parcouru une évolution importante et n'était plus du latin, le prestige de celui-ci a fait qu'on a réintroduit de nombreux mots latins. Cet « auto-emprunt » a eu lieu surtout à deux reprises dans l'histoire de la langue lorsque le latin a connu un regain de prestige : lors de la **réforme Carolingienne** des 8ᵉ-9ᵉ siècles et, préparé dès le 14ᵉ siècle par des traductions de textes antiques, à la Renaissance au 16ᵉ siècle où la redécouverte de l'Antiquité a fondé l'**Humanisme** (« **réforme Erasmienne** »).

Les emprunts au latin sont en règle générale **demi-savants**. Ainsi le mot capịt(u)lu > *chapitle* frm *chapitre* se dénonce en tant qu'emprunt par sa voyelle tonique inchangée et le groupe tl (dont l'aboutissement populaire est kl > jl : vẹt(u)lu > °veclu > *vieil* ↗274). Mais il a participé à la palatalisation gallo-romane k+a > tʃ et pratiqué la syncope.

Enfin, les emprunts au latin produisent très fréquemment des cas où le même étymon a connu une évolution populaire (*i.e.* a subi tous les processus successifs), ainsi qu'un parcours savant. On en tire en frm des doublons fréquents tels que canīcula > *chenille* (populaire), *canicule* (emprunt) ; captīvu > °cactīvu > *chétif* (populaire), *captif* (emprunt) ; campānia > *champagne* (populaire), *campagne* (emprunt) ; tībia > *tige* (populaire), *tibia* (emprunt) ; canāle > *chenal* (populaire), *canal* (emprunt).

4.3.4 Mélange de plusieurs mots

41 Il arrive que des mots distincts se mélangent, par proximité phonétique, sémantique ou des deux.

Ainsi l'évolution du mot crassu 'gros, corpulent' > afr, frm *gras* 'gros, corpulent, gras' a été influencée par grossu 'gras', qui a introduit le g initial ainsi que son signifié (afr *cras* 'gros, corpulent, gras' est également attesté).

Tobias Scheer

5 Réduction des mots (synthèse)

42 Entre le latin et l'afr, beaucoup de consonnes et de voyelles sont perdues à la suite de quatre processus principaux :

1. la syncope ↗82 *sq.*
2. la consonification latine de i,e et u,o en hiatus ↗84
3. l'élimination de la consonne médiane d'un groupe CCC ↗211
4. la perte des codas ↗237 *sqq.*

Les deux premières évolutions sont étudiées dans la Partie consacrée aux voyelles, les deux dernières dans celle traitant des consonnes.

Ces évolutions fondent la **position tout à fait singulière qu'occupe le français dans le concert des langues romanes** : elles sont responsables de la forme « rabougrie » qu'ont les mots français aujourd'hui en comparaison des autres langues romanes, comme par exemple *pou* [pu] < ped<u>u</u>culu. Elles produisent également le **décalage important entre la prononciation et l'orthographe**, qui continue à écrire beaucoup de consonnes et quelques voyelles qui n'ont plus de réalité phonétique.

Tobias Scheer et Philippe Ségéral

6 Présentation synthétique des sources graphiques

43 L'étude du système graphique français en tant que tel et de son évolution ne sont pas l'objet de l'Abrégé. Les éléments qui suivent donnent une description très rapide et partielle de ce système dans sa relation avec le système phonologique. Pour une présentation détaillée et exhaustive, nous renvoyons à Parussa et Cazal (2020), et pour une introduction à l'histoire de l'orthographe à Cazal et Parussa (2015).

6.1 Relative indépendance de la graphie depuis les origines

44 Une tension forte existe depuis toujours en français entre le niveau graphique, très conservateur, et le niveau phonique qui évolue sans cesse. Cette tension est perceptible dès les premiers textes, qui continuent d'utiliser l'alphabet latin, tout en devant faire face aux changements phonétiques majeurs qui sont survenus depuis le latin classique. Le fossé linguistique qui sépare les deux langues ↗4 va notamment conduire à l'invention précoce de digraphes ou trigraphes qui combinent deux ou trois lettres latines pour noter un grand nombre de nouveaux sons sans correspondants dans l'alphabet latin. Par la suite et pendant tout le Moyen Age vont ainsi coexister des graphies qui tendent à rendre compte des changements phonétiques qui se succèdent et des graphies plus conservatrices, qui maintiennent des formes anciennes remontant souvent au latin.

L'importance du latin dans la culture des lettrés spécialistes de l'écrit ne fait que renforcer cette dissociation entre niveaux graphique et phonique en maintenant l'illusion d'une proximité entre les deux langues écrites. Cette situation perdure pendant tout le Moyen Age et s'accentue même aux 14e et 15e siècles. Le fort mouvement de relatinisation du français ↗307 sq. qui se produit alors se traduit en premier lieu sur le plan graphique par la multiplication de consonnes étymologiques, dites « quiescentes », qui ne se prononcent pas mais qui témoignent de l'origine latine du mot (origine parfois même inventée et fictive, cf. <moi**c**tié> qui vient de medi**e**tātem, est à l'image de <fai**c**t> qui vient de f**a**ctum). On cesse alors d'écrire <tens> ou <vint> pour adopter les graphies <tem**p**s> (qui vient de tem**p**us) et <vin**g**t> (issu de vī**g**intī). Beaucoup de ces graphies rétrogrades se sont conservées jusqu'à nos jours, mais pas toutes (on n'écrit plus <de**b**voir> < dē**b**ēre ni <se**p**maine> < se**p**t(i)māna mais <devoir> et <semaine>). L'influence du latin sur le code écrit se traduit aussi pendant tout le Moyen Age par l'emploi d'un système d'abréviations, qui pour la plupart sont communes aux deux codes graphiques.

L'autonomie croissante du code graphique par rapport au niveau phonique a comme corollaire la diminution progressive de la variation graphique d'origine dialectale (phonétique). Cette indépendance se poursuit pendant des siècles jusqu'à ce que l'apparition récente des nouveaux outils de communication vienne renouveler la relation entre graphie et phonie dans certains types de textes (sms, tchat, etc.).

6.2 Importance de la variation graphique avant le 17ᵉ siècle

45 Jusqu'au 17ᵉ siècle, et particulièrement pendant la période médiévale, la variation graphique est très forte. Cette variation reflète des différences linguistiques interindividuelles mais parfois aussi des variations individuelles visibles au sein d'une même œuvre et d'un même manuscrit. La culture médiévale, qui repose sur le manuscrit et le processus de copie, ne partage pas la conception moderne de l'écrit comme document figé et intangible, du moins dans le champ de l'écrit littéraire au sens large. Les copistes ne se privent pas de modifier leur texte source, en particulier sur le plan des graphies, et les modifications apportées au texte par le ou les scripteurs successifs peuvent lui donner une forme composite. Pendant longtemps également, il n'existe pas de norme linguistique explicite et prescriptive pour le français, autrement dit pas d'orthographe au sens moderne, mais seulement des tendances ou des habitudes graphiques. C'est encore en partie le cas au 16ᵉ siècle, période d'intense réflexion, de débats et d'expérimentations très riches qui accompagnent le développement de l'imprimerie ↗308. La conjonction de ces deux phénomènes favorise les variations graphiques.

Ces variations révèlent surtout des différences linguistiques régionales (dialectales), particulièrement prégnantes dans la période ancienne ↗1. Sans doute très perceptibles à l'oral, ces variations sont diversement transposées sur le plan graphique, car elles sont contrebalancées par une tendance à l'homogénéisation liée au passage au code écrit. On appelle **scriptae** les variétés écrites médiévales (anglo-normande, picarde, bourguignone, wallone, etc.), fruits de cette situation complexe et sous l'habit desquelles les textes nous sont parvenus ↗305. Tous les documents médiévaux présentent par ailleurs un taux variable de **formes écrites communes**, sans doute compréhensibles par le plus grand nombre, et plus ou moins fréquentes selon les périodes (elles tendent à croître avec le temps), les types de documents (généralement plus nombreuses dans les textes à diffusion large et moins dans certains écrits documentaires, par exemple), les scripteurs, etc. Sauf exception, ces formes communes d'où proviennent la plupart des formes modernes sont celles dont l'évolution phonétique est étudiée dans l'Abrégé et elles sont prises comme base graphique de l'ancien français.

6.3 Influence de la norme et innovations graphiques à partir du 16ᵉ siècle

46 Même si elle ne modifie pas tout de suite en profondeur le mode de présentation des textes, l'invention de l'imprimerie a comme conséquence une uniformisation croissante des graphies. Le code graphique se dote progressivement aussi d'un grand nombre de signes diacritiques (apostrophe, accents, cédille, nouveaux signes de ponctuation) et on adopte peu à peu les lettres <v> et <j> dites « ramistes » (du grammairien Ramus) pour la notation des consonnes [v] et [ʒ] (la distribution de <u>/<v> et <i>/<j> reposait auparavant sur d'autres principes, en particulier sur la position des lettres dans le mot). Ces innovations ne se font pas de manière uniforme et brutale, les imprimeurs expérimentent diverses solutions, et l'orthographe devient un sujet de débat de premier plan.

Dans ce domaine comme dans d'autres, c'est le 17ᵉ siècle qui marque véritablement le début d'une volonté normative explicite ↗309. A partir de la fin du siècle, les éditions successives du *Dictionnaire de l'Académie* vont instituer la graphie de référence du lexique français, en favorisant la plupart du temps les choix les plus conservateurs. Parmi les innovations marquantes, on peut citer l'introduction de l'accent circonflexe dans la troisième édition du *Dictionnaire* (1740), en remplacement du s encore graphié devant consonne alors qu'à partir du 11ᵉ ou 13ᵉ siècle il n'était plus prononcé ↗248. La distribution des graphies <ai> et <oi>, correspondant aux prononciations concurrentes de l'ancienne diphtongue [ue], est fixée en 1835. Elle entérine sur le plan graphique une variation phonétique longue de plusieurs siècles et largement due à l'action de la norme ↗326. Après cette date, on distingue nettement les finales des imparfaits et des conditionnels (<ai>) et les finales de la plupart des autres mots dans lesquels ce qui était au départ la même diphtongue continue de se noter <oi>. Certains doublets témoignent de l'origine commune des deux graphies et des deux phonies (*François/Français*).

6.4 Fonctions multiples des graphies dans le français écrit

47 Le fait que les graphies soient relativement indépendantes du niveau phonique leur ouvre la possibilité d'assurer d'autres rôles que la fonction strictement phonographique. Elles préservent en particulier à l'écrit des oppositions importantes dans le système grammatical du français. Sont notamment concernées les consonnes finales graphiées jusqu'à aujourd'hui, alors qu'elles ne se prononcent plus depuis le 12ᵉ siècle (*cf.* §264 sur la perte de la frontière de mot et la chute des consonnes finales). Le s marquant le pluriel des noms et adjectifs, inaudible à l'oral sauf en cas de liaison, en est le meilleur exemple. Les consonnes finales des désinences verbales (-s, -t, -nt, etc.) en font également partie. Dans certains cas, il s'agit de pures innovations graphiques médiévales sans parent étymologique (le <s> à la finale de <suis> ne

provient pas du latin). Elles sont alors sans équivalent phonique depuis leur apparition écrite. Ces éléments graphiques assurant une fonction morphologique (marquage du nombre ou de la personne) dans le système grammatical à l'écrit, on les appelle des « morphogrammes ».

Plusieurs morphogrammes peuvent alterner dans le marquage d'une même information morphologique (<s> et <x>, par exemple, sont devenus des variantes graphiques de la marque du pluriel : *fous vs choux*) et leur répartition dans les paradigmes lexicaux du français résulte en partie, mais en partie seulement, de leur origine phonétique ↗51b : présent au départ dans les mots où l en coda s'est vocalisé en [w] devant s de flexion ↗247 et notant alors la prononciation [us], le <x> devient ensuite la marque de pluriel des finales en -*aux* (<chevaux> < cab<u>al</u>l(ō)s Apl), en -*eaux* (<beaux> < b<u>ell</u>(ō)s Apl) et de certains pluriels en -*oux* (<choux> < c<u>aul</u>(ē)s). Il s'étend aussi à d'autres finales sans l étymologique (en particulier dans certains pluriels en -*eux*, <jeux> < j<u>oc</u>(ō)s) ↗201.

Cet usage écrit de consonnes muettes permet également de rendre visible la parenté morphologique entre paires lexicales (*cf.* les graphies médiévales *mal/maulx*, *hospital/hospitaulx*, etc., où le <l> graphique n'est pas prononcé après <u> et devant <x>) ou entre mots appartenant à la même famille (la graphie <temps> évoquée ci-dessus permet le rapprochement avec l'adjectif *temporel* et s'éloigne de celle de l'indéfini *tant*). On trouvera des explications à la fois précises et synthétiques sur tous ces phénomènes centraux pour le système graphique du français dans Cazal & Parussa (2015).

Lors du décodage d'un texte écrit, certaines lettres (ou graphèmes) ne notent pas un son particulier mais doivent s'interpréter en composition avec d'autres. L'apparition précoce de digraphes et trigraphes permettant de représenter des sons inconnus du latin est à l'origine de la fonction distinctive acquise par ces éléments. Dans les graphies <ch> et <gn> par exemple, <h> et <n> permettent d'indiquer que la valeur de <c> et de <g> change par rapport à leur valeur habituelle (ils ne se prononcent pas [k] et [g]). Ces éléments graphiques aident à identifier des sons qui sont notés avec des lettres ayant dans le reste du code une autre réalisation phonique.

Pendant la période médiévale, certaines lettres offrent également une aide à la lecture des manuscrits. Tel est le cas notamment du <h> initial, qui fonctionne comme un diacritique indiquant que la lettre qui suit est une voyelle. Certaines de nos graphies modernes héritent de ces ajouts graphiques : le <h> au début de <huit> ne provient pas de l'étymon <u>oc</u>to, par exemple. La même consonne graphique peut aider ailleurs à identifier un hiatus (par exemple <vehu> transcrivant [vəy] frm *vu*, part. passé de *veoir* frm *voir*). On peut encore citer l'exemple des consonnes nasales qui sont redoublées pour indiquer le caractère nasal de la voyelle qui précède (<bonne> succède à la graphie <bone> issue du latin b<u>on</u>a ↗250).

Enfin, à la fin du Moyen Age surtout, certaines lettres ont une fonction ornementale, qui peut se combiner à la fonction diacritique, en particulier à l'initiale et en finale de mot : le <y> à la fin de <luy> frm *lui* et au début de <ysle> frm *île* est à la fois décoratif et plus lisible que <i>.

6.5 Inventaire des graphies

48 La complexité du système graphique du français tient essentiellement au fait qu'il n'est que partiellement phonétique. Un son peut avoir différentes notations écrites (il y a quatre façons de noter le son [o]) et un même graphème peut correspondre à plusieurs réalisations phoniques (<c> se prononce différemment selon ce qui suit). Cette situation découle principalement du caractère conservateur des graphies : on continue d'écrire <eau> par exemple dans *beau*, même si ce trigraphe se prononce [o] depuis des siècles ↗110, on continue de graphier la consonne <c> même quand elle ne se prononce plus [k] mais [s], comme dans *cent* [sã].

6.5.1 Graphies modernes et leur valeur phonétique

49 Voici les correspondances, pour le frm, des graphies et prononciations (cette dernière est indiquée par [ ] dans les tableaux).

(13) consonnes

a. obstruantes

graphie	[ ]	exemple
p	p	*pièce*
b	b	*blanc*
f, ph	f	*fin, photo*
v, w	v	*vache, wagon*
t	t	*tante*
d	d	*dingue*
ts	ts	*tsar*
zz	dz	*pizza*
c, s, ss	s	*cire, soir, laisse*
s, z	z	*chose, zèbre*
tch	tʃ	*tchatcher*
dj	dʒ	*djellaba*
ch, sch, sh	ʃ	*chat, schéma, short*
g, ge, j	ʒ	*gifle, geai, joie*
c, k, qu	k	*car, képi, quand*
g, gu	g	*gomme, guêpe*

b. sonantes

graphie	[ ]	exemple
ill, il, y	j	*fille, conseil, rayer*
oi	wa	*soir*
ou	w	*oui*
u	ɥ	*nuit*
m	m	*mer*
n	n	*noir*
ng	ŋ	*parking*
gn, ign	ɲ	*montagne, oignon*
l	l	*livre*
r	ʁ	*roi*

(14) voyelles

graphie	[ ]	exemple	graphie	[ ]	exemple
i, ï, î	i	livre, haïr, fit	eu	ø	peu
u, û	y	nu, dû	eu, œu	œ	fleur, cœur
ou	u	pou	un, um	œ̃	brun, humble
é, er, ai	e	café, manger, parlai	au, eau, o, ô	o	pauvre, eau, pot, pôle
è, ê, e, ai	ɛ	père, fenêtre, mer, maison	o	ɔ	col
ein, ain, in, im, aim, oin	ɛ̃	plein, plain, brin, timbre, faim, foin	on, om	õ	ongle, plomb
e	ə	rose	a, â	a	chat, plâtre
			an, am, en, em	ã	flan, ambre, entre, semble

6.5.2 Repères concernant les graphies médiévales

50 Etant donné la grande variabilité des graphies médiévales et l'état imparfait de nos connaissances quant à leur réalisation phonique précise, il est délicat de présenter un tableau de correspondance exhaustif entre graphie et phonie au Moyen Age. Les remarques suivantes visent surtout à présenter quelques tendances graphiques qui peuvent renseigner sur les phénomènes phonétiques dont elles sont la trace. Le détail concernant la valeur phonétique des graphies et leur évolution est étudié aux §§55-72 pour les voyelles, aux §§198-204 s'agissant des consonnes.

51 Consonnes
a) Impact des palatalisations sur les graphies
La palatalisation de certaines consonnes a au moins deux conséquences sur le plan graphique en français. La première est la création d'une série de digraphes et trigraphes qui permettent de noter les nouveaux sons, tout en maintenant un lien avec la consonne graphique d'origine.

(15) digraphes et trigraphes représentant le résultat des palatalisations

latin		afr		exemple		
graphie	[ ]	graphie	[ ]	frm	afr	lat
c	k	ch	tʃ	chef	chief	°capum
n	n	gn, ign, ng (final)	ɲ		montagne	°montānea
					seigneur	seniōrem
				engin	enging	engenium
l	l	ill, il, ll	ʎ		merveille	mīrābilia
					conseil	consilium
				merveille	mervelle	mīrābilia

Ces digraphes et trigraphes indiquent la palatalisation d'une consonne. Il faut bien prendre garde au fait que dans les suites <ign>, <il> et <ill>, la lettre i n'indique pas la présence d'une diphtongue, bien qu'elle suive une autre voyelle graphique : elle ne fait que marquer la palatalité de la consonne suivante ↗202 *sq.*, 243.3.

Il arrive dans d'autres cas que la graphie d'origine se maintienne telle quelle, alors que la prononciation a changé dans certains contextes par suite de la palatalisation. C'est ce qui explique que les lettres c et g recouvrent en français différentes réalisations phoniques. Devant o, a et u, les graphies <c> et <g> notent les sons [k] et [g] comme en latin. Mais devant e et i, la graphie <c> note jusqu'au 12e siècle l'affriquée [ts] (réduite ensuite à [s] au 13e siècle : c̱entu > *cent*) et la graphie <g>, l'affriquée [dʒ] (réduite ensuite à [ʒ] au 13e siècle : g̱ente > *gent*). Ces deux prononciations des graphèmes <c> et <g> sont un indice du phénomène de palatalisation ↗199, 204.

Par ailleurs, <s> peut alterner avec <c> au Moyen Age pour noter la prononciation [s] (<siel> est une variante graphique du substantif *ciel* <ciel>). L'évolution du yod latin initial aboutissant comme g+i,e à [dʒ], les lettres <j> et <g> peuvent aussi alterner devant e et i (<geu> est une variante graphique du substantif *jeu* <jeu> < j̱ocu) ↗204.

b) Les lettres z, x et t en position finale

La lettre z se prononce initialement [ts] en finale ↗200. [ts] a diverses origines (assibilation tj > tsj ↗226, palatalisation ↗281, rencontre d'un t,d avec s final : lae̱t(u)s Nsg > *liez* 'joyeux' *cf. chère lie* ↗211.2) et la lettre z permet au départ de repérer cette affriquée. A partir du 13e siècle toutefois, lorsque [ts] se réduit à [s] ↗197, les lettres s et z deviennent des variantes graphiques en finale. La lettre s peut dès lors cacher la présence antérieure de l'affriquée (<jors> remplace <jorz> < di̱urn(ō)s Apl / di̱urn(u)s Nsg, frm *jour*), et la lettre z peut à l'inverse être utilisée dans des mots où il n'y a jamais eu d'affriquée (<jamaiz> est une variante graphique de l'adverbe *jamais* <jamais>).

La lettre x ↗201 est anciennement utilisée comme signe abréviatif remplaçant -us en fin de mot. Elle est souvent présente lorsque cette finale provient de la vocalisation de l devant s (afr CSs, CRpl *chevaus* < caba̱ll(u)s Nsg / caba̱ll(ō)s Apl écrit <chevax>), mais elle n'en est pas toujours le signe (CSs *dieus* < de̱us Nsg écrit <Diex>). Dans la mesure où x peut aussi s'ajouter aux graphies <l> (*miels* < me̱li(u)s écrit <mielx>) ou <ul> (<mieulx>), cette lettre va progressivement changer de statut et devenir une variante graphique de s en finale, en particulier dans le pluriel des mots ↗47.

Le -t final représentant la 3e personne du singulier des verbes conjugués est dans les 2e et 3e groupes placé en position appuyée (*i.e.* forte, après consonne C__# ↗205) suite à la syncope de la voyelle finale : dē̱b(e)t 3s > *dift Serm* > *doit*, va̱l(e)t 3s > *valt* frm *vaut*. Le même cas se présente ailleurs où le -t se trouvait en position appuyée dès l'origine (frū̱ct(u) > *fruit*). Protégé par la Position Forte, le -t ici ne chute qu'à partir de la fin du 12e siècle ↗264.1, et la graphie l'a maintenu jusqu'à ce jour : frm *(il) doit, (il) vaut*. En revanche, dans le présent de l'indicatif des verbes du 1er groupe, la voyelle finale est a, qui ne subit pas la syncope ↗186. Elle est donc encore présente en afr sous forme de schwa (écrit <e>) : dōnat 3s > 9ᵉ *donet*. Dans ce cas, le -t ne s'est jamais trouvé en position appuyée et comme tous les autres -t, -d en position V__# est éliminé selon la règle dès la fin du 9ᵉ siècle ↗254 : 12ᵉ *done* frm *(il) donne*. Ici la graphie ne le restituera pas ↗320, ce qui fait qu'il est toujours absent du 1ᵉʳ groupe en frm.

En dehors du -t final représentant la 3sg et des cas comme frūctu > *fruit*, -t, -d finaux étaient placés en position intervocalique finale V__# après la chute de la voyelle finale (V__(V) > V__#) et y ont été éliminés selon la règle dès la fin du 9ᵉ siècle ↗254. Le plus souvent la graphie ne les a pas restitués ici (cīvitāte > *cité*, grātu > *gré*), mais il y a des cas où ils y ont été réintroduits (pĕde > 9ᵉ *piet* > 12ᵉ *pié* frm *pied*) ↗255.

S'agissant du -t de la 3sg, la graphie permet ainsi de distinguer les cas où le -t a été éliminé dès le 9ᵉ siècle de ceux où son amuïssement est plus tardif. Ailleurs, elle ne fournit qu'un indice qui n'est pas complètement fiable.

52 Voyelles : impact des diphtongaisons sur les graphies

Les diphtongaisons sont à l'origine de la création des digraphes et trigraphes vocaliques du français. Les graphies <ai>, <au>, <ie>, <eu>, <oi>, <eau> etc. notent d'abord des diphtongues et triphtongues. Lorsque ces dernières se réduisent, la graphie n'est pas modifiée, ce qui fait que la correspondance avec la prononciation est défaite et la combinaison graphique note un son qui n'a souvent plus rien à voir avec ses éléments de base (l'équivalence entre le son [o] et le trigraphe <eau> dans *beau* ↗70 n'est plus du tout transparente).

Un cas doit toutefois être isolé. Il s'agit du digraphe <ou> notant le son [u]. S'il trouve bien son origine dans la diphtongue [ou] apparue à la suite de la vocalisation de l devant consonne (°fŏll(ō)s Apl > 9ᵉ *fols* > 11ᵉ *fous* <fous>), il est progressivement utilisé pour noter le son [u] partout en français ↗65, y compris lorsque [u] ne provient pas de la diphtongue [ou] (°morīre lc mori > *mourir* <mourir>). Sa généralisation est due à l'évolution non conditionnée ū > y ↗145-3° : la graphie latine <u> pour [ū] n'a pas été modifiée, mais désormais représente la prononciation [y]. Il fallait donc trouver une nouvelle graphie pour la voyelle [u].

Les digraphes ou trigraphes vocaliques qui se sont maintenus jusqu'à aujourd'hui renseignent en général assez bien sur la réalité phonique (dans l'une de ses phases) de la diphtongue ou de la triphtongue ancienne. Dans quelques cas toutefois, en particulier s'agissant de <o> latin, des divergences entre les graphies médiévales et modernes éclairent ou au contraire obscurcissent les phénomènes phonétiques. Selon qu'elle était brève ou longue en latin, cette voyelle a diphtongué de deux manières différentes en position libre tonique ↗61 *sq*. La suite de l'évolution a abouti dans les deux cas au son [ø] en afr / frm et le digraphe <eu> s'est imposé pour la notation de ce son dans la plupart des mots. Il correspond bien à l'une des phases de la diphtongaison de lat u,ō mais pas de lat o bref. Dans ce dernier cas, lat u,o est d'abord devenu lt ɔ avant de suivre un chemin différent. Les graphies médiévales, parfois plus proches des stades anciens de l'évolution phonétique, peuvent permettre de différencier les deux voyelles et diphtongues de départ. Les graphies <ue> ou <oe> (<puet> ou <poet> < p<u>o</u>t(e)t 3s frm *(il) peut*) sont des indices assez sûrs que la voyelle qui a diphtongué était lt ɔ < lat <u>o</u> et non lt <u>o</u> < lat <u>u</u>,ō. Elles sont une aide à la reconstitution de l'évolution, davantage que la graphie moderne.

A l'inverse, il est assez fréquent que la diphtongaison de lat ō ne soit pas graphiquement visible dans les textes médiévaux, où l'on continue à écrire <seignor> à côté de <seigneur> (< seni<u>ō</u>re). Dans ce cas, la graphie médiévale conservatrice masque l'évolution (mais il est possible aussi que lat ō n'ait pas diphtongué dans certaines régions).

Il faut souligner pour conclure que <eu> peut être au Moyen Age, comme en français moderne, une graphie ambiguë et noter le produit de la diphtongaison de lat <u>u</u>,ō ou de lat <u>o</u>. L'élément principal à retenir est donc le fait que <ue> et <oe> orientent vers la diphtongaison de lat <u>o</u>, la graphie <eu> étant en général moins sûre (cela dépend des textes et des époques). Elle est par ailleurs concurrencée par <ou> dans certaines régions.

Céline Guillot-Barbance

Partie II : Voyelles

7 A retenir

7.1 Inventaire des voyelles : lc > afr > frm

53 Latin
Voici l'inventaire vocalique du latin classique et du latin tardif.

(16) latin classique et latin tardif (pour ce dernier : voyelles toniques)

	antérieures		postérieures		diphtongues	
	lc	lt	lc	lt	lc	lt
hautes	ī	i	ū	u	oe	e
	i ⎫		u ⎫		ae	ɛ
	ē ⎭	e	ō ⎭	o	au	au
moyennes	e	ɛ	o	ɔ		
basses			ā ⎫	a		
			a ⎭			

Le tableau montre l'évolution du système de **quantité** du lc (opposition voyelles longues *vs* brèves), qui devient un système de **qualité** en lt (opposition e *vs* ɛ et o *vs* ɔ) ↗76. Les voyelles du lt montrées sous (16) sont celles en position tonique. Les voyelles atones suivent une trajectoire un peu différente, qui est expliquée aux §§77-79.

Le latin ne transcrit pas la longueur vocalique, qui est reconstruite sur la base des aboutissements dans les langues romanes, de la métrique latine, des inscriptions, des commentaires des grammairiens et des emprunts.

La valeur phonétique des graphèmes est transparente. Le latin possédait **trois diphtongues**, dont deux ont été résolues en **monophtongues** dès le lt : lc ae > lt ɛ (l*ae*tu > °l*ɛ*tu > *lié* frm *lie* 'joyeux' *cf. chère lie*)) et lc oe > lt e (p*oe*na > °p*ē*na > *peine*). L'Abrégé prend comme point de départ des évolutions la forme monophtonguée de ces diphtongues, et donc ne connaît qu'une seule diphtongue dans les étymons latins, au.

54 Ancien français

La situation en afr, au 12ᵉ siècle, se présente de la façon suivante.

(17)   ancien français 12ᵉ siècle

	antérieures		centrale	postérieures	diphtongues
	arrondies	non arrondies	(non arrondie)	(arrondies)	
hautes	y	i		u	iɛ, ue (> eu)
moyennes	ø	e	ə	o	oi (< ei), eu (< ou)
basses		a			

Les **voyelles antérieures arrondies** [y] et [ø] sont apparues : le français est la seule langue romane qui les possède. De même la voyelle centrale [ə], dite **schwa**, fait désormais partie de la langue.

Il existe par ailleurs quatre diphtongues, issues de la **diphtongaison romane** (lt ɛ libre (< lc e̱) > i̱ɛ, lt ɔ libre (< lc o̱) > u̱e > eu) aux 3ᵉ-4ᵉ siècles et, plus tard au 6ᵉ siècle, de la **diphtongaison française** (lt ē libre (< lc u̱,ē) > e̱i > o̱i, lt ō libre (<lc u̱, ō) > o̱u > eu) ↗146.

Les voyelles moyennes figurant sous (17) sont mi-fermées : [e,o,ø]. A partir du 12ᵉ siècle, la Loi de position ↗319 amène le développement de leurs versions mi-ouvertes [ɛ,ɔ,œ].

Enfin, les voyelles nasales sont en gestation au 12ᵉ siècle : elles n'acquerront le statut de voyelle distinctive que lorsqu'à partir du 16ᵉ siècle la consonne nasale à leur droite tombe (ga̱mba > afr *jambe* [dʒãmbə] > frm *jambe* [ʒãb] ↗250, 315).

7.2 Graphie

Les graphies médiévales sont énumérées ci-dessous avec une synthèse des phonies correspondantes.

55 Nasalité des voyelles

Les voyelles nasales sont traitées en même temps que les voyelles orales, dans la mesure où la nasalité vocalique est d'abord rarement notée, puis progressivement et jamais de manière systématique au Moyen Age grâce au redoublement graphique de la consonne qui suit : *bone* [bõnə] (< bo̱na), puis *bonne*.

Après la dénasalisation des voyelles devant nasale intervocalique, initiée à la fin du 15ᵉ siècle ↗315, la nasalité de la voyelle est indiquée grâce au maintien de la consonne nasale qui la suit graphiquement mais ne se prononce plus. Ce sont par la suite les digraphes <an>, <am>, <en>, , <on>, <om>, <in>, <im>, <un> et <um> et les trigraphes <ain>, <aim>, <ein> et <oin> qui notent les voyelles nasales du français : 12ᵉ <jambe> [dʒãmbə] > frm <jambe> [ʒãb].

Dans ce qui suit, les prononciations nasales des graphies pour le frm sont indiquées, bien que la consonne doive en réalité s'ajouter au graphème vocalique.

56 <a> [a], [ã]
La graphie de [a] (lc ā, a) reste stable lorsque sa prononciation ne change pas (a initial ou entravé) : *chacier* < °capti̯āre (<a> initial demeure), *cheval* < cab̲allu (<a> tonique entravé demeure). La nasalisation de la voyelle ne modifie pas la graphie, et après la phase de dénasalisation la voyelle se prononce [ã] ou [a] : *an* [ã] < a̲nnu, *ami* < amīcu. La nasalisation de [e] et [ɛ] aboutissant également à la voyelle nasale [ã], le graphème <a> peut noter la voyelle dans des mots sans a étymologique : <fame> frm *femme* [fam] < fe̲m(i)na. Cette graphie suivant la prononciation a pu s'imposer dans quelques mots : *sans* < si̲ne, *langue* < li̲ngua.

57 <i> [i], [ĩ] (frm [i], [ɛ̃])
La prononciation et la graphie de [i] (< lc ī) demeurent : *cité* < cīvita̲te, *mari* < marītu. <i> note également l'aboutissement de l'évolution de [e] après consonne palatale (*cire* < cēra ↗164) et de [ɛ] devant yod en coda (*lit* < le̲ctu ↗109). Lorsque la voyelle est nasalisée, la graphie ne change pas ([ĩ] > [ɛ̃] ou [i] après le 15ᵉ siècle ↗172) : *fin* < fĩne, *epine* frm *épine* < spīna.

58 <u> [y], [ỹ] (frm [y], [œ̃]), plus rarement [u]
La nouvelle voyelle [y], issue de lt u par changement non conditionné, continue à s'écrire <u> en afr et frm : virtūte> *vertu*. La graphie est la même devant consonne nasale ([ỹ] > [œ̃] ou [y] après le 15ᵉ siècle ↗174) : *humble* < hū̲mile, *lune* < lūna. En anglo-normand, <u> graphique est assez fréquent aussi pour noter [ø] issu de ou < lat u̲,ō dont la graphie ailleurs est <o> : *dolur* (au lieu de *dolor*) < dolō̲re.

59 <o> [o], [ɔ], [ø], [u], [õ] (frm [ɔ̃])
La graphie <o> est l'une des plus ambiguës du Moyen Age, car elle continue souvent de noter un ancien ō latin (ou lat u̲ devenu o en lt), alors que la voyelle a pu changer de prononciation en afr.

<o> peut ainsi correspondre à [o], comme dans *coste* frm *côte* < co̲sta (lat o̲ > ɔ entravé se ferme devant s en coda ↗124) ou *chose* < ca̲usa (lc au > [ɔ] se ferme devant z ↗175). <o> peut aussi noter la voyelle [ɔ], comme dans *porte* < po̲rta où lat o̲ > ɔ entravé n'est pas modifié, ou dans *or* < a̲urum (lc au > ɔ ↗145-2°).

<o> graphique s'est souvent maintenu lorsque lat ō a diphtongué en [ou] > [eu], puis s'est réduit à [ø] ↗169, comme dans *seignor* frm *seigneur* < seniō̲re.

Enfin, la fermeture de lt o initial en u est erratique (ouisme §323) et a produit des prononciations aussi bien que des graphies concurrentes en <o> et <ou> (afr *vouloir*, *voloir* < °volē̲re, afr *court*, *cort* frm *cour* < cohō̲rte).

La nasalisation de lat o et lat ō ne modifie pas sa graphie (*conseil* < consi̲liu), y compris lorsque ces voyelles sont en position de diphtonguer ↗167, 170 (lat o *bonne*

< b<u>o</u>na, lat ō *raison* < rati<u>ō</u>ne, *done* frm *(il) donne* < d<u>o</u>nat 3s). Dans les deux cas, le résultat en afr est [õ,ɔ̃] ou [o,ɔ].

60 <e> [e], [ɛ], [ã], [ə]

La graphie <e> couvre quatre phonies dont les origines sont très variées. <e> note [ɛ] issu de lt e entravé (*certes* < c<u>e</u>rtus) ou initial en syllabe fermée (*vertu* < virt<u>ū</u>te) ↗113. <e> note également [e] issu de la diphtongue [æɛ] (< lc a,ā libre), qui est simplifiée avant le 9ᵉ siècle ↗156. Sans doute d'abord réduite à [æ] (elle n'assone pas avec les autres [e]), elle se ferme en [e] avant de s'ouvrir plus tard en syllabe fermée : *chanté* < cant<u>ā</u>tu part. pass, *mer* < m<u>a</u>re. Enfin, lorsque la diphtongue [ai], de diverses origines, se simplifie en [ɛ] au 8ᵉ-9ᵉ siècle ↗102, <e> devient également une graphie concurrente du digraphe <ai> : *reson* frm *raison* < rati<u>ō</u>ne.

La prononciation [ã] du graphème <e> provient de la nasalisation des voyelles [e] et [ɛ] qui s'ouvrent par la suite sans que la graphie ne change ↗111,116 : *enfant* < inf<u>a</u>nte, *gent* < g<u>e</u>ntu. Au Moyen Age, La graphie <a> lui fait concurrence : *fame* frm *femme* < f<u>ē</u>m(i)na. Le résultat sera tantôt [a] tantôt [ã] après la phase de dénasalisation.

Enfin, c'est le même graphème <e> qui est adopté pour graphier le schwa, dont les provenances sont très diverses ↗179 *sq.*, dont notamment : a final (*jambe* < g<u>a</u>mba), <e> initial en syllabe ouverte (*venir* > ven<u>i</u>re), a en hiatus (*peor* frm *peur* > pav<u>ō</u>re), a prétonique en syllabe ouverte (*sairement* frm *serment* < sacram<u>e</u>ntu).

61 <eu> [ø] (frm [ø] et [œ])

La voyelle [ø] provient de deux diphtongues qui se confondent, décrites ici et dans le paragraphe suivant. D'une part lc u,ō > lt <u>o</u> produit la diphtongue [ou] qui est fidèlement notée <ou> dans les textes plus anciens de certaines régions (dol<u>ō</u>re > *dolour*) et devient [eu] écrit <eu> ou <o> au 11ᵉ siècle (> *doleur, dolor*, frm *douleur*).

A cette étape, [eu] peut également représenter une diphtongue de coalescence, *i.e.* un afr e qui se combine avec un w (issu de la vocalisation de la latérale en coda) [ew] > [eu] (capi<u>l</u>l(ō)s Apl > *cheveus* frm *cheveux*).

Au 13ᵉ siècle, [eu] des deux provenances est monophtongué en [ø] tout en conservant la graphie <eu>. Ainsi la graphie <eu> n'a pas varié depuis le 11ᵉ siècle, transcrivant [eu] dans un premier temps, [ø] à partir du 13ᵉ siècle et jusqu'en frm.

La séquence faite de la diphtongue <ue> (issue de lc <u>o</u> libre) suivie d'un l vocalisé en w en coda est notée <ueu> : °v<u>o</u>l(e)t 3s > *vueut*. Lorsque ue s'est monophtongué en [ø] <eu>, le w est éliminé après voyelle antérieure selon la règle ↗247 et le résultat est afr *veut*.

62 <ue> et <oe> [ø] (frm [ø] et [œ])

L'autre diphtongue qui a donné afr [ø] provient de lc <u>o</u> > lt <u>ɔ</u>, diphtongué en u<u>ɔ</u> : écrivant <uo>, les premiers textes notent fidèlement cette prononciation (c<u>o</u>r > *quor Alex* 166). Mais à partir du 11ᵉ siècle, la graphie générale de cette diphtongue est <ue>

(> *cuer*, °p**o**t(e)t 3sg > *puet*). On peut penser avec La Chaussée (1989 : 107, 200, 207) que [uɔ] est passé, au 11ᵉ siècle, par « différenciation », à [uɛ], puis que u a arrondi ɛ en œ (> [uœ]) et qu'enfin u a été antériorisé en y, d'où [yœ]. Mais il est plus probable que u est d'abord passé à y ([uɛ] > [ye]) dans le cadre de l'évolution non conditionnée lt u > afr [y] <u> et que c'est ce [y] qui est à l'origine de l'antériorisation de ɔ en œ pour donner [yœ]. Toutes ces évolutions ont laissé la graphie <ue> intouchée. Au 13ᵉ siècle, [yœ] noté <ue> ou <oe> (parfois <eu>) est monophtongué en [ø] et dès lors le plus souvent écrit <eu> (*puet* > *peut*), se confondant ainsi en graphie comme en prononciation avec la diphtongue décrite au §61 (dol**ō**re > *dolour* > *doleur* frm *douleur*).

La graphie <eu> transcrit donc la diphtongue provenant de lc u̱,ō depuis le 11ᵉ siècle (dol**ō**re > 9ᵉ *dolour* > 11ᵉ *doleur* frm *douleur*), ainsi que la diphtongue issue de lc o̱ depuis le 13ᵉ siècle (°p**o**t(e)t 3sg > 11ᵉ *puet* > 13ᵉ *peut*). Cette dernière est parfois écrite <œu> en frm : *cœur* < c**o**r, *bœuf* < b**o**ve, mais <eu> domine : n**o**vu > *neuf*. Depuis lors, ni la graphie ni la prononciation n'a varié.

63 <oi> [ɛ], [wɛ], [wɛ̃] (frm [wa], [wɛ̃])
La diphtongue [ei] <ei> peut provenir de la diphtongaison spontanée de lc i̱,ē > lt e̱ (val**ē**re > *valeir*) ou représenter une diphtongue de coalescence ej > ei (dīr**e**ctu > °dīrejtu > *dreit*). [ei] <ei> passe ensuite à [oi] <oi> au 12ᵉ siècle (> *valoir*, *droit*). Les deux graphies <ei>, puis <oi>, sont générales en afr. [oi] est également la diphtongue de coalescence de [ɔ] issu de lc au avec yod en coda (*noise* < n**au**sea) ↗140.

Dans tous les cas, [oi] devient [oe] puis [ue] et par la consonification du 13ᵉ siècle ↗324 [we]. Ces évolutions ne sont pas reflétées dans la graphie, qui pour toutes ces prononciations successives note toujours <oi>. Au 13ᵉ siècle, le [w] de [we] est perdu et [e] > [ɛ] demeure seul, le résultat étant transcrit <ai> (cr**ē**ta > *croie* > 13ᵉ *craie*) ou <e> (v**i**tru > *voire* > 13ᵉ *verre*). Cette évolution populaire est combattue par la norme, qui réussit dans un grand nombre de mots à imposer la conservation de la diphtongue [we] associée à la graphie <oi> ↗326. La prononciation [we] ou [wɛ] de cette diphtongue a eu cours jusqu'au 18ᵉ ou début 19ᵉ siècle et depuis est devenue [wa] (r**ē**ge > *roi* [we] 18ᵉ *roi* [wa]).

Lorsqu'une consonne nasale en coda suit la diphtongue, celle-ci se nasalise ([õĩ] > [wɛ̃]) sans changer de graphie : *point* < p**u**nctu.

64 <ie> [jɛ], [jɛ̃] (frm [ɛ], [e], [jɛ], [je], [jɛ̃])
La diphtongue [iɛ], qui provient des voyelles toniques en syllabe ouverte [ɛ] ↗160 (p**e**de > *pié* frm *pied*) et [a] (précédé de consonne palatale) ↗157 (c**ā**ru > *chier* frm *cher*) ou de la voyelle [ɛ] entravée et suivie de consonne palatale ↗108 (n**e**ptia > *niece* frm *nièce*), se note toujours <ie>. La diphtongue se consonifie en [jɛ] au 13ᵉ siècle ↗324, yod est perdu après groupe TR (br**e**ve > *brief* > *bref*) et après consonne palatale (mand(ū)c**ā**re > *mangier* > *manger*) ↗325 entre la fin de l'afr et le 17ᵉ siècle. Enfin, la voyelle se ferme en position finale ɛ > e (medietā**t**e > *moitié*). La nasalisation de la

diphtongue ([i̯ẽ] > [jẽ] > [jɛ̃]) ne modifie pas la graphie : *bien* < b*e*ne ↗161, *chien* < c*a*ne ↗157.2.

65 <ou> [u]

Le digraphe <ou> est d'abord adopté pour noter la diphtongue [ou] provenant de la vocalisation de l en coda. La diphtongue se simplifiant en [u], le digraphe s'impose progressivement pour noter [u] dans tous les contextes ↗52, y compris lt o initial dont les prononciations [o] *vs* [u] et les graphies afférentes <o> *vs* <u> sont concurrentes (§323 ouisme). Ainsi *fous* < 9ᵉ *fols* < °f*o*ll(ō)s Apl ; *vouloir, voloir* < °vol*e*re ; *court, cort* frm *cour* < coh*o*rte.

66 <ui> [ɥi]

La séquence [ɥi] provient soit de lt [ɔ] (< lc [o]) soit de lt [u] (< lc [ū]) devant yod en coda. Dans le premier cas, la voyelle se ferme devant yod avant que celui-ci ne se vocalise : n*o*cte > °n*o*jte > °n*u*jte > *nuit* [nɥi] ↗120. Dans le second cas, lt [u] passe à [y] par changement non conditionné ↗145-3° avant la vocalisation de j : fr*ū*ctu > °fr*ū*jtu > °fr*y*jtu > *fruit* [frɥi] ↗135. La graphie est restée la même jusqu'à aujourd'hui.

67 <ai> [ɛ], [ɛ̃]

[ai] a une triple origine. Il peut s'agir de a en syllabe fermée par un yod qui se vocalise au 8ᵉ-9ᵉ siècle. Cette diphtongue se simplifie en [ɛ] dans toutes les positions ↗102 : *raison* < rati*ō*ne, *palais* < pal*ā*tiu. [ai] est aussi l'aboutissement de la diphtongue spontanée [æɛ] issue de lc *a,ā*, lorsque cette diphtongue s'est fermée sous l'action de la consonne nasale qui suit (s*ā*na > °s*æɛ*na > °s*æ*ina ↗158). [æi] se nasalise ensuite (> °s*æ̃ĩ*na) et se ferme (> °s*ẽĩ*na) avant de se simplifier (> °s*ẽ*na), puis de s'ouvrir (> °s*ɛ̃*na). Selon que la voyelle reste nasale ou se dénasalise, le résultat final sera [ɛ] ou [ɛ̃] : *sain* [sɛ̃] > s*ā*nu, *saine* [sɛn] < s*ā*na. La troisième origine du digraphe est la diphtongue nasale issue de a en syllabe fermée par ĩ (ɲ) ↗105. Le résultat est toujours [ɛ̃] : *saint* [sɛ̃] < s*a*nctu.

68 <ei> [ɛ], [ɛ̃]

[ei] <ei> est d'abord le produit de la diphtongaison spontanée de lc *i,ē* > lt *e* (val*ē*re > *valeir*), qui au 12ᵉ siècle devient [oi] <oi> ↗63. Le digraphe <ei> reste présent dans certaines régions (Ouest), où la diphtongue suit une évolution particulière et se simplifie en [ɛ] qui est alors écrit <e> (<valer>). Pour rendre [ɛ] au Moyen Age, il est ainsi possible d'utiliser les digraphes <ei> et <ai> ↗67 ou le graphème <e> : *feire/faire/fere* < f*a*cere. La concurrence entre <ei> et <ai> est particulièrement forte lorsque la diphtongue issue de lc *i,ē* s'est nasalisée, l'évolution phonétique faisant se rejoindre les deux diphtongues [ẽĩ] (issues de lt *e*+N et de lt *a*+N ↗165) : *peine/paine* < °p*ē*na, *meine/maine* frm *(il) mène* < m*i*nat 3s. Après la phase de dénasalisation, le résultat est [ɛ̃] (*plein* < pl*ē*nu) ou [ɛ] (*pleine* < pl*ē*na).

69 <au> [o]

La diphtongue [au] provient de la vocalisation au 11ᵉ siècle de w (issu de l) en coda précédé de a ↗103. La diphtongue se simplifie partout en o mais la graphie se maintient dans les mots où se trouvait l'ancienne diphtongue : *chevaus* < cab<u>al</u>l(ō)s Apl, *chevauchier* frm *chevaucher* < cabal(li)cāre.

70 <eau>

La diphtongue complexe [ɛau] provient de ɛ en syllabe fermée par w (issu de la vocalisation de l) ↗110 : *chasteaus* frm *châteaux* < cast<u>e</u>ll(ō)s Apl. Elle se simplifie en deux phases : [ɛau] > [ɛo] puis à partir du 16ᵉ siècle [o]. La graphie <eau> s'est maintenue jusqu'à aujourd'hui dans les mots où se trouvait l'ancienne diphtongue complexe (*chasteaus* frm *châteaux* < cast<u>e</u>ll(ō)s Apl) et dans les formes refaites par analogie avec ces dernières (remplacement de afr *chastel* < cast<u>e</u>llu par afr *chasteau* > frm *château*).

71 <ieu>

<ieu> représente i<u>e</u> (issu de la diphtongaison conditionnée de ɛ) suivi d'un l vocalisé en coda, noté <u> ↗108.1 : m<u>e</u>li(u)s > *mielz* et, après la vocalisation de l en coda, afr *mieus, mieuz* frm *mieux*. De même °v<u>e</u>cl(ō)s (< lc v<u>e</u>tul(ō)s Apl) > °v<u>e</u>jl(ō)s > °v<u>e</u>ʎʎ(ō)s > *vieuz* frm *vieux*. La graphie <ieu> demeure jusqu'en frm.

72 <ueu>

La séquence faite de la diphtongue <ue> (issue de lc <u>o</u> libre) suivie d'un l vocalisé en w en coda est notée <ueu> : °v<u>o</u>l(e)t 3s > *vueut*. Lorsque ue s'est monophtongué en [ø] <eu>, le w est éliminé après voyelle antérieure selon la règle ↗247 et le résultat est afr *veut* ↗61.

7.3 Position > accent > mélodie

73 Trois conditionnements jouent un rôle dans l'évolution des voyelles en français ↗27 : 1° la situation syllabique (ou **position** : syllabe ouverte ou syllabe fermée), 2° le **caractère tonique** ou non tonique (accentué ou non accentué) de la voyelle et 3° l'**environnement segmental**.

Ces trois facteurs sont hiérarchisés. Dans l'évolution du lt au pfr, la présence ou l'absence de l'accent n'a d'effet que sur les voyelles en syllabe ouverte : elle n'en a pas en syllabe fermée. La forme de la syllabe où se trouve la voyelle apparaît ainsi comme le paramètre fondamental Rq1.

Le tableau (18) montre ainsi que les voyelles en syllabe fermée sont protégées de toute modification spontanée : elles se trouvent dans la **Position citadelle**. C'est bien cette constance contre vents et marées qu'exprime l'appellation classique due à Gaston Paris : une voyelle en syllabe fermée est **entravée**, *i.e.* ne peut pas se mouvoir.

C'est seulement lorsqu'elles sont placées en syllabe ouverte que les voyelles vont être modifiées, soit en s'affaiblissant jusqu'à l'élimination (**centralisation, syncope**) lorsqu'elles sont atones, soit au contraire en s'allongeant puis en pratiquant la **diphtongaison** au cas où elles sont toniques.

Dans tous les cas, y compris en syllabe fermée, le contexte segmental pourra infléchir les effets des deux facteurs fondamentaux de l'évolution que sont le type de syllabe (ouverte ou fermée) et l'accent.

(18) hiérarchie des conditionnements

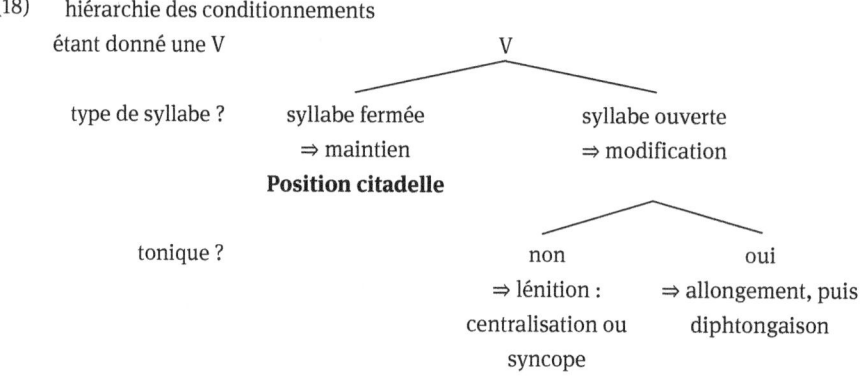

L'organisation des chapitres vocaliques suit cette hiérarchie : nous étudierons d'abord les voyelles en syllabe fermée (CVC, chap. 10), puis les voyelles toniques en syllabe ouverte (chap. 11), enfin les voyelles atones en syllabe ouverte (chap. 12).

Remarque
1. Cette hiérarchie des conditionnements n'est pas mise en évidence dans les grammaires, qui présentent toujours l'accent comme facteur premier.

Tobias Scheer (sections 7.1 et 7.3)
Céline Guillot-Barbance (section 7.2)

8 L'accent et son action

8.1 Place de l'accent en latin

74 En latin, la position de l'accent dans les mots obéit à la règle suivante :

(19) position de l'accent
   a. l'accent tombe sur la **voyelle antépénultième**, si elle existe, lorsque la **syllabe pénultième** du mot est une syllabe ouverte dont la voyelle est brève – syllabe dite légère (CV̆) ↗24 ;
   b. dans toute autre configuration de la syllabe pénultième (CV̄, CVC, CV̄C) – c'est-à-dire si celle-ci est lourde ou super-lourde ↗24, l'accent tombe sur la voyelle **pénultième**.

En pratique, donc, dans un disyllabe, l'accent est toujours sur la voyelle (longue ou brève) de la première syllabe : ro̱.sa, ro̱.sā, ve̱.nit, vē̱.nit, ā̱.ēr, ta̱l.pa, te̱m.pus, scrī̱p.tus.

Dans un mot de plus de deux syllabes, l'accent est sur la voyelle pénultième

1. si la syllabe pénultième est fermée :
   in.fe̱r.num, a.ri̱s.ta, ser.pe̱n.tēs, in.gre̱s.sus
2. ou si la voyelle en est longue :
   ma.rī̱.tum, a.mā̱.tōs, vē.sī̱.cās, ve.tus.tā̱.tem.

Mais il est sur la voyelle antépénultième si la syllabe pénultième est ouverte et que sa voyelle est brève : le̱.po.rēs, pe̱r.de.re, gu.ber.nā̱.cu.lum, mu.li̱.e.rem, co̱.lu.brās, a.mī.ci̱.ti.a.

Dans les monosyllabes enfin, l'accent est sur la seule voyelle du mot : da̱, rē̱, mū̱s, da̱nt, u̱rbs.

Pour être complet, il faut encore ajouter que la quantité de la voyelle finale est indifférente, aussi bien que la présence d'une ou plusieurs consonnes à sa droite. La voyelle finale ne joue donc aucun rôle dans l'assignation de l'accent et pour cette raison est dite **extramétrique**.

Il n'y aura dans l'évolution ultérieure du français (et des autres langues romanes) **aucune modification de la place de l'accent** : la voyelle qui est tonique en latin porte toujours l'accent en frm ↗80.

8.2 Changement de nature de l'accent entre le latin classique et le latin tardif

75 Entre le latin classique et le latin tardif se produit un changement dans la nature de l'accent : d'un accent de hauteur (la voyelle accentuée est prononcée avec la voix plus haute, *i.e.* avec davantage de hertz Hz) on passe à un accent de longueur (la voyelle accentuée est plus longue). Ce changement d'exposant phonologique de l'accent a des conséquences immenses. On peut y voir le début même des « langues romanes ».

Le nouvel accent de longueur a comme conséquence l'**allongement tonique** : les voyelles s'allongent si et seulement si elles sont 1° libres et 2° toniques.

En pfr, la manifestation phonologique de la nouvelle longueur est la **diphtongaison spontanée** que l'on observe pour les voyelles toniques en syllabe ouverte, et seulement dans cette position ↗146.

Remarques
1. Il faut noter que si dans l'ancien système du latin classique la longueur était une propriété lexicale de chaque voyelle et avait une valeur distinctive, la nouvelle longueur n'est pas distinctive puisqu'elle est prédictible : toutes les voyelles toniques en syllabe ouverte, et elles seulement, sont longues.
2. La nouvelle longueur vocalique issue de l'allongement tonique ne peut exister qu'en syllabe ouverte : une voyelle tonique peut être allongée dans un premier temps puisqu'elle se trouve en syllabe ouverte, mais lorsque des évolutions ultérieures la placent en syllabe fermée, elle perd cette longueur. Ainsi dans insimul > °ensēmol (allongement tonique, lt e se trouve en syllabe ouverte) > °ensēml (syncope de la voyelle finale, plaçant la voyelle tonique en syllabe fermée) > °enseml (raccourcissement de la voyelle tonique) > ... > *ensamble* frm *ensemble*. Si la voyelle tonique ici n'avait pas été raccourcie, elle aurait diphtongué, produisant *enseimble* (puisque toutes les voyelles longues pratiquent la diphtongaison spontanée ↗146).

8.3 Conséquences du changement accentuel sur le système vocalique

8.3.1 Ruine de la longueur lexicale et distinctive

76 L'utilisation de la longueur vocalique en lieu et place de la hauteur pour marquer l'accent est concomitante du fait central qu'est la **ruine de l'opposition entre voyelles longues et brèves** qui caractérisait le système du latin classique.

Remarque
1. Lequel des deux événements (ruine de la longueur vocalique latine, nouvel accent de longueur) est la cause et lequel est l'effet de l'évolution observée se discute. Ou bien l'ancien système d'opposition de longueur s'est éteint sans y avoir été contraint, ce qui a créé la possibilité pour un nouveau système de longueur, opportuniste, d'émerger. Ou alors le nouvel accent de

longueur a créé de nouvelles voyelles longues, ce qui a condamné les anciennes oppositions lexicales. En tout état de cause, les deux systèmes de longueur, lexical (latin classique) et tonique (latin tardif), s'excluent mutuellement et n'ont pu durablement coexister.

8.3.2 Evolution du système vocalique du lc en lt

77 La perte d'opposition quantitative s'accompagne d'une différence d'évolution entre voyelles toniques et voyelles atones.

Pour les atones, on note ensuite une différence d'évolution selon que la voyelle est en syllabe fermée ou en syllabe ouverte. C'est ainsi à un ensemble de trois sous-systèmes que l'on a affaire.

78 Voyelles toniques
Les voyelles toniques connaissent 1° la neutralisation de a, ā en a, de i, ē en e et de u, ō en o, ainsi que 2° l'émergence de deux timbres nouveaux, ɛ et ɔ, issus de e et o respectivement. Cette évolution, figurée en (20), est commune au roman de l'ouest.

(20)   évolution des voyelles toniques du lc au lt

79 Voyelles atones
Dans le cas des voyelles atones **en syllabe fermée**, e évolue comme i et ē, et o comme ō et u. Ces évolutions sont montrées en (21).

(21)   évolution des voyelles atones en syllabe fermée du lc au lt

En syllabe ouverte, les voyelles atones s'écartent légèrement de ce système : lc ī et lc ū ne maintiennent pas leur timbre mais se rallient aux voyelles moyennes ↗177. Ainsi lc ī > lt e et lc ū > lt o.

8.4 Lexicalisation de l'accent

80 Le calcul de l'accent ↗74 qui prenait en compte la structure syllabique et la quantité vocalique est nécessairement caduc lorsqu'il n'y a plus d'opposition phonologique de quantité ↗76. Ce calcul étant tombé en ruine, l'accent s'est figé sur la voyelle où il se trouvait : il est désormais **lexicalisé**, *i.e.* fixe. Etant non prédictible, il est appris par les locuteurs comme toutes les autres propriétés de la voyelle tonique.

La conséquence de cette situation est le fait, remarquable et très remarqué, qu'il n'existe dans les langues romanes aucune modification de la place de l'accent : on retrouve l'accent latin sur la même voyelle dans toutes les langues romanes.

Cette **stabilité accentuelle** demeure jusqu'au français moderne : la voyelle tonique d'un mot français de formation populaire est l'aboutissement de la voyelle tonique de l'étymon en latin classique. Ainsi le [u] tonique dans frm *pou* est le réflexe du u de lc pēdu̯culu, [y] dans frm *amertume* du ū de lc amāritūdine, [ɛ] dans frm *évêque* du i de lc epi̯scopu, etc. Les contraventions à la règle dénoncent l'emprunt savant : ainsi frm *facile* avec i tonique ne peut pas être l'aboutissement populaire de lc fa̯cile, mais seulement un emprunt savant.

Remarque
1. Il existe deux exceptions à la stabilité de l'accent entre le lc et les langues romanes, qui concernent un nombre de mots très réduit : les types co̯lubram > °colo̯bra > *colue̯vre* frm *couleuvre* et mulie̯rem > °muljere > *mollier* 'épouse' ↗84, qui ont fait couler beaucoup d'encre (voir GGHF §§85-87). Ni dans un cas ni dans l'autre, la modification de l'accent est le fait de l'évolution des langues romanes individuelles : elle s'est déjà produite en latin et les langues romanes ne sont que le témoin des changements hérités.

8.5 Ruine de l'accent de longueur, avènement de l'accent de groupe

81 L'accent de longueur est dans le cas du pfr un accent dont l'emplacement est lexical et donc imprédictible, mais qui a comme exposant la longueur : toutes les voyelles toniques libres de la langue sont longues, et seulement celles-ci.

Par la suite, l'émergence de voyelles longues qui ne sont pas toniques conduit à la ruine de cet accent de longueur puisqu'en leur présence la longueur ne permet plus de déterminer la place de l'accent (un mot peut avoir plusieurs voyelles longues, donc *a priori* plusieurs voyelles toniques). Des voyelles longues atones adviennent sous la forme de diphtongues de coalescence lorsque les glides en coda se vocalisent et forment avec la voyelle précédente une diphtongue : yod dès le 8ᵉ ou 9ᵉ siècle (e+j > ei > oi dans dīre̯ctu > °dīrejtu > *dreit* frm *droit*), w au 11ᵉ siècle (o+w > ou dans coll(o)cāre > °cowchier > *couchier* frm *coucher*).

Ce système, où la longueur en tant que repère de l'accent est ainsi devenue inopérante, connaît dans la seconde moitié du 12ᵉ siècle un événement majeur pour le sort de la langue en général, et de l'accent en particulier : alors que les processus étaient bornés par les frontières du mot depuis le latin, le domaine qui délimite leur application devient plus large, englobant plusieurs mots ↗265 (ce qu'on a pu appeler **groupe de souffle**). Ainsi les frontières de mot deviennent invisibles pour les processus, dont l'accent, qui est désormais, en jusqu'au frm, un **accent de groupe**.

Tobias Scheer et Philippe Ségéral

9 Réduction des mots

9.1 La syncope

9.1.1 Définition : tonique *vs* atone (initiale, prétonique, posttonique, finale)

82 Une voyelle peut être tonique ou atone. La tonique porte l'accent. Tout mot comporte une voyelle tonique et celle-ci est unique. Pour les atones, en latin, on distingue entre :

1. l'initiale
   ā dans mārītu, a dans mandūcāre. *Nota* : dans un mot bisyllabique (p<u>a</u>tre, f<u>a</u>ba, <u>a</u>mo) ou monosyllabique (r<u>e</u>m, f<u>e</u>l), il n'y a pas d'initiale.
2. la prétonique
   i dans clārit<u>ā</u>te, o dans abort<u>ā</u>re. *Nota* : 1° la prétonique est interne (une initiale n'est pas une prétonique) ; 2° il n'y a pas nécessairement de prétonique dans un mot : am<u>ī</u>cu, jūn<u>i</u>peru ne présentent pas de prétonique ; 3° les prétoniques peuvent être multiples, deux (e, e) dans antecess<u>ō</u>re, trois (e, i, e) dans °experiment<u>ā</u>re.
3. la posttonique
   i dans <u>a</u>cinu. *Nota* : 1° la posttonique est interne (une finale n'est pas une posttonique) ; 2° la posttonique, si elle existe, est unique.
4. la finale
   e dans m<u>a</u>re (finale absolue), o dans l<u>u</u>pos (finale). *Nota* : il n'y a pas de finale dans un mot monosyllabique (r<u>e</u>m, f<u>e</u>l).

9.1.2 Centralisation et syncope

83 La trajectoire des voyelles pleines promises à la syncope passe par le stade intermédiaire de la centralisation à schwa : V > ə > zéro. Il en est ainsi en français comme dans les langues en général.

En français, les voyelles en syllabe fermée sont préservées et de la centralisation et de la syncope : c'est la **position citadelle**. Ensuite, en syllabe ouverte, les voyelles toniques ne sont ni centralisées ni syncopées. Enfin, les voyelles initiales, bien qu'atones et même lorsqu'elles se trouvent en syllabe ouverte, échappent à la syncope et, sauf dans le cas de e, à la centralisation.

En somme, donc, toutes les voyelles subissent la syncope sauf si elles sont 1° entravées ou 2° toniques ou 3° initiales. Dit autrement, la syncope concerne les voyelles en syllabe ouverte qui sont

1° prétoniques : lib(e)rāre > *livrer* Rq1
2° posttoniques : paup(e)re > *povre* frm *pauvre* et
3° finales : °torc(e)t 3s > *torst* frm *(il) tord*.

Cette règle générale est modérée par deux circonstances :

1. résistance des voyelles précédées d'un groupe TR ↗193
   le groupe TR ne souffre pas l'absence de voyelle à sa droite (le frm est dans le même cas). Les voyelles normalement promises à la syncope dans ce contexte se centralisent en schwa, mais ne tombent pas :
   a. quadrifurcu > *carrefour* (TRV interne)
   b. templu > *temple*, paup(e)re > *povre* frm *pauvre* (TRV final)

2. résistance de a ↗186
   a en position finale absolue et prétonique (s'agissant de a posttonique, voir le §186.2) est centralisé en schwa mais se maintient :
   a. a final : causa > *chose* (finale absolue), amat 3s > *aimet* frm (il) aime (a final suivi de C)
   b. a prétonique : sacrāmentu > *sairement* frm *serment*

Les voyelles finales présentent par ailleurs des spécificités étudiées au §194, dont celle de demeurer sous forme de schwa après affriquée (ts, dz, tʃ, dʒ) : rubeu > *rouge* <g> = [dʒ].

Remarque
1. Lorsqu'un mot présente plusieurs prétoniques en syllabe ouverte, celle qui se trouve le plus proche de la tonique subit la syncope, amenant ainsi une séquence de deux prétoniques en syllabe fermée, lesquelles se maintiennent selon la règle : °excommūn(i)cāre > *escomungier*, *escomengier* frm *excommunier*, °exper(ī)mentāre > *espermenter* frm *expérimenter*.

9.2 Consonification latine de de i,e et u,o en hiatus

84 En latin classique et tardif (dès le 2ᵉ siècle av. JC), puis de manière continue jusqu'en afr, les voyelles brèves (sauf a) se consonifient lorsqu'elles se trouvent en hiatus. Dans cette position, les voyelles d'avant i et e produisent un glide palatal j et les voyelles d'arrière u et o, un glide labio-vélaire w.

(22)   consonification latine

lat	lt	afr	frm
fo̲lia	l.j	fueille	feuille
vī̲nea	n.j	vigne	
vi̲dua	d.w	veuve	
coāg(u)lāre	k.w	caillier	cailler

lat	lt	afr	frm
fa̲cia	k.j	face	
ā̲rea	r.j	aire	
annuāle	n.w	anvel	annuel

Le processus phonologique de la consonification consiste en un **changement d'affiliation syllabique** : un segment appartenant à un noyau le délaisse pour s'associer à une attaque.

Le résultat est *toujours* un **groupe hétérosyllabique** C.j, C.w : la voyelle précédente est entravée, la C subit les effets de la coda et le glide se renforce. Ainsi dans sa̲piat 3s subj > °sa̲p.jat > °sa̲p.t͡ʃat > *sache*, le a ne diphtongue pas, le p est éliminé en coda et le yod se renforce en d͡ʒ ↗231.

La consonification a trois effets majeurs :

1. elle modifie le nombre de syllabes du mot (lc fi̲lia est trisyllabique, mais lt °fi̲lja seulement bisyllabique) ;
2. au cas où la voyelle consonifiée était tonique, elle modifie l'accentuation du mot : lc mulie̲rem > lt °mulje̲re 'épouse' ↗80.1;
3. elle crée un très grand nombre de glides en position post-consonantique (position appuyée, *i.e.* forte).

Remarques
1. Dans quelques cas, la résolution de i initial en hiatus se fait au moyen d'un yod (géminé) épenthétique. Ainsi dans pietāte > *pitié* qui est basé sur °pijj(e)tāte dont le ij produit ī selon la règle (> °pīj(e)tāte), ce qui explique le i initial dans l'aboutissement. La chute de la prétonique place ensuite j en coda et t en position appuyée (> °pīj.tāte) et enfin īj > i selon la règle, aboutissant à *pitié*.
2. La consonification n'a pas lieu dans de̲us Nsg > *deo* Serm frm *Dieu* ou vi̲a > *voie* parce que ces mots sont bisyllabiques : elle créerait des oxytons, ce que la langue, à cette époque où la règle accentuelle du latin est en vigueur ↗74, proscrit.

Tobias Scheer et Philippe Ségéral

Résumé chapitre 10
Voyelles en syllabe fermée (CVC)

lc	a ā	e	e ē i	o	o ō u	ī	ū	au
	↓	↓	↓	↓	↓	↓	↓	↓
lt	a	ɛ	e	ɔ	o	i	u	au
	↓	↓	↓	↓	↓	↓	↓	↓

CHANGEMENTS NON COND.   ↗92-2°   ↗92-1°

_ C°	a	ɛ	e / ɛ	ɔ	u	i	y	ɔ/o
			↗113					↗140.1
	cab**a**llu	c**e**rtus	cons**i**liu	m**o**rte	di**u**rnu	v**ī**llanu	p**ū**rgat 3s	°f**au**rga
	cheval	*certes*	*conseil*	*mort*	*jour*	*vilain*	*(il) purge*	*forge*

EFFETS SEGMENTAUX

j distant ↗93-1°	j**ɛ**		œ					
	n**e**ptia		f**o**lia					
	nièce		*feuille*					

_ j	ɛ	i	wa	ɥi	wa	i	ɥi	wa
	pal**a**tiu	l**e**ctu	l**ē**ge	n**o**cte	v**ō**ce	cam**ī**sia	fr**ū**ctu	g**au**dia
	palais	*lit*	*loi*	*nuit*	*voix*	*chemise*	*fruit*	*joie*

_ w	o	o	ø	u	u	i	y	
	alba	b**e**llōs	cap**i**llos	p**o**l(li)ce	d**u**lcia	p**ī**gmentu	p**ū**l(i)ce	
	aube	*beaux*	*cheveux*	*pouce*	*douce*	*piment*	*puce*	

_ N	ã	ã	ã	ɔ̃	ɔ̃	ɛ̃	œ̃	ɔ̃
	Fr**a**ncia	g**e**nte	inf**a**nte	c**o**m(i)te	mont**ā**nea	s**ī**miu	l**ū**n(ae)-	°**au**nc(u)lu
	France	*gent*	*enfant*	*comte*	*montagne*	*singe*	die	*oncle*
							lundi	

_ j̃	ɛ̃	ɛ̃	ɛ̃	wɛ̃	wɛ̃		ɥɛ̃	
	s**a**ncta	p**e**ctine	s**i**gnu	acc**o**gnitu	p**u**nctu		j**ū**niu	
	sainte	*peigne*	*seing*	*accointe*	*point*		*juin*	

_ s	ɑ			o				
	as(i)nu			c**o**sta				
	âne			*côte*				

10 Voyelles en syllabe fermée (CVC)

10.1 Généralités

85 Une syllabe fermée est une suite phonétique [C₁VC₂] dont C₂ est une coda ↗20, l'attaque C₁ pouvant, tout comme celle d'une syllabe ouverte, être branchante (TR ↗17 sq.) : pl<u>a</u>n.ge.re, tr<u>a</u>c.tā.re.

86 Syllabe fermée : types
Une syllabe fermée peut être :
1. primaire, c'est-à-dire présente dans l'étymon : p<u>o</u>r.ta, ser.p<u>e</u>n.te, s<u>o</u>r.tī.re, vo.l<u>u</u>n.tā.te ;
2. secondaire, c'est-à-dire résulter :
   a. de la consonification latine d'une voyelle brève haute (i, u) ou moyenne (e, o) en hiatus ↗84 :
       lc r<u>a</u>.bi.a > °r<u>a</u>b.ja ;
   b. de processus divers amenant j en coda :
       lc pācāre > lt °p<u>a</u>j.jā.re ;
   c. de la syncope d'une voyelle atone en syllabe ouverte ↗83 :
       prétonique : lc clā.r(i).tā.te > °cl<u>a</u>r.tā.te > clarté ;
       posttonique : lc m<u>a</u>.n(i).ca > °m<u>a</u>n.ca > manche ;
   d. de la prothèse vocalique devant les groupes initiaux #sC ↗25 :
       lc sp<u>a</u>tha > °<u>e</u>s.pa.ta > espee frm épée, scūtum > escu frm écu

87 Syllabe fermée : positions
Les syllabes fermées ne se rencontrent qu'en position tonique, prétonique ou initiale : elles sont exclues en position posttonique et en position finale.

On notera qu'initiale ou tonique, une syllabe fermée est nécessairement unique mais qu'en position prétonique, les syllabes fermées peuvent être multiples.

initiale	prétonique	tonique	posttonique	finale
p<u>a</u>r.tī.re	a.b<u>o</u>r.tā.re °in.t<u>o</u>r.t<u>i</u>l.jā.re	p<u>o</u>r.ta	★	★

88 Syllabe fermée : voyelles qui s'y rencontrent
Toutes les voyelles du latin tardif a, ɛ, e, i, ɔ, o, u ainsi que la diphtongue au se rencontrent en syllabe fermée.

Toutefois, ɛ et ɔ ne se rencontrent en syllabe fermée que lorsqu'ils sont toniques. En position atone en effet, on n'observe que e (< lc i,ē,e) et o (< lc u,ō,o). La diphtongue au en syllabe fermée sera, parallèlement, monophtonguée en ɔ en position tonique mais en o en position atone ↗140.1.

89 Maintien

Fondamentalement, une voyelle en syllabe fermée se maintient sans changement et cela en toute position, tonique, initiale et prétonique.

90 Processus en syllabe ouverte non applicables

Cette stabilité fondamentale de la voyelle en syllabe fermée provient du fait qu'elle est à l'abri des évolutions qui affectent les voyelles en syllabe ouverte, à savoir :
1° en position tonique : la diphtongaison spontanée ;
2° en position atone (initiale, prétonique) ↗83 :
– la centralisation (passage à ə) ;
– la syncope (passage à Ø).

91 Modifications

Les seules modifications que l'on observe pour une voyelle en syllabe fermée procèdent :
1° de changements non conditionnés ↗92 ;
2° d'effets de niveau segmental ↗93.

92 Changements non conditionnés

Les changements non conditionnés qui affectent les voyelles en syllabe fermée sont :
1° u > y (6ᵉ-8ᵉ siècle) : pūrgāre > purger ↗134 ;
2° o > u (~12ᵉ siècle) ↗323 : diurnu > 11ᵉ jorn > 12ᵉ journ frm jour, tormentu > 11ᵉ torment > 12ᵉ tourment ↗125.

Remarques
1. Le changement non conditionné qui a amené aux 3ᵉ-4ᵉ siècles l'antériorisation de a en æ ↗145-1° a agi en syllabe fermée comme en syllabe ouverte. La palatalisation des vélaires devant lt a en syllabe fermée l'atteste (carne > chair, gamba > jambe, carbōne > charbon, incantāre > enchanter). Mais en syllabe fermée, æ revient assez vite – autre changement non conditionné – à a, lequel reste ensuite inchangé jusqu'en frm.
2. L'évolution non conditionnée o > u ↗92-2° connaît des exceptions : o se maintient parfois, pour des raisons d'analogie ou sous la pression de la norme : portāre > porter, urtīca > ortie, corbic(u)la > corbeille ↗323.
3. Les voyelles nasales sont l'objet d'ouvertures non conditionnées ↗315 :
    ẽ > ɛ̃, puis ã ↗111, 116, qui passe enfin à ɑ̃ ↗104
    õ > ɔ̃ ↗122, 128,
    ĩ > ɛ̃ ↗133,
    ỹ > œ̃ ↗137.
4. Les diphtongues issues de V en syllabe fermée par j / w (diphtongues de coalescence) sont l'objet des mêmes évolutions non conditionnées que connaissent les diphtongues spontanées issues de V en syllabe ouverte tonique ↗145.

93 Effets segmentaux
   Les effets de niveau segmental sont dus :
   1° à la présence d'un yod (j) situé dans la syllabe suivante (« yod distant »). Ces effets se constatent pour ɛ et ɔ toniques. Dans les contextes :
   __C.Cj : nɛptia > *niece* frm *nièce* ↗108, °nɔptia > *nuece* frm *noce* ↗119.1 ;
   __C_labiale.j : °lɛviu > *liege* frm *liège* ↗108.
   Pour un effet semblable dû à la présence à droite de la voyelle d'une géminée ʎʎ ou jj, voir ↗119.
   2° à l'affaiblissement de certaines consonnes en coda. La plupart des consonnes en coda disparaissent purement et simplement sans amener de modification de la voyelle de la syllabe. Elles sont ici dénommées « consonnes neutres », en abrégé C° (s'agissant des géminées, voir §100). Les autres consonnes en coda disparaissent aussi mais après avoir, par des voies diverses, amené une évolution de la voyelle. Ces consonnes actives sont :
   – les glides j ↗94 et et w ↗95 ;
   – les nasales m, n ↗96 ;
   – le yod nasal ȷ̃ (ɲ) ↗98 ;
   – la sifflante s ↗99.

94 Le glide j (yod) en coda
   1° exerce une action fermante sur plusieurs voyelles :
   ɛ > i : lɛctu > *lit* ↗109,
   ɔ > u : nɔcte > *nuit* ↗120,
   au > o : nausea > *noise* ↗140 ;
   2° vocalisé en i, amène des diphtongues de coalescence qui évoluent ensuite par voie
   a. de monophtongaison :
   aj > ai > ɛ : lacte > *lait* ↗102 ;
   b. de glidification du premier membre :
   ej / oj > ue > we, qui évolue ensuite en wɛ puis wa ↗324, 326 : tɛctu > *toit* ↗114, vōce > *voix* ↗126, nausea > *noise* ↗140 ;
   uj > ui > ɥi : frūctu > *fruit* ↗135 et ɔj > uj > ɥi : nɔcte > *nuit* ↗120.

Remarque
1. En lc, yod intervocalique, rare, est toujours géminé (écrit <i>) : raia [rajja] > *raie* (poisson), māiu [mājju] > *mai* et yod en coda n'existe en lc que dans cette géminée ↗258. Mais en lt et pfr, les yods en coda se multiplient.

95 Le glide w en coda
   1° exerce une action fermante sur ɔ d'où o puis u par changement non conditionné
      ↗92-2° : mol(e)re > *moudre* ↗121 ;
   2° vocalisé en u ↗247, amène des diphtongues de coalescence qui aboutiront, par voie de monophtongaison, à diverses voyelles :
      aw > au > o : alba > *aube* ↗103 ;
      ɛw > ɛu > ɛau > o : bɛll(ō)s Apl > *beaus* frm *beaux* ↗110 ;
      ew > eu > ø : capill(ō)s Apl > *cheveux* ↗115
      ɔw > ou > u : mol(e)re > *moudre* ↗121.

96 Les nasales n et m en coda
   Les nasales n et m en coda amènent la nasalisation de la voyelle précédente : VN.C > ṼN.C. Ensuite, à partir de la fin du 16ᵉ siècle, les consonnes nasales en coda disparaissent ↗250, 315, mais la nasalité qu'elles ont auparavant transmise à la voyelle précédente demeure : gamba > afr *jambe* [ʒãmbə] > frm *jambe* [ʒãb], pontu > *pont* [pɔ̃].

97 Effets segmentaux dus aux nasales
   Les nasales n et m en coda exercent une action fermante sur plusieurs voyelles. Ainsi pour ɛN ↗111 et ɔN ↗122 qui aboutissent à ẽ et õ et rejoignent ẽ < eN ↗116 et õ < oN ↗129.
   Rappelons que les voyelles nasales, au contraire, connaîtront diverses phases d'ouverture spontanées ↗92.4, 315.

98 La nasale ɲ en coda
   dans la géminée ɲɲ est neutre C° : elle se simplifie dans le cadre de la dégémination générale ↗238.1 sans effet sur la voyelle. Mais, dans les séquences ɲC non homorganiques (ɲt et ɲd en particulier), la chute de ɲ en coda entraîne un double effet sur la voyelle précédente, la palatalité comme la nasalité de ɲ (= ɲ̃) se transmettant à la voyelle : sancta [saɲta] > [saɲta] > [saj̃ta] > [sɛ̃j̃tə] > sɛ̃tə *sainte* ↗105.

Remarque
1. La nasale palatale ɲ est absente en lc. Elle apparaît en pfr, à partir de la palatalisation de n au contact de j : nj dans hernia > *hergne* frm *hernie*, ɲn dans pec(ti)nāre > *peigner* et à partir de la nasale vélaire ŋ dans les séquences ŋn et ŋg+i,e > ŋɟ : agnellu > *agnel* frm *agneau*, plangente > *plaignant*. Au terme de ces évolutions, la nasale vélaire ŋ du lc disparaît de la langue.

---

99 La sifflante s en coda
   (éventuellement voisée en z) tombe en afr entre à partir du 11ᵉ (z) et du 13ᵉ siècle (s) ↗248. Cette chute de s produit probablement un allongement compensatoire de la voyelle précédente, qui amène un passage de a à ɑ : castellu > *chastel* > *château* [ʃɑto]

↗106 et de ɔ à o : cọsta > *côte* [kọtə] ↗124. Pour les autres voyelles, s en coda est une consonne neutre C°.

100 Neutralité des consonnes géminées
Les consonnes géminées sont neutres.

Ainsi, la vélaire k en coda dans k.C (où C ≠ k) passe à j qui, vocalisé, amène une diphtongue dont la monophtongaison aboutira à une voyelle différente de la voyelle d'origine – pour a par exemple, un passage à ε : lạcte > °lạjte > *lait*. Mais k en coda est neutre dans la géminée kk : vạcca > *vache* et non *vaiche*. La latérale l, de même, passe à w et amène, pour a, un passage à o : ạlba > °ạłba > °ạwbə > *aube*, mais la géminée ll est neutre : ballạre > *baller* et non *bauler*.

Les géminées ʎʎ et jj semblent, en première approche, ne pas être neutres. La géminée ʎʎ déclenche en effet, pour les voyelles ɛ et ɔ, une diphtongaison ↗93-1°. Et de même, la géminée jj amène dans tous les cas une diphtongue, qui, pour a par exemple, aboutit à ɛ, que jj soit primaire : rạja [rajja] ↗93-1° > *raie* [rɛ] ou procède de a,e,i+k+a : pacạre > °pajjạre > *payer* [pεje], ou encore de dj ou gj : bạdiu > *bai*, °essạgiu > *essai*. Mais ceci ne va pas à l'encontre de la neutralité des géminées : il s'agit dans les deux cas d'un effet distant ↗93-1°, imputable à la seconde partie de la géminée, et non à la coda.

Remarque
1. La raison pour laquelle les géminées n'amènent jamais de modification de la voyelle précédente est le fait qu'elles ne sont faites que d'une seule consonne, localisée en post-coda et associée également à la coda ↗22. L'effet d'une coda sur la voyelle précédente résulte de sa désintégration. Or, dans le cas d'une géminée, la coda ne contient pas de consonne autonome qui puisse se désintégrer : elle ne fait que recevoir la propagation de la consonne située dans l'attaque suivante.

10.2 a

101 a en syllabe fermée par une consonne neutre C°
En syllabe fermée par une coda neutre C° ↗93-2°, a se maintient sans changement jusqu'au frm, en toute position.

(23)   a en syllabe fermée par C°

	lat	afr	frm	lat	afr	frm
a. tonique	cabạllu	*cheval*		mạc(u)la	*maille*	
	montạnea	*montagne*		ạrb(o)re	*arbre*	
	vạcca	*vache*		°plạttea	*place*	
	rạbia	*rage*		sạpiat 3s subj	*sache*	

(23) a en syllabe fermée par C°

		lat	afr	frm	lat	afr	frm
b. initiale		argentu	*argent*		cap(i)tāle	*chatel*	*cheptel*
		cappellu	*chapel*	*chapeau*	tāliāre	*taillier*	*tailler*
		passāre	*passer*	*passer*	coāg(u)lāre	*caillier*	*cailler*
c. prétonique		caballicāre	*chavalchier*	*chevaucher*	°accaptāre	*achater*	*acheter*
		°exquartāre	*escarter*	*écarter*	batāc(u)lāre	*baaillier*	*bâiller*

Remarque
1. Le <i> de la graphie <ill> dans afr *maille, taillier, cailler* note simplement la palatalité de la latérale [ʎ] : il ne constitue pas de diphtongue avec le a précédent.

102 a en syllabe fermée par j

En syllabe fermée par j, la vocalisation de j en coda au 8ᵉ-9ᵉ siècle ↗94-2° amène une diphtongue de coalescence ai qui aboutit à ɛ en toute position.

(24) a en syllabe fermée par j

	lat	afr	frm	lat	afr	frm
a. tonique	palātiu	*palais*		pāce	*pais*	*paix*
	lacte	*lait*		variu	*vair*	
b. initiale	adjūtāre	*aidier*	*aider*	°cactīvu	*chaitif*	*chétif*
	bāsiāre	*baisier*	*baiser*	pācāre	*paiier*	*payer*
c. prétonique	°adratiōnāre	*araisnier*	*arraisonner*	°exmagāre	*esmaier*	'inquiéter'
	°exclāriāre	*esclairier*	*éclairer*	retractāre	*retraitier*	'révoquer'

Remarques
1. Le suffixe -āriu / -āria aboutit à -ier / -ière : caballāriu > *chevalier*, calendāriu > *calendier* frm *calendrier*, dēnāriu > *denier*, pānāriu > *panier*, caldāria > *chaudiere* frm *chaudière*, formīcāria > *fourmiiere* frm *fourmilière*, rīpāria > *riviere* frm *rivière*.
   Cette évolution est propre au suffixe -āriu / -āria. Ailleurs, la même séquence aboutit à -air / -aire comme attendu ↗102 : variu > *vair*, paria > *paire*, °clārea (< clāru) > *glaire*, glārea > *glaire* 'gravier', °harja frk > *haire*, ārea > *aire*. Ce développement du suffixe (« un des faits les plus obscurs de la phonétique française » selon Bourciez et Bourciez 1967 : §39-H) demeure sans explication claire, en dépit des multiples hypothèses dont il a fait l'objet.
2. Pour fac(e)re > *faire*, °tac(e)re lc tacēre > *taire*, voir le §285.
3. En Gaule, lc captīvu (captiāre) a pour des raisons peu claires donné °cactīvu, dont le k en coda se réduit à yod selon la règle ↗243, aboutissant à afr *chaitif* frm *chétif*.

103 a en syllabe fermée par w

En syllabe fermée par w ↗95, la vocalisation de w en coda (issu de l ↗247) amène au 11ᵉ siècle une diphtongue au qui aboutit à o en toute position.

(25) a en syllabe fermée par w

	lat	afr	frm	lat	afr	frm
tonique	alba	aube		cal(i)du	chaut	chaud
	alnu	alne, aune	aune, aulne	talpa	taupe	
initiale	caldāria	chaudiere	chaudière	saltāre	sauter	
	falcōne	faucon		salvāre	sauver	
préton.	excaldāre	eschauder	échauder	cabal(li)cāre	chevaucher	chevaucher

Remarque

1. Dans quelques cas, le l en coda qui aboutit à w procède de la dépalatalisation de ʎ (< ʎʎ dégéminé) : °nugālior > °noaʎʎor > °noaʎr > °noalr > °noawdrə > noauldre CSs 'de moindre valeur'.
   Le processus est en particulier à l'origine de la finale -aux dans le pluriel des noms en -āliu et -āc(u)lu : la finale -aʎʎos aboutit à -aʎs après la chute de la voyelle finale et la dégémination de ʎʎ qui s'ensuit. La latérale en coda est dépalatalisée en l dans ce contexte et passe régulièrement à w ↗95 d'où -aus, -auz (avec affrication s > ts <z> en position appuyée), la graphie -aux s'imposant par la suite. En face de ce pluriel, le singulier est en -ail : tripāliu CRs > travail mais pl °tripāli(ō)s Apl > travaulx, travaus, travauz, travaux, āliu > ail pl aulx, aux frm aulx, gubernāculu > governail, gouvernail pl gouvernaux frm gouvernails.

104 a en syllabe fermée par m, n

Devant m ou n en coda, a est nasalisé dès le 10ᵉ ou 11ᵉ siècle. Les suites ãN.C se maintiendront jusqu'à la fin du 16ᵉ siècle. La nasale en coda chutera ensuite ↗315 et ã, qui se maintiendra, passera à ɑ̃.

(26) a en syllabe fermée par n, m

	lat	afr	frm	lat	afr	frm
tonique	Francia	France		man(i)ca	manche	
	campu	champ		am(i)ta	ante	tante
initiale	cantāre	chanter		cambiāre	changier	changer
	campānia	champagne	Champagne	angustia	angoisse	
préton.	°expand(i)cāre	espanchier	épancher	incantāre	enchanter	

105 a en syllabe fermée par j̃ (ɲ)

En syllabe fermée par j̃ (ɲ), la vocalisation de aj̃ aboutit à ɛ̃ en toute position.

(27) a en syllabe fermée par j̃ (ɲ)

	lat	afr	frm	lat	afr	frm
tonique	sancta	sainte		plangere	plaindre	
initiale	anxiōsu	ainsos	anxieux			
prétonique						

106 a en syllabe fermée par s, z

La chute de s,z en coda à la fin de l'afr ↗248 amène, probablement à l'issue d'un allongement compensatoire ↗99, une postériorisation de la voyelle : a > ɑ.

(28)   a en syllabe fermée par s, z

	lat	afr	frm	lat	afr	frm
tonique	as(i)nu	asne	âne	pastu	past, pas	(re)pas
	Laz(a)ru	lazre, ladre	ladre	passu	pas	
initiale	castanea	chastaigne	châtaigne	castīgāre	chastiier	châtier
	°ma(n)s(u)ētinu	mastin	mâtin	castellu	chastel	château
préton.						

> **Remarque**
> 1. Sous influence savante, s s'est maintenu parfois après a : ainsi, par exemple, dans casta > chaste.

10.3 ɛ (tonique)

Rappel : ɛ ne se rencontre en syllabe fermée que tonique ↗88.

107 ɛ en syllabe fermée par une consonne neutre C°

En syllabe fermée par une coda neutre C° ↗93-2°, ɛ tonique se maintient sans changement jusqu'au frm.

(29)   ɛ tonique en syllabe fermée par C°

lat	afr	frm	lat	afr	frm	lat	afr	frm
certus	certes		septem	set	sept	°per(nu)la	perle	
cervu	cerf		sella	selle		pert(i)ca	perche	
herba	erbe	herbe	testa	teste	tête	mer(u)la	merle	
hernia	hergne	hernie	foreste	forest	forêt	°es(se)re	estre	être
ferru	fer		fenestra	fenestre	fenêtre	perd(e)re	perdre	

> **Remarque**
> 1. Questions chronologiques
>   La diphtongaison romane ↗146-1° de ɛ en iɛ étant intervenue tôt (3ᵉ-4ᵉ siècles), elle a pu avoir lieu avant que la syncope de la posttonique ne place la tonique en syllabe fermée : ainsi dans tep(i)du > °tiɛp(i)du > °tiɛpdu > tiede frm tiède. Au contraire, dans mer(u)la > merle, °ret(i)na > rene, resne frm rêne, la chute de la posttonique est intervenue avant la diphtongaison romane.

108 Diphtongaison conditionnée de ɛ en syllabe fermée

Un j distant ↗93-1° déclenche la diphtongaison de ɛ en iɛ dans le contexte ɛC.Cj (30a) et de même dans le contexte _C.j lorsque C est une labiale (30b). La diphtongue iɛ aboutira à jɛ à la faveur de la consonification du 13ᵉ siècle ↗324.

(30)   ɛ : diphtongaison conditionnée

	lat	afr	frm	lat	afr	frm
a. _C.Cj	nepția	niece, niés, nece	nièce	terțiu	tiers, ters	tiers
	°petția	piece, pece	pièce	f̦erreas	fierges, ferges	'entraves'
	c̦ervia	cierge, cerge	cierge	°b̦ertiu	biers, bers	berceau
b. C_lab.j	l̦eviu	liege, lege	liège	°tr̦ebiu	triege, tege	'sentier'

Remarque

1. ʎ en Position Forte dans la géminée ʎ.ʎ ↗100 amène, comme un j distant, une diphtongaison conditionnée de ɛ dans quelques mots – les formes sans diphtongaison étant néanmoins attestées. Dans m̦eli(u)s Nsg neu > °m̦eʎʎ(u)s, la diphtongaison est provoquée par le ʎ.ʎ (> °mieʎʎ(u)s), puis la syncope place le ʎʎ en coda (> °mieʎʎs), ce qui conduit à sa dégémination (> °mieʎs) et ensuite à la dépalatalisation ʎ > l en coda ↗103.1 (> °miels), aboutissant à afr mielz et, après la vocalisation de l en coda, à afr mieus, mieuz frm mieux (afr. melz est la forme non diphtonguée). Il en va de même (avec épenthèse de d ↗235) pour meli(o)r Nsg masc, fem > mieldre, miedre CSs / meldre, meudre CSs, ou encore °v̦eclu (< lc v̦etulu ↗274) > °v̦ejlu > °v̦eʎʎu > vieil, veil frm vieil et °v̦ecl(ō)s (< lc v̦etul(ō)s Apl) > °v̦ejl(ō)s > °v̦eʎʎ(ō)s > vieuz frm vieux. Les formes diphtonguées ont prévalu.

---

109 ɛ en syllabe fermée par j

L'effet fermant de j en coda ↗94 amène le passage de ɛ à i puis j se fond dans la voyelle : ij > i.

(31)   ɛ en syllabe fermée par j

lat	afr	frm	lat	afr	frm	lat	afr	frm
l̦ectu	lit	lit	pr̦etiu	pris	prix	d̦ecem	dis	dix
m̦ediu	mi	mi	°șejjor	sire	Sire	l̦egit 3s	lit	(il) lit
°c̦eresia	cerise	cerise	resp̦ectu	respit	répit	pr̦ecat 3s	prie	(il) prie
șex	six	six	pectus	piz, pis	pis (nom)	b̦estia	bisse	bisse, biche

110 ɛ en syllabe fermée par w

Suivi de w en coda (issu de l vélarisé en ɫ), ɛ passe, lorsque le glide est vocalisé au 11ᵉ siècle, à ɛu. Cette diphtongue présente ensuite, avec l'émergence d'un a médian, un contour complexe en ɛau. L'évolution ultérieure de cette diphtongue complexe emprunte deux voies différentes.

Dans la première, ɛau > ɛo, qui se monophtongue ensuite – mais seulement à partir du 16ᵉ siècle – en o (graphie <eau>) et finit par s'imposer au 17ᵉ siècle.

Dans la seconde, ɛau > i̯o (graphie <iau>) et, à l'issue de la consonification du 13ᵉ siècle ↗324, aboutit à jo. Les formes concernées, marquées comme populaires, disparaîtront progressivement sous l'action de la norme. Elles se maintiendront toutefois dans des cas d'hiatus, ainsi dans botellu > boël, boiel, l'Apl botell(ō)s aboutissant à bouiaus, boyaux frm boyau, et dans °thūtellu > tuel, tuiel dont l'Apl °thūtell(ō)s produit tuyaulx frm tuyau (prononciation [-ojo], [-yjo] jusqu'au 19ᵉ siècle, [-wajo] et [-ɥijo] aujourd'hui).

L'évolution se constate dans quelques mots présentant une suite ɛlC (33a) mais surtout dans les noms et adjectifs en -elle et, plus souvent, en -ellu (33b) : Dans les formes de CRp et CSs, la latérale, dégéminée, passe en coda devant s final lorsque la voyelle finale tombe : -ɛl(lō)s / -ɛl(le)s > -ɛls. Ensuite l est vélarisé en coda d'où -ɛłs qui passe à -ɛws puis, après la vocalisation du glide w, à -ɛus d'où -ɛaus qui aboutit à os.

La pression analogique exercée par ces formes de pluriel amène ensuite o (<eau>) dans les singuliers.

(32) ɛw.C : évolution

processus		lt	bɛllōs
V finale > Ø			bɛlls
simplification de la géminée : ll > l			bɛls
vélarisation de l en coda : l > ł			bɛłs
passage de ł à w			bɛws
vocalisation de w : diphtongue ɛu			bɛus
émergence d'un a médian : diphtongue complexe ɛau			bɛaus
monophtongaison : ɛau > o			bos
		afr	beaux, beaus
		frm	beaux

(33) ɛ en syllabe fermée par w

	lat	afr	frm
a. _l.C	helmu < helm- g	elme, eaume, hiaume	heaume
	°spelta g	espelte, espeltre, espeautre, espiautre	épeautre
b. _ll(V)s	pelle, pelles Apl	pel, pl peaus, piaus, peaux	peau
	bellu, bellōs Apl	bel, pl beaus, beax, beaux, biaus, biax, biaux	beau, bel
	cappellu, cappellōs Apl	chapel, pl chapeaus, chapeaux, chapiaux	chapeau
	castellu, castellōs Apl	chastel, pl chasteaus, chasteaux, chastiaux	château
	porcellu, porcellōs Apl	porcel, pourcel, pl pourceaus, pourceaux, pourciaux	pourceau
	vitellu, vitellōs Apl	veel, pl veaus, veaux, viaux	veau

111 ɛ en syllabe fermée par m, n
Suivi de m ou n en coda, ɛ est nasalisé en ɛ̃. Sous l'action fermante de la nasale, ɛ̃ passe ensuite à ẽ, rejoignant ẽ < eN ↗116. Au 11ᵉ siècle, ẽ s'ouvre spontanément et rejoint ã < aN qui évoluera ensuite jusqu'à ɑ̃ ↗104.

(34) ɛ en syllabe fermée par n, m

lat	afr	frm	lat	afr	frm	lat	afr	frm
gente	gent		sensu	sens		ten(e)ru	tendre	
argentu	argent		tempus	tens	temps	tend(e)re	tendre v.	
centu	cent		dentu	dent		crēdentia	creance	créance

112 ɛ en syllabe fermée par j̃ (ɲ)
En syllabe fermée par j̃ (ɲ), ɛ > ɛ̃. Ainsi dans pectine > *peigne* où la dégémination de ɲɲ a amené ensuite régulièrement la dénasalisation de la voyelle ↗96.

10.4 e

113 e en syllabe fermée par une coda neutre C°
En syllabe fermée par une coda neutre C° ↗93-2°, e se maintient. A partir du 12ᵉ siècle, la Loi de position ↗319 amène l'ouverture en ɛ lorsque la syllabe reste fermée : virga > *verge*.

(35) e en syllabe fermée par C°

		lat	afr	frm	lat	afr	frm
tonique		consiliu	conseil		mīrābilia	merveille	
		virga	verge		dēb(i)ta	dette	
		vir(i)de	vert		mittere	mettre	
initiale		virtūte	vertu		dignāre	deignier	daigner
		septembre	setembre	septembre	vig(i)lāre	veillier	veiller
préton.		cōnsiliārī	conseillier	conseiller	lībertāte	liberte	liberté

114 e en syllabe fermée par j
j en coda, vocalisé, amène une diphtongue de coalescence : ej > ei. En afr, ei > oi > ue > we > wɛ qui aboutit à frm wa ↗326.

(36) e en syllabe fermée par j

	lat	afr	frm	lat	afr	frm
tonique	lēge	lei, loi	loi	pice	peiz, poiz	poix
	fēria	feire, foire		tēctu	teit, toit	toit
initiale	decānu	deien -oi-	doyen	fiscella	feissele, -oi-	faisselle
	vectūra	veiture -oi-	voiture	regiōne	reion -oi-	région

(36) e en syllabe fermée par j

	lat	afr	frm	lat	afr	frm
préton.	dom(ni)cellu	dameisel -oi-	damoiseau	°impej(jō)rāre	empeirier -oi-	empirer
	explic(i)tāre	espleitier -oi-	exploiter	°cupidi(e)tāre	coveitier -oi-	convoiter

---

Remarque
1. Le suffixe -ı̣tia
   Le développement -ece du suffixe -ı̣tia dans pigrı̣tia > perece frm *paresse* ou laetitia > leece frm *liesse* n'est pas régulier. La forme attendue, -oise [-wẹzə], est bien attestée : °prodı̣tia > *prooise* frm *prouesse*, g °rīki+-ı̣tia > *richeise, richoise* et l'hypothèse (Bourciez et Bourciez 1967 : §58-Rq3) d'une modification du suffixe -ı̣tia en -ı̣cia, qui aboutit régulièrement à -ece, est très vraisemblable. Une troisième forme, -ise (*bêtise, franchise*), qui suppose -ı̣tia, confirme – sans parler de la forme savante -ice (*justice*) – que ce suffixe a été l'objet de modifications diverses.

---

115 e en syllabe fermée par w

w en coda, vocalisé, amène une diphtongue de coalescence eu, qui est au 13ᵉ siècle monophtonguée en ø et se maintient ensuite.

(37) e en syllabe fermée par w

	lat	afr	frm	lat	afr	frm
a. tonique	capı̣ll(ō)s Apl	cheveus	cheveux	ı̣ll(ō)s Apl	eus	eux
b. initiale	dēl(i)cātu	deugie	'délicat'	°fil(i)cāria	feugiere	fougère
c. prétonique						

116 e en syllabe fermée par m, n

Les nasales m et n en coda amènent le passage de e à ẽ qui s'ouvre en ɛ̃ puis rejoint ã < aN et aboutit à ɑ̃.

(38) e en syllabe fermée par n, m

	lat	afr	frm	lat	afr	frm
a. tonique	fı̣ndere	fendre		ı̣nter	entre	
	sēm(i)ta	sente n.		°meisinga g	mesenge	mésange
b. initiale	infante	enfant		insı̣gnia	enseigne	
	ingeniu	engin		°gincīva	gencive	
	sentīre	sentir		infernu	enfern	enfer
c. préton.	comin(i)tiāre	comencier	commencer	°juvencellu	jovencel	jouvenceau

117 e en syllabe fermée par ȷ̃ (ɲ)

ȷ̃ (ɲ) en coda amène le passage de e à ẽ qui passe ensuite à ɛ̃ ↗116.

(39)   e en syllabe fermée par j̃ (ɲ)

	lat	afr	frm	lat	afr	frm
a. tonique	signu	seing		ping(e)re	peindre	
	fing(e)re	feindre		ting(e)re	teindre	
b. initiale	cinctūra	ceinture		tinctūra	tainture	teinture
c. prétonique						

10.5 ɔ (tonique)

Rappel : ɔ ne se rencontre en syllabe fermée que tonique ↗88.

118 ɔ en syllabe fermée par une coda neutre C°
En syllabe fermée par une coda neutre C° ↗93-2°, ɔ se maintient jusqu'au frm.

(40)   ɔ en syllabe fermée par C°

lat	afr	frm	lat	afr	frm	lat	afr	frm
cornu	cor		porcu	porc		collu	col	
morte	mort		coccu	coc	coq	chorda	corde	

119 Diphtongaison conditionnée de ɔ en syllabe fermée
Devant ʎʎ ↗108.1 issu de lj (41a) ou de jl < kl,gl (41b), ɔ est diphtongué en uɔ (effet distant ↗93-1°). Cette diphtongue passera à uɛ <ue> au 11ᵉ siècle et sera monophtonguée en œ au 13ᵉ siècle ↗62.

(41)   ɔ : diphtongaison conditionnée

	lat	afr	frm	lat	afr	frm
a. __ʎʎ < lj	folia	fueille	feuille	°orgoliu	orgueil	
	foliu	fueil	'feuille'	°soliu	sueil	seuil
b. __ʎʎ < k,g+l	brog(i)lu celt.	brueil	breuil	°scoclu < lc scopulu	escueil	écueil
	oc(u)lu	ueil	œil	°troc(u)lu < lc torculu	trueil	treuil

Remarque
1. j distant
   Comme pour ɛ ↗108, la diphtongaison de ɔ en uɔ > uɛ est attestée devant C.Cj (°nɔptia > *nuece* frm *noce*, °tɔrkere lc *torquere* > *tuertre, tuerdre* frm *tordre*) et dans le contexte _C.j avec C = labiale (°adpropiat > *aprueche, approche* frm *(il) approche*). Mais contrairement à la diphtongaison conditionnée de ɛ, les variantes avec diphtongaison ont cédé le pas à celles sans diphtongaison dans le cas de ɔ.

120 ɔ en syllabe fermée par j

Sous l'effet fermant de j ↗94, ɔ passe à u, puis uj > ɥi qui aboutit à ɥi.

(42)   ɔ tonique en syllabe fermée par j

lat	afr	frm
nocte	nuit	nuit
hodie	hui, ui	(aujourd')hui
inodiat 3s	ennuie	(il) ennuie
nocet 3s	nuit	(il) nuit
troja	truie	truie

lat	afr	frm
octō	huit, uit	huit
coriu	quir, cuir	cuir
°posseō 1s	puis	(je) puis, peux
modiu	muid, mui	muid
ostrea	uistre	huître

121 ɔ en syllabe fermée par w

Devant w en coda, ɔ se ferme en o ↗95. Et ow aboutit à la diphtongue de coalescence ou qui sera monophtonguée en afr en u.

(43)   ɔ en syllabe fermée par w

lat	afr	frm	lat	afr	frm	lat	afr	frm
pol(li)ce	polce	pouce	°vol(vi)ta	volte	voûte	sol(i)du	solt, sout	sou
°col(o)pu	colp	coup	mol(e)re	moldre	moudre	sol(vē)re	soudre	(ré)soudre

---

Remarque
1. Effets analogiques
   Les aboutissements *col* < collu et *fol* < folle sont réguliers. *Cou* et *fou* sont analogiques des formes de CRp où l en coda devant s final passe à w : col(lō)s > *cous*.

---

122 ɔ en syllabe fermée par m, n

Devant m ou n en coda, ɔ est nasalisé en ɔ̃. Sous l'action fermante de la nasale, ɔ̃ se ferme en õ et rejoint õ < oN ↗96. Au 11ᵉ siècle, õ s'ouvre spontanément en ɔ̃ qui demeure jusqu'au frm ↗92.1.

(44)   ɔ en syllabe fermée par n, m

lat	afr	frm	lat	afr	frm	lat	afr	frm
com(i)te	conte	comte	contra	contre		pond(e)re	pondre	
comp(u)to 1s	conte	(je) compte	ponte	pont		tond(e)re	tondre	

123 ɔ en syllabe fermée par j̃ (ɲ)

En face de sanctu > *saint* et junctu > *joint*, l'évolution de ɔ devant j̃t : ɔj̃t > õj̃t > wẽt dans cognitu > *cointe* frm *coint* et accognitu > *acointe* frm *accointe* est le développement attendu. Mais le maintien du ə final reste sans explication.

124 ɔ en syllabe fermée par s

Devant s en coda, ɔ se maintient mais la chute de s (à partir du 11ᵉ siècle pour z, du 13ᵉ siècle pour s ↗248), *via* possiblement un allongement compensatoire, amène une fermeture du timbre en o ↗99.

(45) ɔ en syllabe fermée par s

lat	afr	frm	lat	afr	frm	lat	afr	frm
cǫsta	coste	côte	hǫsp(i)te	oste	hôte	tǫstu	tost	tôt

10.6 o

125 o en syllabe fermée par une consonne neutre C°

En syllabe fermée par une coda neutre C° ↗93-2°, o se maintient en toute position. Au 12ᵉ siècle, un changement non conditionné fait ensuite passer o à u ↗92. En afr (et mfr), les formes en u (indiquées par -ou- sous (46)) coexistent avec les formes en o. Le passage à u est ensuite général, sauf dans quelques cas ↗323.

(46) o en syllabe fermée par C°

	lat	afr	frm	lat	afr	frm
a. tonique	diu̱rnu	jorn, -ou-	jour	bu̱cca	boche, -ou-	bouche
	cu̱rtu	cort, -ou-	court	°kru̱ppa g.	crope, -ou-	croupe
	su̱rdu	sort, -ou-	sourd	°tǭttu	tot, -ou-	tout
	u̱rsu	ors, ou-	ours	cu̱b(i)tu	code, -ou	coude
b. initiale	hospitāle	(h)ostel	hôtel	dub(i)tāre	doter, -ou-	douter
	burdōne	bordon, -ou-	bourdon	tussīre	tossir, -ou-	tousser
	tormęntu	torment, -ou-	tourment	°formīcu	formi, -ou-	fourmi
c. prétonique	abortāre	avorter, -oult-	avorter	*subdiurnāre	sojorner -ou-	séjourner

126 o en syllabe fermée par j

En syllabe fermée par j, o se maintient en toutes positions. Lorsque j est vocalisé, la diphtongue de coalescence oi rejoint oi issu de ei, puis oi > ue > wɛ > wa ↗114.

(47) o en syllabe fermée par j

	lat	afr	frm	lat	afr	frm
a. tonique	vōce	voiz, vois	voix	angustia	angoisse	
	cru̱ce	croiz, crois	croix	nu̱ce	noiz, nois	noix
b. initiale	octōbre	oitovre, oitouvre	octobre	to(n)siōne	toison	
	nucīcula	noicille, noisille	'noisette'			
c. prétonique	appodiāre	apoier, apoiier	appuyer	inodiāre	enoier	ennuyer

> **Remarque**
> 1. Aboutissement ųi
>   Les infinitifs frm *appuyer*, *ennuyer* sont dus à l'analogie à partir des formes avec ǫ tonique : in*o*diat 3s > *ennuie*, app*o*diat 3s > *appuie*. L'aboutissement régulier de tr*u*cta, *troite*, a été concurrencé par *truite* qui pourrait être issu d'une forme °trūcta avec ū, mais aussi bien d'une forme avec ǫ et une forme tr*o*cta semble attestée au 4ᵉ siècle.

127 o en syllabe fermée par w

En syllabe fermée par w (< l), o se maintient en toutes positions, w est vocalisé en u au 11ᵉ siècle et la diphtongue de coalescence ou est finalement monophtonguée en u au 12ᵉ siècle. Le passage de o à u a été parfois contrarié par l'action de l'analogie ou de la norme ↗323.

(48) o en syllabe fermée par w

	lat	afr	frm	lat	afr	frm
a. tonique	dulcia	douce		ultra	outre	
b. initiale	col(lo)cāre	coucher		pulmōne	poumon	
c. prétonique	adult(e)rāre	avoutrer	'commettre un adultère'	°escultāre	escouter	écouter

128 o en syllabe fermée par m, n

En syllabe fermée par m ou n, o est nasalisé en õ qui, au 13ᵉ siècle, s'ouvre spontanément en ɔ̃ ↗92.1.

(49) o en syllabe fermée par n, m

	lat	afr	frm	lat	afr	frm
a. tonique	unda	onde		mundu	munt, mont	monde
b. initiale	cōnsiliāri	conseillier	conseiller	commeātu	congié	congé
	montānea	montagne		cum(u)lāre	combler	
	computāre	conter	compter, conter	somniāre	songier	songer
c. prétonique	voluntāte	volonte	volonté	prōmunturiu	promontoire	

129 o en syllabe fermée par j̃ (ɲ)

Devant j̃ (ɲ), o est nasalisé et la séquence õj passe à la diphtongue de coalescence õĩ qui suit un développement parallèle à celui de la diphtongue orale oi ↗126, d'où wẽ.

(50)   o en syllabe fermée par ȷ̃ (ɲ)

	lat	afr	frm	lat	afr	frm
a. tonique	pu̯nctu	point		pu̯gnu	poing	
b. initiale	°long(i)tā̯nu	lointain		punctū̯ra	pointure	'piqûre'
c. prétonique						

10.7 i

130 i en syllabe fermée par une consonne neutre C°

En syllabe fermée par une coda neutre C° ↗93-2°, i se maintient en toute position.

(51)   i en syllabe fermée par C°

	lat	afr	frm	lat	afr	frm
a. tonique	vi̯llanu	vilain		vi̯lla	ville	
	ī(n)s(u)la	isle	île	mi̯lle	mil	mille
	scrī̯ptu	escrit	écrit	tī̯bia bj	tige	
b. initiale	cīv(i)tā̯te	cite	cité	cīvitā̯tēs	citez	cités
c. prétonique	°amīc(i)tā̯te	amistie	amitié			

Remarque
1. Finale °-īliu

   Pour *cil*, *sourcil*, *mil*, *til* 'tilleul', *eissil* frm *exil* qui reposent sur lc cīliu, supercīliu, mīliu, tīliu, exīliu, il faut supposer une variante en °-īliu. La finale -īliu aboutit en effet régulièrement à *-eil* [ɛʎ] ↗228 : consīliu > *conseil*, °mistīliu > *méteil*.

---

131 i en syllabe fermée par j

En syllabe fermée par j, i se maintient en toutes positions et j fusionne avec la voyelle.

(52)   i en syllabe fermée par j

	lat	afr	frm	lat	afr	frm
a. tonique	camī̯sia	chemise		amī̯ca	amie	
b. initiale	tīsiō̯ne	tison				
c. prétonique						

132 i en syllabe fermée par w

En coda après i, w – qu'il provienne de g en coda devant m ou de l ↗95 – est perdu selon la règle ↗247 : pīgme̯ntu > *piument*, *piment* frm *piment*, °fil(i)ce̯lla > *ficelle*, fī̯lius Nsg > °fiʎʎs > °fiws ↗103.1 *filz*, *fiz* CSs frm *fils*.

133 i en syllabe fermée par m, n

Devant m ou n, i est nasalisé en ĩ qui s'ouvrira jusqu'à ɛ̃ ↗92.1.

(53)   i en syllabe fermée par n, m

	lat	afr	frm	lat	afr	frm
a. tonique	sĩmiu	singe		prĩncipe	prince	
	°cĩnque	cinc	cinq			
b. initiale	°cĩnqua̱nta	cinquante		prĩm(u)-te̱mpu	printans	printemps
	°lĩnteo̱lu	linçoel	linceul			
c. prétonique						

10.8 u

134 u en syllabe fermée par une coda neutre C°

En syllabe fermée par une coda neutre C° ↗93-2°, u passe à y par changement non conditionné ↗92-1° et y se maintient en toute position.

(54)   u en syllabe fermée par C°

	lat	afr	frm	lat	afr	frm
a. tonique	pūrgat 3s	purge	(il) purge	°rūsca celt.	ruche	
b. initiale	jūd(i)cāre	jugier	juger	°pūt(i)nāsiu	punais	punais
c. prétonique						

135 u en syllabe fermée par j

En syllabe fermée par j, u se maintient et passe par changement non conditionné à y ↗92-1° et après la vocalisation de j, la diphtongue de coalescence yi aboutira à ɥi.

(55)   u en syllabe fermée par j

	lat	afr	frm	lat	afr	frm
a. tonique	frūctu	fruit		°sūdia celt.	suie	
	°pertūsiu	pertuis		lūcet 3s	luist	(il) luit
b. initiale	lūcente	luisant		dūcente	duisant	(con)duisant
c. prétonique	°acūtiāre	aguiser, aiguiser	aiguiser	exsūcāre	essuier	essuyer

136 u en syllabe fermée par w

w se fond dans u qui précède, lequel passe par changement non conditionné à y ↗92-1° : pūl(i)ce > *puce*.

137 u en syllabe fermée par m, n
En syllabe fermée par m ou n, u passé à y par changement non conditionné ↗92-1°
est nasalisé au 13ᵉ siècle en ỹ qui s'ouvre en œ̃ en mfr ↗92.3.

(56) u en syllabe fermée par n, m

	lat	afr	frm
a. tonique			
b. initiale	lūn(ae)+di̯e	lundi	
c. prétonique	°imprūm(ū)t(u)āre	emprunter	

138 u en syllabe fermée par ɲ̃ (ɲ)
En syllabe fermée par ɲ̃ (issu de ɲɲ dégéminé à la suite de la chute de la voyelle finale),
uɲ̃ passe à yɲ̃ d'où ỹɲ̃ qui s'ouvre en ỹẽ puis ỹɛ̃ et aboutit à ɥɛ̃ : jūniu > *juin*.

10.9 au

139 au en syllabe fermée par une consonne neutre C°
En syllabe fermée par une consonne neutre C° ↗93-2°, la diphtongue au est
monophtonguée, en ɔ en position tonique, en o en position atone (mais voir §140.1).

(57) au en syllabe fermée par C°

	lat	afr	frm	lat	afr	frm
a. tonique	°fau̯rga (< fabrica)	forge		°lau̯bja g.	loge	
b. initiale	°au(c)t(ō)ridiāre	otroiier	octroyer	°austrūcia	ostruce	autruche
c. prétonique						

140 au en syllabe fermée par j
En syllabe fermée par j, au aboutit à oj > oi > ue > wɛ d'où we puis wɛ et enfin wa ↗139
en toutes positions.

(58) au en syllabe fermée par j

	lat	afr	frm	lat	afr	frm
a. tonique	gau̯dia	joie		nau̯sea	noise	
b. initiale	auctāre	oitier	'accroître'	aucellu	oisel	oiseau
c. prétonique						

> **Remarque**
> 1. L'aboutissement wa en syllabe fermée par j appuie le passage à o pour au atone ↗126. La même évolution pour au tonique en revanche surprend : ɔ devant j en coda aboutit en effet à ui > ɥi ↗120. Il faut ici supposer que la diphtongue au tonique suivie de j en coda est passée à o, ceci sous l'effet fermant de j en coda ↗94-1°.

141 au en syllabe fermée par m, n

En syllabe fermée par m ou n, au aboutit à ɔ̃.

(59)   au en syllabe fermée par n, m

	lat	afr	frm	lat	afr	frm
a. tonique	°<u>au</u>nc(u)lu	*oncle*		Catal<u>au</u>nis	*Chaalons*	*Châlons*
b. initiale						
c. prétonique						

Philippe Ségéral

Résumé chapitre 11
Voyelles toniques en syllabe ouverte (CV)

Nota : ChNc = changement non conditionné ; 1 = diphtongaison romane ; 2 = diphtongaison française ; 3 = monophtongaisons ; eff. BM = effet Bartsch-Mussafia

lc	a ā	e	ē i	o	ō u	ī	ū	au
	↓	↓	↓	↓	↓	↓	↓	↓
lt	**a**	**ɛ**	**e**	**ɔ**	**o**	**i**	**u**	**au**
	↓	↓	↓	↓	↓	↓	↓	↓

1			iɛ	uɔ				
ChNc	æ						y	ɔ
2	æɛ		ei		ou			
3	e / ɛ	je / jɛ	wa, ɛ	œ / ø	œ / ø			

	e / ɛ	je / jɛ	wa, ɛ	œ / ø		i	y	ɔ
	gra̱tu	pe̱de	vi̱a	co̱r	dolo̱re	audi̱re	virtu̱te	cau̱sa
	gré	pied	voie	cœur	douleur	ouïr	vertu	chose
	ma̱re	pe̱tra	crē̱ta	°po̱t(e)t 3s	nō̱du			
	mer	pierre	craie	peut	nœud			

effets segmentaux

VC_lab V			ɛ (> iɛ)	ɔ (> uɔ > œ)				
			sē̱bu	ju̱vene				
			sieu 'suif'	jeune				

VNV	ẽ / ɛ	jẽ	ẽ / ɛ		õ / ɔ		ẽ / i	œ̃ / y
	ma̱ne	be̱ne	plē̱nu	bo̱nu	cantio̱ne	°cami̱nu	ū̱nu	
	main	bien	plein	bon	chanson	chemin	un	
	lā̱na		vē̱na	bo̱na	pō̱ma	fari̱na	ū̱na	
	laine		veine	bonne	pomme	farine	une	

eff. BM	(iɛ)		i					
	(ca̱ru afr		placē̱re					
	chier)		plaisir					

effets de l'hiatus

V.i#	ɛ (e)							
	°vērā̱cu							
	vrai							

V.u#	u	jø		ø				
	clā̱(v)u	de̱u		jo̱(c)u				
	clou	dieu		jeu				

V.ə#								u
								lau̱dat 3s
								(il) loue

11 Voyelles toniques en syllabe ouverte (CV)

11.1 Généralités

142 Syllabe ouverte tonique : types
A l'issue de l'installation dans la langue de l'allongement tonique ↗75, la syllabe ouverte tonique en lt est phonétiquement de forme [CV̄] et par conséquent ne comporte pas de coda ↗17 – l'attaque pouvant, tout comme celle d'une syllabe fermée, être branchante (TR ↗18) : *prātu* > *pré*, *clāru* > *clair*.

143 Syllabe ouverte tonique : voyelles qui s'y rencontrent
En syllabe ouverte tonique, toutes les voyelles du lt (a, ɛ, e, i, u, o, ɔ) ainsi que la diphtongue au sont présentes. Rappelons que celles-ci sont issues du lc selon le schéma figuré ci-dessous ↗78 :

```
lc    ī    i    ē    e    a    ā    o    ō    u    ū    au
↓     |     \ /     |     \ /     |     \ /     |     |
lt    i          e          ɛ     a     ɔ          o     u    au
```

144 Modification
Pour une voyelle tonique en syllabe ouverte, le changement est de règle. Les évolutions résultent :
  1° de changements non conditionnés ↗145 ;
  2° de processus de diphtongaisons spontanées ↗146 suivis de monophtongaisons ↗147 ;
  3° d'effets segmentaux ↗148 ;
  4° d'effets dus à la position en hiatus ↗153.

Remarque
1. L'ampleur de l'évolution des voyelles toniques en syllabe ouverte est une des caractéristiques spécifiques du français parmi les langues romanes.

---

145 Changements non conditionnés
  1° a > æ : a est antériorisé en æ   (3ᵉ-4ᵉ siècle) ↗157 ;
  2° au > ɔ : au est monophtongué en ɔ   (5ᵉ-6ᵉ siècle) ↗175 ;
  3° u > y : u est antériorisé en y   (6ᵉ-8ᵉ siècle) ↗173.

> **Remarques**
> 1. Avant d'être au 5ᵉ-6ᵉ siècle monophtongué en ɔ, au a dû, par changement non conditionné, passer à æu, la palatalisation des vélaires le montre : c<u>au</u>sa > *chose*. Mais cette diphtongue est ensuite revenue assez rapidement à au – autre changement non conditionné.
> 2. Par diphtongaison spontanée, o est passé à ou au 6ᵉ siècle ↗146 : le changement non conditionné o > u ↗92-2°, qui se produit au 12ᵉ siècle ↗323, ne concerne donc pas o tonique en syllabe ouverte, mais seulement o tonique en syllabe fermée ↗125 et o atone en syllabe ouverte initiale ↗189.
> 3. En tant que changement non conditionné, l'antériorisation a > æ a lieu en toute position. C'est à ce stade que a devenu æ a palatalisé k,g précédent au 5ᵉ siècle ↗287. Ainsi s'agissant par exemple de a initial en syllabe ouverte : cab<u>a</u>llu > °cævællo > ʧævællo. Le æ est ensuite revenu à [a] au 6ᵉ siècle (> °ʧab<u>a</u>llo > *cheval*), sauf lorsqu'il est tonique en syllabe ouverte, où il connaît la diphtongaison française æ > æɛ ↗146-2°, aboutissant à e (gr<u>a</u>tu > *gré* ↗156) ou, avec effet Bartsch-Mussafia, à ie (c<u>a</u>ru > *chier* frm *cher* ↗157).

146 Diphtongaisons spontanées

Elles procèdent de la longueur qu'une voyelle en syllabe ouverte acquiert sous l'accent ↗142. Deux processus de diphtongaison spontanée affectent successivement les voyelles toniques en syllabe ouverte :
    1°   la *diphtongaison romane* (3ᵉ et 4ᵉ siècles) :
        – ɛ > iɛ ↗160
        – ɔ > uɔ ↗166
    2°   la *diphtongaison française* (6ᵉ siècle)
        – e > ei ↗163
        – o > ou ↗169
        – æ (< a ↗145-1°) > æɛ ↗156

> **Remarque**
> 1. La première diphtongaison est dite romane parce que (presque) toutes les langues romanes la pratiquent. La seconde est dite française étant donné qu'elle est caractéristique du français (d'oïl) seulement.

147 Monophtongaisons

Au terme d'évolutions plus ou moins complexes, toutes les diphtongues spontanées ↗146 seront monophtonguées – et éventuellement soumises à la Loi de position ↗319. Les monophtongaisons résultent de deux processus différents :
    1°   fusion des deux parties de la diphtongue :
        – uɔ < lt ɔ aboutira à œ / ø : pr<u>o</u>ba > *preuve*, °p<u>o</u>t(e)t 3s > *(il) peut* ↗166 ;
        – ou < lt o aboutira aussi à œ / ø : dol<u>ō</u>re > *douleur*, nep<u>ō</u>te > *neveu* ↗169 ;
        – æɛ < lt a aboutira à ɛ / e : m<u>a</u>re > *mer*, pr<u>a</u>tu > *pré* ↗156 ;

2° consonification du premier élément des diphtongues ouvrantes dans la seconde moitié du 13ᵉ siècle, le glide ainsi produit formant avec la consonne précédente une attaque branchante ↗324 :
- i̯ɛ < lt ɛ aboutira à i̯ɛ / i̯e : petra > *pierre* / pede > *pié* frm *pied* ↗160 ;
- u̯e < lt e aboutira généralement à wa̱ : vidēre > *veoir* frm *voir* mais parfois à ɛ̱ : crēta > *craie* ↗163, 324, 326.

Remarque
1. La monophtongaison, presque complète à la fin de l'afr, concernera à terme toutes les diphtongues : celles qui sont issues des diphtongaisons spontanées en syllabe ouverte mais aussi bien les diphtongues de coalescence qui procèdent de la vocalisation de j et w en coda ↗94-2°, 95-2° ainsi que de situations d'hiatus diverses ↗152.

---

148 Effets segmentaux
Ils sont dus aux consonnes :
1° labiales p, b, f, v situées à droite de la tonique ↗149 ;
2° nasales m, n situées à droite de la tonique ↗150 ;
3° palatales situées à gauche de la tonique : effet de Bartsch-Mussafia ↗151.

149 Consonnes labiales p, b, f et v
Situées à droite des voyelles toniques, elles amènent :
1° un processus d'ouverture en lt des voyelles mi-fermées e̱ et o̱ :
- e̱ > ɛ̱ : lc sēbu > lt °sɛbu > *sieu* frm *suif* ↗160.1 ;
- o̱ > ɔ̱ : lc juvene > lt °jɔvene > *juene* frm *jeune* ↗166.1 ;
2° la monophtongaison de o̱u̯ (< lt o̱) en u̱, au lieu de ø, en afr : cu̱bat 3s > *couve* frm *(il) couve* ↗169.1.

150 Consonnes nasales m, n
Comme toutes les voyelles, les toniques en syllabe ouverte sont à partir du 10ᵉ ou 11ᵉ siècle progressivement nasalisées lorsqu'elles sont suivies d'une consonne nasale : V̱NV > Ṽ̱NV ↗315.

Ce développement sera suivi à partir de la fin du 15ᵉ siècle d'un processus de dénasalisation lorsque la consonne nasale demeure intervocalique : Ṽ̱Nə# > V̱Nə#, tandis que la nasalité de la voyelle se maintiendra après la disparition de la consonne nasale devenue finale de mot ↗315 : Ṽ̱N# > Ṽ̱#, d'où des alternances du type va̱na > vɛ̱nə > vɛnə frm *vaine* [vɛn] en face de va̱nu > vɛ̃n > vɛ̃ frm *vain* ↗158, ↗165, ↗167, ↗170, ↗172, ↗174.

> **Remarque**
> 1. A côté des nasalisations, les nasales sont responsables de certaines fermetures vocaliques ↗158, ↗161 et interfèrent dans la diphtongaison de ɔ ↗167 et le passage de la diphtongue ei < e̯ à oi ↗165.1.

151 Consonnes palatales – Effet de Bartsch-Mussafia

Dans la seconde moitié du 6ᵉ siècle, les consonnes palatales j, ɲ, ʎ, ʧ, ʤ, ts Rq3 situées à gauche de æ (< lt a̯ ↗145-1°) et de e̯ toniques en syllabe ouverte amènent l'élévation en i du premier membre des diphtongues vers lesquelles ces voyelles évoluent :

    1°   æ > ǣɛ ↗146 > i̯ɛ : cā̯ru > ʧǣɛr > ʧi̯ɛr > *chier* frm *cher* ↗157 ;
    2°   e̯ > ei ↗146 > i̯i : cē̯ra > tsira > tsi̯ira > *cire* ↗164.

On notera que les consonnes palatales agissantes peuvent être distantes. Jusqu'à trois consonnes peuvent séparer la palatale agissante de la voyelle impactée. Ainsi dans °impast(o)riā̯re, j passé en coda ↗229 est séparé de a̯ par le groupe str (°impast(o)rjā̯re > °impajstrā̯re) mais il déclenche néanmoins l'effet de Bartsch-Mussafia, d'où *empaistrier* frm *empêtrer* ↗157.

En cas de double action palatale, venant de la gauche *et* de la droite, on constate pour a̯ un aboutissement i (ca̯cat 3s > *chie* frm *(il) chie* ↗157.1).

> **Remarques**
> 1. Karl Bartsch (1832-1888) a le premier noté la déviance de formes en *-ier* ou *-ie* en afr (en particulier infinitifs type *mangier* ou participes type *changie*). Mais c'est Adolf Mussafia (1834-1905) qui a établi la relation de cause à effet entre la présence d'une consonne palatale à gauche et l'apparition du i. D'où le nom d'effet Bartsch-Mussafia adopté ici.
> 2. La diphtongue a̯u, monophtonguée en ɔ avant le 6ᵉ siècle ↗145-2°, n'a pas été affectée par l'effet de Bartsch-Mussafia.
> 3. ts n'est pas une consonne palatale en afr mais elle provient de la palatale ʧ à l'issue de la dépalatalisation générale ʧ > j+ts ↗286.

152 Effets de l'hiatus

Une voyelle tonique peut se trouver en hiatus avec une voyelle finale (V̄.V#) à l'issue de la chute de consonnes labiales ↗259.1 et vélaires ↗262 intervocaliques.

Des effets sur le développement des toniques s'observent lorsque V# est u ↗153, i ↗154 ou ə (< a) ↗155.

153 Voyelle tonique en hiatus avec u#

Une voyelle tonique en hiatus avec u#, hiatus primaire dans le cas de ɛ (dɛu > *dieu*, jūdǣu > *juieu* 'juif') ou créé par la chute d'une vélaire (fā̯gu > °fau > *fou* 'hêtre', jo̯cu > °jou > *jeu* ↗262) ou d'une labiale (clā̯vu > °clau > *clou*, °sebu > °seu > *sieu*, *siu* frm *suif* ↗259.1) intervocalique, forme avec la voyelle tonique qui précède une diphtongue de coalescence. Ces diphtongues à second élément u apparaissent dans le cas de a̲ ↗159, ɛ ↗160.1, ɔ ↗168.

154 Voyelle tonique en hiatus avec i#
Une voyelle tonique en hiatus avec i# est à l'origine de diphtongues de coalescence. Le cas se rencontre avec a̲ (°vērā̆cu > verai frm vrai ↗159) et u̲ (°alterū̲i > autrui ↗173.3).

155 Voyelle tonique en hiatus avec schwa
L'hiatus avec ə# (< a#) entraîne pour ɔ < au une fermeture en u̲ : laudat 3s > °lɔ̲(d)ət > [lu̲ə] loue frm (il) loue ↗176.

11.2 a̲

156 Evolution générale de a̲
a̲ tonique (< lc ă, ā) en syllabe ouverte passe, par évolution non conditionnée, à æ aux 3ᵉ-4ᵉ siècles ↗145-1°.
   La diphtongaison française ↗146 amène ensuite æɛ.
   La monophtongaison intervient ensuite assez vite (avant le 9ᵉ siècle : voir *Eul.* 22 *spede* < spa̲tha, 26 *preier* < precā̲re). Mais le timbre de la monophtongue est problématique : d'abord distincte de e̲ et de ɛ̲ en syllabe fermée comme l'indiquent les assonances, probablement æ, elle se ferme ensuite en e̲, qui se maintiendra jusqu'au frm, en s'ouvrant éventuellement en ɛ selon la Loi de position ↗319.

(60)   a̲ tonique en syllabe ouverte

lat	afr	frm	lat	afr	frm	lat	afr	frm
locā̲re	*loer*	*louer*	hospitā̲le	*(h)ostel*	*hôtel*	nā̲ve	*nef*	*nef*
bon(i)tā̲te	*bonté*		clā̲ru	*cler*	*clair*	nā̲pu	*nef*	'navet'
grā̲tu	*gre*	*gré*	ma̲re	*mer*		mā̲tre	*mere*	*mère*
spa̲tha	*espee*	*épée*	ā̲la	*ele*	*aile*	pa̲tre	*père*	*père*
fa̲ba	*feve*	*fève*	sa̲le	*sel*		frā̲tre	*frere*	*frère*

Remarques
1. Cette évolution de a̲ vers e̲ s'observe dans plusieurs des formes des nombreux verbes du premier groupe : infinitif pr. (cantā̲re > *chanter*), part. p. (cantā̲tu > *chanté*), prés. 2p (cantā̲tis > *(vous) chantez*) en particulier.
2. Et de même dans plusieurs suffixes nominaux ou adjectivaux :
   – le suffixe nominal -tā̲te > -té : bonitā̲te > *bonté*, vēritā̲te > *verte* frm *vérité*, civitā̲te > frm *cité* ;
   – le suffixe nominal / adjectival -ā̲le > -el : carnā̲le > *charnel*, hos(pi)tā̲le > *ostel* frm *hôtel*.

157 Effet Bartsch-Mussafia sur a̱

a̱ tonique en syllabe ouverte, passé par changement non conditionné à æ ↗145-1° puis diphtongué en æɛ ↗146, est affecté au 6ᵉ siècle par l'effet Bartsch-Mussafia. Celui-ci amène, lorsqu'une consonne palatale (j, ɲ, ʎ, ʧ, ʤ, ts) est présente à gauche, l'élévation en i du premier membre de la diphtongue : æɛ > i̱ɛ ↗151. Cette diphtongue rejoint i̱ɛ issu de ɛ ↗160 qui aboutit à je̱ lors de la consonification du 13ᵉ siècle ↗324.

Les exemples en (61) ci-dessous permettent un survol des contextes divers contenant l'agent palatal déclencheur : celui-ci peut en effet être à la gauche immédiate du a̱ impacté (61a) mais aussi bien distant (61b) ↗151.

Entre la fin de l'afr et le 17ᵉ siècle, le glide j résultant de l'effet de Bartsch-Mussafia sera éliminé ↗314, 325 : *nagier > nager, baisier > baiser* etc. Il ne s'est conservé que dans quelques mots : ainsi dans ca̱ne > *chien*, amīcita̱te > *amistie* > frm *amitié*, medieta̱te > *meitie* > frm *moitié*.

(61)   a̱ + effet Bartsch-Mussafia

a.		lat	afr	frm	b.	lat	afr	frm
ʧ		ca̱ru	*chier*	*cher*	jt	adj(ū)ta̱re	*aidier*	*aider*
		ca̱dit 3s	*chiet*	*(il) choit*	jd	cōgita̱re	*cuidier*	*cuider*
		°ca̱pu	*chief*	*chef*	jʤ	°satia̱re	*saisier*	'suffire'
Cʤ		comme a̱tu	*congié*	*congé*	jz	bāsia̱re	*baisier*	*baiser*
Cʧ		coll(o)ca̱re	*couchier*	*coucher*	jss	°bassia̱re	*baissier*	*baisser*
jj		neca̱re	*noiier*	*noyer*	jst	°amīc(i)ta̱te	*amistie*	*amitié*
ɲɲ		°wadanja̱re g.	*gaaignier*	*gagner*	jstr	°impast(o)ria̱re	*empaistrier*	*empêtrer*
ʎʎ		cōnsilia̱rī	*conseillier*	*conseiller*	jr	frāgra̱re	*flairier*	*flairer*
tts (< kj)		°lakea̱re	*lacier*	*lacer*	ɲC	dignita̱te	*deintie*	*dignité*
Cts (< Cʧj)		°captia̱re	*chacier*	*chasser*				
Cts (< Ckj)		calcea̱re	*chaucier*	*chausser*				

Remarques

1. L'effet Bartsch-Mussafia sur a̱ conduit à i̱ lorsqu'un élément palatal figure aussi à droite de a̱. Ainsi dans ca̱cat 3s > *(il) chie*. L'agent palatal à droite est jj, issu régulièrement de k entre deux a ↗263. Mais ce yod géminé plaçant la tonique en syllabe fermée, où l'effet Bartsch-Mussafia n'a pas lieu, il faut supposer avec La Chaussée (1989 : 195) que jj s'est simplifié en j avant l'effet Bartsch-Mussafia.
   Le suffixe -ia̱cu aboutit à -i dans de nombreux toponymes : Clippia̱cu > *Clichy*, Cantila̱cu > *Chantilly*, Floria̱cu > *Fleury*. L'élément palatal à droite provient ici de la géminée jj issue de l'évolution de k devant u final (*cf.* °vēra̱cu > *verai* frm *vrai* ↗154), géminée qui se simplifie en j à la suite de la chute de la voyelle finale.
2. L'effet Bartsch-Mussafia amène i̱ɛ dans ca̱ne > *chien*, qui plus tard est nasalisé en i̱ɛ̃ ↗158. Cette diphtongue nasale est ensuite consonifiée en jɛ̃ au 13ᵉ siècle ↗324. Enfin, le yod échappe à l'élimination après consonne palatale ↗314, 325, qui l'épargne parce qu'il se trouve devant voyelle nasale (il s'agit du seul mot de la langue dans ce cas).

158 a̱ suivi de nasale

Suivie de m ou n intervocalique, la diphtongue spontanée æɛ issue de a̱ ↗146 passe à æi sous l'action fermante des nasales ↗150.1 et elle est nasalisé en æ̃ĩ qui passe au 12ᵉ siècle à ẽĩ, rejoignant ẽĩ issu de e̱ devant nasale ↗165. La monophtongaison amène au siècle suivant ẽ qui s'ouvre en ɛ̃ à la fin de l'afr.

ɛ̃ se maintient lorsque, par suite de la chute de la nasale en finale de mot, la voyelle est placée en fin de mot (62a) mais est à partir de la fin du 15ᵉ siècle dénasalisé devant nasale demeurée intervocalique devant ə# (62b) ↗315, d'où en frm les alternances -ɛ̃- / -ɛnə à partir de -a̱nu / -a̱na, dans les adjectifs en particulier : sa̱nu > *sain* [sɛ̃] mais sa̱na > *saine* [sɛnə].

(62)   a̱ + m,n

	lat	afr	frm	lat	afr	frm
a. ɛ̃#	ca̱ne	chien		fa̱me	faim	
	sa̱nu m.	sain		vi̱lla̱nu m.	vilain	
	pa̱ne	pain		ma̱ne	main	
b. ɛNə#	la̱na	laine		a̱mat 3s	aime	(il) aime
	sa̱na f.	saine		vi̱lla̱na f.	vilaine	
	ra̱na	raine	'grenouille'			

159 a̱ en hiatus avec u final (a.u#) et i final (a.i#)

La suite a̱.u#, qui résulte de la chute d'une vélaire ↗262 ou d'une labiale ↗259.1 intervocalique, aboutit à une diphtongue de coalescence qui sera monophtonguée en u̱ (63a).

La séquence a̱.i# aboutit, elle, à ɛ (63b). Elle s'observe à la suite de la chute de w intervocalique dans la finale -a̱vi du pf 1s des verbes du type ama̱re : ama̱(v)i pf 1s > *j'aimai*, ainsi que de la résolution en j de k,g en position finale primaire : fa̱c impératif 2s > *fai* frm *fais !* ou secondaire : °vēra̱cu > *verai* frm *vrai* ↗262.1.

(63)   a̱ + m,n

	lat	afr	frm	lat	afr	frm
a. a̱.u#	fā(g)u	fou	'hêtre'	Andecā(v)u	Anjou	
	clā(v)u	clou		Pictā(v)u	Poitou	
b. a̱.i#	°vēra̱cu	verai	vrai	ama̱(v)i	aimai	(j')aimai
	fa̱c impér. 2s	fai !	fais !			

11.3 ɛ

160 Evolution générale de ɛ

ɛ tonique (< lc ẹ) en syllabe ouverte passe à iɛ. Cette diphtongaison spontanée intervient au 3ᵉ siècle. Elle constitue, avec celle, un peu plus tardive, de ɔ (< lc ọ) en uɔ ↗166, la *diphtongaison romane* ↗146.

Elle s'observe dans les paroxytons : pɛde > *pié* frm *pied*, mais aussi dans les proparoxytons lorsque la diphtongaison a eu lieu avant la syncope de la posttonique : tɛpidu > *tiede* frm *tiède*, ou avant l'évolution -Cicu > -Cju > -dʒə ↗219.1 : °sɛdicu > *siege* frm *siège*.

La consonification du premier élément haut de la diphtongue iɛ au 13ᵉ siècle ↗324 amène jɛ qui se maintiendra jusqu'au frm, *modulo* la Loi de position ↗319 : jɛ devant C finale prononcée (*ciel*) ou suivie de ə final (*pierre*) mais je en finale absolue (*pied*).

(64) ɛ tonique en syllabe ouverte

lat	afr	frm	lat	afr	frm	lat	afr	frm
pɛde	pie	pied	cælu	ciel		lɛpore	lievre	lièvre
fɛru	fier		brɛve	brief	bref	ɛb(u)lu	hieble	hièble
hɛri	ier	hier	mɛl	miel		tɛp(i)du	tiede	tiède
pɛtra	piere	pierre	lætu	liet, lié	lie 'joyeux'	°sɛdicu	siege	siège
fɛbre	fievre	fièvre	læt(u)s Nsg	liez	(cf. chère lie)	mɛdicu	miege	'médecin'

> **Remarque**
> 1. Suivi de labiale, lt ẹ issu de lc i,ē s'ouvre en ɛ et est l'objet de la diphtongaison spontanée en iɛ ↗149-1° : lc sēbu > lt °sɛbu > *sieu* 'suif', lc ēbriu > lt °ɛbriu > *ivre* ↗229, °fimita (dér. de lc fimus) > °fɛmita > *fiente*.

161 ɛ suivi de nasale

Suivi de m ou n intervocalique, iɛ passe à ie sous l'action fermante des nasales ↗150.1 et la diphtongue est nasalisée en iẽ, d'où, à la suite de la consonification du 13ᵉ siècle ↗324, jẽ qui passe à jɛ̃ à la fin de l'afr et se maintient en finale de mot jusqu'au frm : bɛne > *bien*, rɛm > *rien*, vɛnit 3s > *(il) vient*, tɛnet 3s > *(il) tient*.

162 ɛ en hiatus avec u final

En hiatus après iɛ < ɛ (dɛu), u# se maintient. Le i de la diphtongue est consonifié au 13ᵉ siècle ↗324, d'où jɛ.u (dɛu > °djɛ.u) et ɛ.u aboutit à la diphtongue ɛu qui est monophtonguée en œ, d'où jœ (> °djœ) puis jø (> afr *dieu*) (Loi de position ↗319). L'hiatus iɛ.u# peut être primaire : dɛu > *dieu*, Matthæu > *Matieu* frm *Matthieu*, hebræu > *ebrieu* frm *hébreu* ou amené par la chute d'une vélaire devant u : cæcu > *cieu* 'aveugle', graecu > *grieu* 'grec'.

11.4 e̥

163 Evolution générale de e̥

e̥ tonique (< lc i̥, ē) en syllabe ouverte se diphtongue en ei au 6ᵉ siècle. Cette diphtongaison spontanée constitue avec celles de o̥ (< lc u̥, ō ↗169) et de ḁ (< lc ḁ, ā ↗156) la *diphtongaison française* ↗146.

Ensuite, ei passe à oi puis oe et enfin ue au 12ᵉ siècle d'où, à l'issue de consonification du 13ᵉ siècle ↗324, we̥. Depuis l'étape oi écrit <oi>, la graphie reste figée jusqu'en frm <oi>, quelle que soit la valeur phonétique ultérieure de cette diphtongue ↗63.

we̥, issu de e̥ en syllabe ouverte (comme we̥ et we issus de e et o toniques ou atones en syllabe fermée par j ↗114, 126), s'ouvre spontanément au 13ᵉ siècle en wɛ, qui se maintiendra jusqu'au début du 19ᵉ siècle et plus longtemps encore dans certaines régions. Mais dès la fin de l'afr, des évolutions se produisent dans deux directions différentes : la première vers wḁ, à l'origine populaire et longtemps combattue par la norme, mais qui finira par éliminer wɛ en frm (65a) ; la seconde vers ɛ, qui sera très générale aussi dans le peuple et tout aussi combattue mais s'imposera parfois (65b). Les deux aboutissements de wɛ en wḁ et ɛ sont étudiés en détail au ↗326.

(65)   e̥ tonique en syllabe ouverte
      Nota : les formes afr en oi montrées ici sont issues de formes en ei

	lat	afr	frm	lat	afr	frm	lat	afr	frm
a.	crēdere	*croire*	*croire*	debēre	*devoir*	*devoir*	pi̥ra	*poire*	*poire*
	crēdit 3s	*croit*	*(il) croit*	fi̥de	*foi*	*foi*	pi̥lu	*poil*	*poil*
	vi̥a	*voie*	*voie*	valēre	*valoir*	*valoir*	sēru	*soir*	*soir*
	habēre	*avoir*		tēla	*toile*	*toile*	trēs	*trois*	*trois*
	vidēre	*veoir*	*voir*	°mē(n)se	*mois*	*mois*	sedēre	*seoir*	*seoir*
b.	crēta	*croie*	*craie*	toni̥tru	*tonoire*	*tonnerre*	vi̥tru	*voirre*	*verre*

Remarques

1. Généralement, la diphtongue ḁe du lc passe à lt ɛ ↗53 d'où i̯ɛ (cḁelu > *ciel* ↗160). Mais parfois lc ḁe est passé à lt e̥ : ainsi dans prḁeda > *proie*, sḁeta (sēta) > *soie*, blḁesu > *blois* 'bègue' ou, avec effet Bartsch-Mussafia ↗164, cḁepa (cēpa) > *cive*.
2. Les désinences d'imparfait 1s -*oie*, 2s -*ois*, 3s -*oit*, 3p -*oient*, régulièrement issues de -ē(b)am, -ē(b)as, -ē(b)at, -ē(b)ant, sont passées à ɛ (65b) : frm 1s -*ais*, 2s -*ais*, 3s -*ait*, 3p -*aient* et ont été généralisées à tous les verbes.
3. Les infinitifs en -*oir* reposent régulièrement sur des infinitifs en -ēre : habēre > *aveir*, *avoir* (65a). Mais dans de nombreux cas la forme-source est une réfection de verbes en -'ere : ainsi *saveir*, *savoir* ou *cheeir*, *cheoir* frm *choir* supposent respectivement °sapēre et °cadēre alors que les formes du lc sont cḁdere et sḁpere. La mutation inverse se constate aussi : *tondre* ou *mordre* supposent °tond(e)re et °mord(e)re respectivement alors que les formes du lc sont tondēre et mordēre. La finale -i̥re s'est encore parfois substituée à lc -ēre : ainsi *tenir* suppose °teni̥re pour

> lc tenēre. Les formes du lc *velle* 'vouloir' et *posse* 'pouvoir' ont été remplacées par des formes refaites °volēre et °potēre qui ont abouti à *voleir, voloir, vouloir* et *poeir, pooir, pouoir* d'où, avec l'émergence d'un v épenthétique, *pouvoir*.

164 Effet Bartsch-Mussafia sur ẹ

L'effet Bartsch-Mussafia ↗151 élève à i le premier membre de la diphtongue ei issue de ẹ d'où ii qui passe en afr à i qui se maintient jusqu'au frm.

(66) ẹ + effet Bartsch-Mussafia

a.	lat	afr	frm	b.	lat	afr	frm
#ts	cēra	*cire*		Cts	mercēde	*merci*	
	cæpa (cēpa)	*cive*		jʤ	placēre	*plaisir*	
js	Parīsiē(n)se	*Parisis*			licēre	*leisir, loisir*	*loisir* n.

165 ẹ suivi de nasale

La diphtongue ei issue de ẹ, suivie de m, n intervocalique est au 11ᵉ siècle nasalisée en ẽĩ et en reste à ce stade : sauf dans quelques mots Rq1, l'évolution en oi de la diphtongue orale ei ↗163 n'a pas lieu dans le cas de la diphtongue nasale.

L'évolution de ẽĩ se confond ensuite avec celle de ẽĩ < a + N ↗158 et amène les mêmes alternances -ɛ̃# (67a) / -ɛNə (67b) : *plein* [plɛ̃] / *pleine* [plɛnə].

(67) ẹ + m, n

	lat	afr	frm	lat	afr	frm	lat	afr	frm
a. ɛ̃#	plēnu	*plein*		Rēmis	*Reims*		sinu	*sein*	
	frēnu	*frein*		sērēnu	*serein*		terrēnu	*terrein*	*terrain*
b. ɛNə#	plēna	*pleine*		°pēna	*peine*		vēna	*veine*	
	catēna	*chaeine*	*chaîne*	strēna	*estreine*	*étrenne*	°vervēna	*verveine*	

> **Remarque**
> 1. Dans quelques formes, des aboutissements -wɛ̃# / -wanə qui supposent un passage de ẽĩ à õĩ, peut-être d'origine dialectale, se sont imposés : ainsi fēnu > *fein, foin* frm *foin*, avēna > *aveine, avoine* frm *avoine*.

11.5 ɔ

166 Evolution générale de ɔ

ɔ tonique (< lc o̩) en syllabe ouverte passe à uɔ au 4ᵉ siècle. Cette diphtongaison spontanée constitue avec celle, un peu antérieure, de ɛ < lc ẹ en iɛ ↗160, la *diphtongaison romane* ↗146.

La diphtongue u‿ɔ, dont la graphie normale est <ue> en afr, sera, au terme d'une évolution qui reste peu claire ↗62, monophtonguée au 13ᵉ siècle en œ qui s'est maintenu jusqu'au frm, *modulo* la Loi de position ↗319 : œ devant consonne finale prononcée (*cœur* [kœʁ]) et devant consonne suivie de ə final (*preuve* [pχœvə]) mais ø en finale (°p̫ot(e)t 3s > *(il) peut* [pø]).

(68) ɔ tonique en syllabe ouverte

lat	afr	frm	lat	afr	frm	lat	afr	frm
c̫or	cuer	cœur	b̫ove	buef	bœuf	n̫ovu	nuef	neuf adj.
̫op(e)ra	uevre	œuvre	pr̫oba	prueve	preuve	n̫ovem	nuef	neuf num.
°p̫ot(e)t 3s	puet	(il) peut	m̫ovet	muet	(il) meut	m̫ola	muele	meule

Remarques
1. Devant labiale, lc ō,u s'est ouvert en lt en ɔ ↗149-1° : lc c̫olubra > lt °col̫ɔbra (§80.1) > *colueve* frm *couleuvre*, lc ōvu > °ɔvu > *uef* frm *œuf*, lc ju̫vene > °jɔ̫vene > *juene* frm *jeune*, lc m̫ōbile > °m̫ɔbile > *mueble* frm *meuble*.
2. Une forme d̫olus apparaît en latin tardif à côté de d̫olor avec le même sens de 'douleur' et elle aboutit régulièrement à afr *duel* 'deuil'. Une forme *deuil* se substitue ensuite en mfr à *duel* et demeure jusqu'au frm. Cette forme est probablement analogique : sur *seuil*, *treuil*, etc. ou bien *œil* / *yeux* : le CRp d̫ol(o)s aboutit en effet à °d̫uews, d'où afr *dieus* par dissimilation, comme CRp ̫ocul(o)s aboutit à afr *i̫eus* frm *yeux* ; le singulier *duel* passe alors, sur le modèle de *œil*, à *deuil*, le pluriel *deuils* remplaçant enfin afr *dieus*.

167 ɔ suivi de nasale

Pour ɔ tonique en syllabe ouverte suivi de nasale intervocalique, on attend la diphtongaison de la voyelle puis sa nasalisation. De fait, les formes avec diphtongaison sont bien attestées : b̫onu / -a > *buona* (Eul. 1), *buen* / *buene* frm *bon* / *bonne*, c̫omes > CSs *cuens* 'comte', h̫omo > CSs *(h)uem* 'homme'.

Mais ces formes ont été éliminées laissant place à des formes avec ɔ̃ en finale de mot : *bon* [bɔ̃] < b̫onu et ɔ par suite de dénasalisation lorsque la nasale demeure intervocalique devant ə final : *bonne* [bɔnə] < b̫ona.

168 ɔ en hiatus avec u final

Dans un petit nombre de mots, ɔ a été placé en hiatus avec u# par suite de la chute d'une vélaire intervocalique ↗262 : ainsi dans c̫ocu (lc c̫oquu), f̫ocu, j̫ocu et l̫ocu. Cet hiatus o.u se constitue en diphtongue o̫u, qui se confond avec o̫u issu de la diphtongaison spontanée de lc ō, u ↗169, dont elle suit la trajectoire et ainsi aboutit à ø : *queux*, *feu*, *jeu* et *lieu* respectivement.

On note l'absence complète de graphies afr <ue> pour les mots en question (c̫ocu, f̫ocu, j̫ocu, l̫ocu). La graphie <ue> notant la diphtongaison spontanée de lc ̫o en syllabe ouverte ↗166, son absence indique que cette diphtongaison n'a jamais eu lieu ici. C'est donc que la diphtongue de coalescence o̫u était déjà formée lorsque la diphtongaison spontanée de lc o̞ a débuté son action. Par conséquent ou < o.u n'a pas été affecté par cette diphtongaison, et a suivi la trajectoire régulière de ou issu de lc ō, u ↗169.

11.6 o

169 Evolution générale de o

o tonique (< lc ō, u) en syllabe ouverte se diphtongue en ou au 6ᵉ siècle. Cette diphtongaison spontanée constitue, avec celles de e (< lc ē, i) en ei ↗163 et de a (< lc a, ā) en æɛ ↗156, la *diphtongaison française* ↗146.

La diphtongue ou, souvent écrite <o>, est monophtonguée en ø au 13ᵉ siècle, rejoignant ainsi ø issu de la diphtongue de coalescence eu < ew provenant de e en syllabe fermée par l (capill(ō)s Apl > *cheveus* frm *cheveux*). Ceci incline à supposer un passage de ou à eu (différenciation) puis de eu à øu par assimilation partielle, d'où ø à la faveur de la monophtongaison (alternant avec œ selon la Loi de position ↗319).

(69)   o tonique en syllabe ouverte

lat	afr	frm	lat	afr	frm
dolōre	dolour, douleur	douleur	hōra	ore, oure, eure	heure
seniōre	seignor, seignour, seigneur	seigneur	flōre	flour, fleur	fleur
nepōte	nevud, nevo, neveu	neveu	nōdu	no, noud, neu	nœud
gula	gole, goule, gueule	gueule	duos	deus	deux
cōda	coe, queue	queue			

Remarques
1. Devant labiale, la diphtongue ou < o aboutit à u ↗149-2° : cubat 3s > *couve* frm *(elle) couve*, lupa > *louve*, Lupara > *Louvre*. Au cas où la labiale disparaît, ou passe régulièrement à eu : lupu > *leu* conservé en frm dans *à la queue leu leu*.
2. Le suffixe nominal frm *-eur* repose sur *-ōre* : calōre > *chaleur*, dolōre > *douleur*, odōre > *oudeur* frm *odeur*, valōre > *valeur*, cantātōre > *chanteor, chanteur*, le suffixe adjectival frm *-eux* sur *-ōsu* : pērīc(u)lōsu > *perillous, perilleux* frm *périlleux*, otiōsu > *oiseus* frm *oiseux*. Les aboutissements *-our* (amōre > frm *amour*) et *-oux* (zēlōsu gr. ζῆλος > frm *jaloux*, spō(n)su frm > *époux*) sont soit d'origine dialectale (*amour, jaloux*) soit analogiques (*époux* sur spo(n)sāre > *espouser* frm *épouser*).
3. Le maintien sous la forme de schwa du e prétonique dans imperatōre > *empereor, empereour, empereur* frm *empereur* est irrégulier, et le mot ainsi demi-savant. Voir le détail au §35.

170 o suivi de nasale

On attendrait pour o tonique (< lc ō, u) suivi de m ou n intervocalique une nasalisation de la diphtongue ou normalement issue de cette voyelle au 6ᵉ siècle, soit õũ. Mais les graphies ne montrent pas cette diphtongue.

A terme, l'aboutissement est õ, qui s'ouvrant au 13ᵉ siècle, rejoint ɔ̃ issu de ɔ suivi de N ↗167. Devenue finale de mot, la voyelle conserve sa nasalité (70a), mais est dénasalisée lorsque la consonne nasale, suivie de ə#, demeure (70b).

(70)   ɔ + m, n

	lat	afr	frm	lat	afr	frm
a. ɔ̃#	cantiōne	*chançon*	*chanson*	nōmen	*non, nom*	*nom*
	mansiōne	*maison*		ratiōne	*raison*	
b. ɔNə#	corōna	*corone*	*couronne*	persōna	*persone*	*personne*
	pōma	*pome*	*pomme*			

Remarque

1. Le suffixe -ōne aboutit régulièrement à -*on* : ratiōne > *raison*, ma(n)siōne > *maison*, °barōne (°baro g) > *baron*, carbōne > *charbon*, falcōne > *faucon*, pulmōne > *poumon*, mentōne > *menton*, sāpōne > *savon*.

11.7 i

171 Évolution générale de i

i tonique (< lc ī) en syllabe ouverte se maintient sans changement jusqu'au frm.

(71)   i tonique en syllabe ouverte

lat	afr	frm	lat	afr	frm	lat	afr	frm
audīre	*ouir*	*ouïr*	venīre	*venir*		rīpa	*rive*	
mīca	*mie*		marītu	*mari*		vīta	*vie*	
amīcu	*ami*		lībra	*livre* (poids)		īra	*ire*	

Remarques

1. La finale -īre des infinitifs de la 4ᵉ conjugaison latine aboutit régulièrement à -*ir* : venīre > *venir*, sentīre > *sentir*, partīre > *partir*, mūnīre > *munir*, finīre > *fenir, finir* frm *finir*. Les verbes germaniques en -*jan* ont été adaptés en -īre d'où -*ir* : °furbjan > *forbir, fourbir*, °hatjan > *hair* frm *haïr*, °raustjan > *rostir* frm *rôtir*, °sazjan > *saisir*, °warnjan > *garnir*. L'analogie a aussi imposé cette finale dans certains verbes : currere > *courre* refait en *courir*, quaerere > *querre* en *quérir*.
2. La finale -īvu / -īva aboutit régulièrement à -*if* / -*ive* : vīvu / -a > *vif* / *vive*, °cactīvu lc captīvu / -a > *chaitif* / -*ve* frm *chétif* / -*ive*.

---

172 i suivi de nasale

i suivi de m ou n intervocalique est à la fin de l'afr nasalisé en ĩ, qui s'ouvre en ẽ en mfr mais se maintient chez les lettrés, et se dénasalise en i à partir de la fin du 15ᵉ siècle ↗315 devant nasale demeurée intervocalique devant ə final (72b) : farīna >

farine. Devenue finale de mot, la nasale tombe et ĩ, qui s'ouvre en ẽ, se maintient : fīne > *fin* [fẽ] (72a).

(72)   i + m, n

	lat	afr	frm	lat	afr	frm	lat	afr	frm
b. ẽ#	°camīnu vīnu	*chemin* *vin*		fīne	*fin*	*fin*	līnu	*lin*	
a. iNə#	farīna	*farine*		līma	*lime*		°pectorīna	*poitrine*	

11.8 u

173 Evolution générale de u

u (< lt ū) passe à y au terme d'une évolution non conditionnée ↗145-3° et y tonique en syllabe ouverte se maintient jusqu'en frm.

(73)   u tonique en syllabe ouverte

lat	afr	frm	lat	afr	frm	lat	afr	frm
virtūte	*vertu*		cūpa	*cuve*		crūdu	*cru*	
scūtu	*escu*	*écu*	lactūca	*laitue*		nūdu	*nu*	
sēcūru	*seür*	*sûr*	cūlu	*cul*		glūte	*glu*	
mūru	*mur*		mūla	*mule*		mātūru	*meur*	*mûr*

Remarques
1. ə initial, provenant de a ou de e, en hiatus avec y, disparaît régulièrement : °sapūtu > *seu* frm *su*, °cadūtu > *cheu* frm *chu*, mātūru > *meur* frm *mûr*, sēcūru > *seür* frm *sûr* ; de même ə < a prétonique : armātūra > *armeure* frm *armure*. Mais dans °fātūtu > *feu* [fəy] frm *feu* [fø] 'défunt', °agūru lc auguriu > *eur* [əyr] frm *heur*, la fusion des deux voyelles aboutit à ø.
2. Les participes en y sont nombreux en afr et ils se sont pour la plupart maintenus en frm : *beu* frm *bu*, *deu* frm *dû*, *veu* frm *vu*, *eu*, *fondu*, *paru*, *rompu*, *tendu*, *valu*, etc. Mais ils procèdent souvent de réfections datant du lt. Seuls quelques-uns d'entre eux continuent un participe lc en -ūtu : co(n)sūtu > *cousu*, solūtu > *solu* (*cf.* frm *résolu*, *absolu*), °futtūtu > *foutu*, imbūtu > *embu* ou en -ūsu : conclūsu > *conclus* frm *conclu*, aussi confūsu > *confus* devenu adj.
3. y en hiatus avec i# final amène une diphtongue yi qui par consonification du premier membre aboutit à ųi : °alterųi > *autrui*, pf °fųi 1s (lc fui) > *fui* (frm *(je) fus* anal.).

---

174 u suivi de nasale

Suivi de m ou n intervocalique, y est nasalisé au 10ᵉ ou 11ᵉ siècle en ỹ qui s'ouvre en œ̃ à partir du 13ᵉ siècle – ỹ se maintenant toutefois longtemps parmi les lettrés ↗315. Ensuite, lorsque la chute de la voyelle finale place la nasale en finale de mot, celle-ci tombe mais la voyelle tonique demeure nasale (74a) ; si la nasale demeure intervocalique devant ə final, sa nasalité disparaît, et le timbre y s'impose (74b), d'où en frm les alternances -œ̃ / -ynə (*brun* / *brune*).

(74) u + m, n

	lat	afr	frm	lat	afr	frm	lat	afr	frm
a. -œ̃#	°brūnu g	brun	brun	ūnu	un		jējūnu	jeun, jun	(à) jeun
b. -ynə#	°brūna g	brune	brune	ūna	une		plūma	plume	plume
	lūna	lune	lune	fortūna	fortune				

Remarque
1. La finale -ūmen aboutit régulièrement à -un [œ̃] : alūmen > alun, albūmen > aubun 'blanc d'œuf', legūmen > leun (frm légume empr.).

11.9 au

175 Evolution générale de au

La seule diphtongue du lc demeurée en lt, au, passe de manière non conditionnée à æu. Cette antériorisation, liée à celle de a ↗145-1°, est assurée par la palatalisation des vélaires devant la diphtongue (causa > chose ↗287), et doit de ce fait être antérieure au 5ᵉ siècle.

æu, après un retour probable à au, est ensuite l'objet d'une monophtongaison non conditionnée en ɔ ↗145-2°.

En position tonique, ɔ se maintient jusqu'au frm en se fermant en o devant z (chose, il pose) et, erratiquement, dans quelques mots (paupere > pauvre, caumat 3s > (il) chôme).

(75) au tonique en syllabe ouverte

lat	afr	frm	lat	afr	frm	lat	afr	frm
causa	chose		auru	or		alausa	alose	
paupere	povre	pauvre	claudere	clore		clausu	clos	

Remarques
1. Les diphtongues au secondaires qui résultent de la syncope de i dans -av(i)CV- : auca lc avica > oe, oue frm oie (anal. sur oiseau), de la vocalisation en u de w < b (parab(o)la > °paraula > parole ↗272.2), ou de g en coda (sagma > °sauma > somme (bête de)), se comportent comme au primaire.
2. L'effet des nasales étant postérieur à la monophtongaison de au en ɔ, l'évolution de au + N se ramène à celle de ɔ + N ↗167 : caumat 3s > chome frm (il) chôme.

176 au en hiatus avec ə final

ɔ < au en hiatus avec ə# (< a#) se ferme en u au 13ᵉ siècle ↗155. Ces hiatus résultent de la chute de consonnes intervocaliques, mais la date de cette chute est très diverse selon la consonne concernée : la chute de k dans a̱u̱ca est datable du 4ᵉ siècle ↗261, celle de ð (< t,d) dans la̱u̱dat du 10ᵉ ou 11ᵉ seulement ↗260.

(76)   évolution de a̱u̱ tonique en hiatus devant ə#

lat	afr	frm	lat	afr	frm	lat	afr	frm
la̱u̱dat 3s	loe, loue	(il) loue	°na̱u̱da	noe, noue	noue	°ha̱u̱wa g	hoe, houe	houe
°ga̱u̱ta	joue		a̱u̱ca	oe, oue	oie			

Philippe Ségéral

Résumé chapitre 12
Voyelles atones en syllabe ouverte (CV)

Nota : ChNc = changement non conditionné

	prétonique, posttonique, finale				initiale			
lc	a ā	ī i ē e	ū u ō o	au	a ā	ī i ē e	ū u ō o	au
	↓	↓	↓	↓	↓	↓	↓	↓
lt	**a**	**e**	**o**	**au**	**a**	**e**	**o**	**au**
	↓	↓	↓	↓	↓	↓	↓	↓
ChNc				ɔ				ɔ
				↓				↓
	ə	**zéro**	**zéro**	**zéro**	**a**	**ə**	**o > u**	**ɔ**
préton.	sacrāmentu	bon(i)tāte	adj(ū)tāre	habēre	venīre	locāre	aucell(u)
	sairement	bonté	aidier	avoir	venir	loer, louer	oisel
	frm *serment*		frm *aider*			frm *louer*	oiseau
postton.	↗186.2	paup(e)re	auric(u)la ↗191				
		pauvre	oreille				
finale	causa	ben(e)	cæl(u)				
	chose	bien	ciel				
		ə	ə				
TR__		mātre	templu				
		mere	temple				
		frm *mère*					
tʃ,dʒ__#		rīki frk	sapidu				
		riche	sage				
C$_{pal}$__				**e**			
				caballu			
				cheval			
en hiatus				**a.ø > e**			**ɔ.e > o > u**
				pavōre			laudāre
				peor			loer, louer
				frm *peur*			frm louer
				a.y > e			**ɔ.i > o > u**
				mātūru			audīre
				meür			oïr, ouïr
				frm *mûr*			frm *ouïr*

12 Voyelles atones en syllabe ouverte (CV)

12.1 Généralités

177 Syllabe ouverte atone : voyelles qui s'y rencontrent
Les voyelles atones du lc en syllabe ouverte évoluent en lt vers a, e, o et au, selon le schéma ci-dessous.

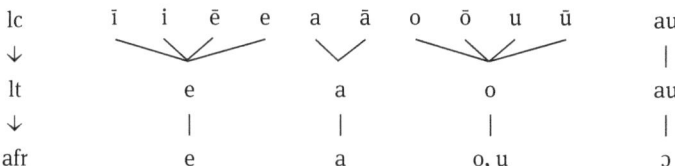

Ces voyelles atones du lt se rencontrent 1° à l'initiale, 2° en prétonique, 3° en posttonique et 4° en finale ↗82.

Remarques
1. Pour les voyelles ī et ū, à côté des aboutissements réguliers ī > e (> ə) (dīvīnu > *devin*) et ū > o (> u <ou>) (nūtrīre > *norrir, nourrir*), il existe des trajectoires ī > i (fīlāre > *filer*) ↗187.1 et ū > u (> y) (dūrāre > *durer*) ↗189.1.
2. Les voyelles atones du lt seront affectées par les changements non conditionnés actifs dans la langue : a > æ ↗157, au > ɔ ↗175, o > u ↗125 (les formes en o et u <ou> coexistent ↗189, d'où les aboutissements o,u dans le tableau).

12.2 Le schwa ə

178 Une nouvelle voyelle
En lt et pfr, apparaît, en syllabe ouverte atone, une voyelle nouvelle, moyenne et centrale : schwa ə (appelée également e muet ou e caduc).

Remarque
1. Schwa est propre à la syllabe ouverte atone : il n'apparaît jamais en position tonique ni en syllabe fermée ↗90-2°.

---

179 schwa issu d'une voyelle
Après le passage lc > lt, les seules voyelles atones que la langue connaît en syllabe ouverte sont lt a, e, o et au ↗177. Elles se centralisent, *i.e.* deviennent schwa, dans les circonstances suivantes.

1°   toutes les voyelles atones sont promises à la centralisation, qui toutefois est inhibée par deux facteurs :
2°   a résiste
la voyelle basse a échappe à la centralisation, en toute position, sauf à l'initiale dans les conditions segmentales suivantes, qui provoquent a > e (> ə, *cf.* 3°) :
- lorsque a initial atone est précédé d'une consonne palatale ↗184
  - cab<u>a</u>llu > *cheval*
- lorsque a initial atone est placé en hiatus ↗185
  - avec ø < ō : pav<u>ō</u>re > *peeur* frm *peur*
  - avec y < ū : mat<u>ū</u>ru > *meur* frm *mûr*
3°   la position initiale (pour a, voir 2°)
  a. empêche la centralisation des voyelles atones postérieures :
     - o > o   sol<u>i</u>c(u)lu > *soleil*
     - au > ɔ   aur<u>i</u>c(u)la > *oreille*
  b. mais permet la centralisation de e (au 11ᵉ siècle seulement, toutefois)
     - e > ə   ven<u>ī</u>re > *venir*

180 schwa issu de rien (épenthétique)

Schwa peut encore être épenthétique, c'est-à-dire procéder de Ø (zéro). Ceci arrive dans les formes latines en T+(e,o)+r,l# lorsque la syncope de la finale crée un groupe TR (attaque branchante ↗18) sans voyelle à sa droite. Ce groupe TR# appelle alors un **schwa dit d'appui.**

Ainsi p<u>i</u>p(e)r > °p<u>i</u>pr > *poivre*. Dans in-s<u>i</u>m(u)l (le préfixe ne compte pas pour le placement de l'accent), le groupe ml# créé par la syncope (> °ins<u>e</u>ml) provoque d'abord l'épenthèse d'un b ↗235 (> °ins<u>e</u>mbl), puis le groupe TR# appelle le schwa d'appui et l'aboutissement est afr *ensamble* frm *ensemble*. Il en va de même pour s<u>e</u>ni(o)r > *sendra* Serm. et m<u>e</u>li(o)r Nsg > *mieldre* CSs frm *meilleur* où le d provient de l'épenthèse régulière ↗235.

Remarque
1. La raison d'être du schwa d'appui est la même que celle qui fait que la syncope ne peut se faire après groupe TR ↗83, 193 : la langue ne tolère pas l'absence de voyelle à droite des groupes TR.

---

181 Chronologie

Parmi les quatre voyelles atones en syllabe ouverte lt a, e, o et au, a résiste plus longtemps à la centralisation (> ə) que les autres, et la position initiale est dans un premier temps épargnée (voir le détail au §192).

1° 3ᵉ-6ᵉ siècle

en toute position sauf à l'initiale, centralisation de toutes les voyelles atones en syllabe ouverte sauf a. Le schwa épenthétique (in-si̱m(u)l > °inse̱mbl >ensamble frm ensemble ↗180) naît également durant cette période.

2° 7ᵉ siècle

en toute position sauf à l'initiale, centralisation de a atone en syllabe ouverte.

3° 11ᵉ siècle

centralisation de e initial.

Pour la commodité de l'exposé, on désignera par **ə¹ le schwa ancien** sous 1°, par opposition au **schwa tardif ə²** sous 2° et 3°.

182 L'hiatus

Après la disparition des hiatus du lc par la consonification de leur premier élément ↗84, l'élimination d'occlusives intervocaliques (labiales ↗259.1, dentales ↗260 et vélaires ↗262) crée un grand nombre de nouveaux hiatus. Ceux-ci peuvent impliquer une voyelle atone et une voyelle tonique (V.V̱ locā̱re > loer frm louer), plus rarement deux voyelles atones (Catala̱unis > Chaelons frm Châlons).

Les hiatus faits d'une voyelle tonique suivie de i,u finaux se résolvent en se constituant en diphtongue de coalescence : V̱.i# °alterū̱i > autrui ↗154, V̱.u# focu > °fou > feu, clā̱(v)u > clou ↗153.

Hors ces cas, les hiatus demeurent stables en afr. A partir du mfr, ils seront pour la plupart progressivement résolus, selon des voies diverses : voir §185 pour a, §187.2 pour e, §189.1 pour o, §191 pour au. Le sort des hiatus impliquant schwa est étudié au §195.

12.3 a

183 a initial

a atone initial en syllabe ouverte se maintient (77).

Toutefois, précédé d'une consonne palatale ↗184 ou en position d'hiatus avec ø,y ↗185, a initial passe à e en pfr, puis comme les autres e initiaux devient schwa ə² au 11ᵉ siècle ↗187.

(77) a atone initial en syllabe ouverte : maintien

lat	afr	frm	lat	afr	frm	lat	afr	frm
habē̱re	avoir		par(abo)lā̱re	parler		valē̱re	valoir	
°sapē̱re	savoir		palā̱tiu	palais		lavā̱re	laver	

> **Remarque**
> 1. Dans quelques mots, a est passé à e (et plus tard au 11ᵉ siècle à schwa tardif ə² ↗187) en l'absence de consonne palatale à sa gauche (souvent des formes en a et en e coexistent) : grānāriu > *grenier*, gravāre > *grever*, farīna > *farine, ferine* frm *farine*, bālāre > *baler, beler* frm *bêler*.

184 a initial précédé de consonne palatale

Précédé d'une consonne palatale, tʃ ou dʒ, a initial atone en syllabe ouverte passe à e en pfr, qui au 11ᵉ siècle aboutit régulièrement à schwa tardif ə² ↗187 : cabạllu > *cheval*.
    Le passage a > e est perturbé par la consonne suivante Rq1.

(78)   a atone initial précédé d'une consonne palatale

lat	afr	frm	lat	afr	frm
caballu	*cheval*		°camīnu	*chemin*	
caballicāre	*chevauchier*	*chevaucher*	canīcula	*chenille*	
capillōs Apl	*cheveus*	*cheveux*	°garofilu	*gerofle*	*girofle*
cadēre	*cheoir*	*choir*	galīna	*geline*	*géline*

> **Remarques**
> 1. Sous l'influence de la consonne suivante, a atone initial précédé d'une consonne palatale peut demeurer. Devant v, m, n, le passage à e > ə² est à peu près général (exemples sous (78)). Au contraire devant l (calōre > *chaleur*), r (°carōnia > *charogne*), s (casālis > *chasel* 'métairie') et ð (< t,d, catēna > *chaeine* frm *chaîne*), le maintien de a est la règle. Cette opposition entre l, r, s, ð d'un côté et v, n, m de l'autre se constate mais n'a pas d'explication claire.
> 2. Le passage de a à e sous l'influence d'une consonne palatale précédente est ordinairement ramené à l'effet Bartsch-Mussafia ↗151. Mais celui-ci ne concerne que des voyelles latines toniques en syllabe ouverte, après leur diphtongaison : il n'affecte pas les voyelles atones, ni celles placées en syllabe fermée. Or a atone initial peut également aboutir à e en syllabe fermée : carne > *char, cher* frm *chair*. Par ailleurs, l'effet Bartsch-Mussafia ne connaît ni variation lexicale (il s'applique à tous les mots) ni influence de la consonne suivante. Il paraît donc prudent de ne pas considérer le passage de a atone initial à e > ə² après consonne palatale comme une instance de l'effet Bartsch-Mussafia.

185 a initial en hiatus

En pfr, a initial placé en hiatus devant ø ou y passe à e, qui au 11ᵉ siècle aboutit régulièrement à schwa tardif ə² ↗187 : a.ø pavōre > *paor, peor* Rol., *peeur* ; a.y mātūru > *meür*. Le schwa est ensuite éliminé à partir du mfr : frm *peur, mûr*.

> **Remarque**
> 1. Les autres hiatus impliquant a initial atone demeurent en afr, puis en mfr sont résolus selon diverses voies :
>   – a.o, a.u : perte de a, °agustu lc augustu > *aost, aoust* frm *août* [ut], satụllu > *saol, saoul* frm *saoul* [su], Sa(u)cọnna > *Saone* frm *Saône* [son].

- a.a, a.ə : fusion des deux voyelles en a, °wadaniā̯re g. > gaaignier frm gagner, batāclā̯re > baaillier frm bâiller, Catalau̯nis > Chaelons frm Châlons.
- a.e̯ : fusion des deux voyelles en ɛ, catē̯na > chaeine frm chaîne.
- a.i̯ : ou bien les deux voyelles fusionnent en ɛ (°hati̯na g °hatjan > haine, rādi̯ce > raiz, rai frm rai- dans raifort), ou bien l'hiatus demeure jusqu'en frm (nāti̯vu > naif frm naïf, °hati̯re g hatjan > haïr.
- a.i̯e̯ : a initial et i fusionnent en ɛ, puis ɛɛ > ɛ, cathe̯dra > chaiere frm chaire (et chaise).

186 a prétonique, final et posttonique

En position prétonique (79a) et en finale (79b), a atone en syllabe ouverte passe à schwa tardif ə², qui demeure en afr.

En position posttonique (79c), il est absent en afr (supposant donc un passage à schwa ancien ə¹ qui ensuite est syncopé ↗192), mais on peut douter que la voyelle posttonique des étymons en question fût a Rq2.

(79)   a atone prétonique et final en syllabe ouverte

	lat	afr	frm	lat	afr	frm
a. préton.	sacrāme̯ntu	sairement	serment	imperatō̯re	empereor	empereur
	caball(i)cā̯re	chevalchier	chevaucher	Alama̯nnia	Alemagne	Allemagne
b. final	fa̯cta	faite		cau̯sa	chose	
	mi̯ca	mie		stē̯lla	estoile	étoile
c. postton.	co̯laphu	colp	coup	Ste̯phanu	Estienne	Etienne
	ga̯bata	jate	jatte	ci̯thara	citre	cithare

Remarques
1. La chute de a prétonique dans mīr(ā)bi̯lia > merveille et par(a)b(o)lā̯re > parler est irrégulière (le résultat attendu est *mereveille et *parauler).
2. Il y a des raisons de penser que les formes dont la graphie latine attestée porte un a posttonique ne sont pas à l'origine de l'évolution ayant produit l'aboutissement afr. Un processus actif en latin, l'**apophonie interne**, élève les voyelles brèves en syllabe intérieure (i.e. non initiale et non finale). En syllabe ouverte, la fermeture aboutit à i ou u (fa̯cio - confi̯cio), à e devant r (da̯re - redde̯re), et en syllabe fermée, pareillement à e (fa̯ctus > confe̯ctus). Or l'apophonie interne s'applique régulièrement à a posttonique, qui est une voyelle interne. Cela est surtout visible dans les emprunts : gr καμάρα 'voûte' > ca̯mera. Pour des raisons variables (Niedermann 1991 : §19), le latin a pu conserver la graphie <a> pour ces voyelles posttoniques qui, ayant subi l'apophonie interne, se prononçaient autrement.

On en a la certitude pour des cas comme a̯lacre > (h)aliegre frm allègre où la diphtongue i̯e̯ ne peut provenir que n'un e̯ bref tonique, donc de °ale̯cre, non attesté (pour le changement d'accent, voir §80.1). De même lorsque les formes avec e/i posttonique sont attestées : tardivement pour gr κιθάρα > ci̯tera (Appendix Probi 23 cithara non citera) > citre frm cithare, gr κόλαφος > co̯laphus > colebus (8ᵉ siècle, Formulae Andegavenses) > colp frm coup ou ga̯bata > gabida (attesté) > jate frm jatte. En latin même, des formes en e/i cohabitent souvent avec des formes en a (gr καμάρα 'voûte' > camera, ca̯mara, Cae̯seris et Ca̯esaris, a̯nite et a̯nate 'canard', a̯libru et a̯labru 'dévidoir', tā̯litru et tā̯latru 'chiquenaude').

12.4 e

187 e initial

En position initiale, e reste stable jusqu'au 11ᵉ siècle, date à laquelle il passe à schwa tardif ə².

(80) e atone initial en syllabe ouverte

lat	afr	frm	lat	afr	frm	lat	afr	frm
dēbēre	*devoir*		dēbēbat 3 imp	*devoit*	*devait*	nepōte	*neveu*	
sēcūru	*seür*	*sûr*	prīmāriu	*premier*		dīvinu	*devin*	
venīre	*venir*		fenestra	*fenestre*	*fenêtre*	tenēre	*tenir*	

> **Remarques**
> 1. Il a été mentionné au §177.1 qu'il existe des cas où ī initial atone aboutit à i, plutôt qu'à e. Ainsi, s'agissant des verbes, fīlāre > *filer*, līberāre > *livrer*, prīvāre > *priver*, līmāre > *limer*, mīrāre lc mīrāri > *mirer*. Les noms sont représentés par cīvitāte > *cité*, rīpāria > *riviere* frm *rivière*, tīmōne > *timon*, hībernu > *(h)iver* frm *hiver*.
>   Ces aboutissements peuvent être mis sur le compte de l'analogie. Pour les verbes, à partir des formes conjuguées (où le ī initial est tonique et produit i de droit) : fīlat 3s > *(il) file* a pu contaminer l'infinitif fīlāre > *filer*. Pour les noms, l'analogie peut procéder du CSs : ainsi tīmōne > *timon* à partir du CSs tīmo où le ī initial est tonique.
>   Dans certains cas, on voit l'analogie à l'œuvre durant l'afr : finīre > *fenir* qui ensuite a cédé à afr *finir*.
> 2. D'abord stable en afr, ə² en hiatus disparaît à partir du mfr : sēcūru > *seür* frm *sûr*, vidēre > *veoir* frm *voir*, cadēre > *cheoir* frm *choir*.

188 e prétonique, posttonique et final

e atone prétonique, posttonique et final en syllabe ouverte passe à schwa ancien ə¹ à partir du 3ᵉ siècle. En proie à la syncope ↗192, ce ə¹ disparaît (> Ø) ensuite (81). La syncope intervient avant l'apparition de schwa tardif ə² issu de a ↗181, 192.

Mais ə¹ se maintient lorsqu'il est précédé de certains groupes consonantiques : ces cas sont étudiés aux §§193 *sq.*

(81) e atone prétonique, posttonique et final en syllabe ouverte

	lat	afr	frm	lat	afr	frm
a. préton.	bon(i)tāte	*bonté*		mal(i)fatiu	*mauvais*	
	cīv(i)tāte	*cité*		sim(i)lāre	*sembler*	
	hosp(i)tāle	*(h)ostel*	*hôtel*	plēn(i)tāte	*plenté*	'plénitude'
	°blast(ē)māre	*blasmer*	*blâmer*	dorm(ī)tōriu	*dortoir*	

(81)   e atone prétonique, posttonique et final en syllabe ouverte

b. postton.	crēd(e)re	croire			com(i)te	conte	comte
	paup(e)re	pauvre			fēm(i)na	feme	femme
	op(e)ra	uevre	œuvre		cal(i)du	chaut	chaud
	cam(e)ra	chambre			plac(i)tu	plait	plaid
c. final	cōnsiliār(ī)	conseillier	conseiller		seniōr(e)	seigneur	
	hosp(i)tāl(e)	(h)ostel	hôtel		cantiōn(e)	chançon	chanson
	jūrār(e)	jurer			ben(e)	bien	
	locār(e)	loer	louer		nāv(e)	nef	

Remarque
1. Le maintien de e prétonique dans imperatōre > *empereor* frm *empereur* et imperātor Nsg > *emperere* frm *empereur* est irrégulier ↗35.

12.5 o

189   o initial

En position initiale, o atone en syllabe ouverte se maintient, puis au 12ᵉ siècle passe à u <ou> au terme d'un changement non conditionné ↗125. La norme contrarie cette évolution, qu'elle combat en tant qu'ouisme, et le résultat au 17ᵉ siècle est lexicalement erratique (urtīca > *ortie* > 12ᵉ *ourtie* > 17ᵉ, frm *ortie* vs dolōre > *dolor* > 12ᵉ *douleur*) ↗323. Le tableau sous (82) mentionne pour l'afr seulement l'étape o.

(82)   o atone initial en syllabe ouverte

lat	afr	frm	lat	afr	frm	lat	afr	frm
locāre	loer	louer	solic(u)lu		soleil	cōlāre	coler	couler
dolōre	dolor	douleur	bon(i)tāte		bonté	cubāre	cover	couver
°volēre	voloir	vouloir	°potēre		pooir pouvoir	nūtrīre	norrir	nourrir

Remarques
1. Il a été mentionné au §177.1 qu'il existe des cas où ū initial atone aboutit à u > y, plutôt qu'à o. Ainsi jūrāre > *jurer*, dūrāre > *durer*, ūsāre lc ūti > *user*, °fūnāmen > *funain* frm *funin*. Comme pour ī > i ↗187.1, on peut penser que ces formes procèdent de processus analogiques : ainsi le y provenant de droit du ū tonique de fūnu > *fun* 'corde' a pu contaminer °fūnāmen > *funain* frm *funin* (proximité sémantique).
2. o initial atone (> u <ou>) en hiatus
   – o.e se maintient jusqu'en frm : locāre > *loer* frm *louer* 'mettre en location', jocāre lc jocāri > *joer* frm *jouer*, nōdāre > *noer* frm *nouer*, rotāre > *roer* frm *rouer*, votāre > *voer* frm *vouer*.
   – o.ei > o.oi : °potēre > afr *poeir* > afr *pooir* développe un v épenthétique au sein de la séquence o-o, produisant afr *povoir* (afr *poveir* ne semble pas attesté) frm *pouvoir*.

> 3. o atone initial suivi de o̲,u̲ dans la syllabe suivante devient souvent e (dissimilation), qui ensuite aboutit à schwa tardif ə² ↗187 : corō̲na > corone, querone frm couronne, °conu̲c(u)la > conoille, quenoille frm quenouille.

190 o prétonique, posttonique et final

o atone prétonique, posttonique et final en syllabe ouverte passe à schwa ancien ə¹ à partir du 3ᵉ siècle. En proie à la syncope, ce ə¹ disparaît (> Ø) ensuite (83). La syncope intervient avant l'apparition de schwa tardif ə² issu de a ↗181, 192.

Mais ə¹ se maintient lorsqu'il est précédé de certains groupes consonantiques : ces cas sont étudiés aux §§193 sq.

(83)   o atone prétonique, posttonique et final en syllabe ouverte

	lat	afr	frm	lat	afr	frm
a. préton.	mand(ū)cā̲re	mangier	manger	coll(o)cā̲re	couchier	coucher
	sim(u)la̲nte	semblant		adj(ū)tā̲re	aidier	aider
	comp(u)tā̲re	conter	conter, compter	par(a)b(o)lā̲re	parler	
b. postton.	soli̲c(u)lu	soleil		ve̲t(u)lu	vieil	
	auri̲c(u)la	oreille		a̲nc(o)ra	ancre	
	o̲c(u)lu	ueil	œil	fā̲b(u)la	fable	
c. final	cā̲r(u)	chier	cher	cæ̲l(u)	ciel	
	aucell(u)	oisel	oiseau	diu̲rn(u)	jorn	jour
	ni̲gr(u)	noir		o̲ct(ō)	huit	

12.6 au

191 au initial atone est monophtongué en ɔ (changement non conditionné intervenu à la fin du 5ᵉ siècle ↗145-2°). Le ɔ issu de au se maintient ensuite (84a), sauf lorsqu'il est placé en hiatus, auquel cas il passe à u <ou> encore en afr (84b) (tout comme au tonique en syllabe ouverte en hiatus ↗176 : la̲udat 3s > loe, louer frm (il) loue). Le tableau (84b) mentionne seulement les formes en afr o, mais qui cohabitent avec des formes en afr u <ou>, que connaîtra le frm.

Dans les autres positions atones (prétonique, posttonique, finale), les exemples clairs de au sont très peu nombreux et ne demandent pas à être étudiés ici.

(84)   au atone initial

	lat	afr	frm	lat	afr	frm
a. au hors hiatus	auric(u)la	oreille		caumāre	chomer	chômer
	aucell(u)	oisel	oiseau	pausāre		poser
b. au en hiatus	laudāre	loer	louer	gaudīre	joïr	jouir
	audīre	oïr	ouïr	°ex-blaudīre	esbloïr	éblouir

12.7 schwa

192 Sort général de schwa ancien ə^1 et schwa tardif ə^2

La syncope (suppression d'une voyelle) ne touche jamais les voyelles pleines : seul schwa est syncopé. L'effet de la position atone (en syllabe ouverte) est donc la **désignation des voyelles promises à la syncope par leur réduction à schwa**. Ensuite un processus indépendant, la syncope, élimine schwa en tant que voyelle centrale (faible) : ce processus ne fait pas référence à l'atonicité des voyelles qu'il fait disparaître, mais seulement à leur qualité centrale.

Le processus éliminant schwa, la syncope, est actif entre le 3e et le 6e siècle, puis s'éteint. Ainsi tous les schwas présents durant cette période, soit schwa ancien ə^1 seulement, sont éliminés (sauf cas étudiés aux §§193 *sq.*). a atone en syllabe ouverte ne se centralisera qu'à partir du 7e siècle (lorsque la syncope est déjà inactive), donnant naissance à schwa tardif ə^2. Par conséquent, a atone devenu ə^2 échappe à la syncope et apparaît en afr tel quel.

On retiendra donc :

1° schwa ancien ə^1
    disparition (syncope) en toute circonstance, sauf cas étudiés aux §§193 *sq.*
2° schwa tardif ə^2
    maintien en toute circonstance, présence en afr.

La naissance et l'évolution des deux schwas est représentée sous (85). Le tableau précise la chronologie de la centralisation en fonction du timbre de la voyelle (a résiste plus longtemps) et de la position (l'initiale résiste jusqu'au 11e siècle et alors seul e y est centralisé) ↗179.

Il convient de concevoir la centralisation comme un processus non pas ponctuel, mais qui a pesé de manière constante sur les voyelles atones en syllabe ouverte entre le 3e et le 11e siècle. Ensuite les voyelles atones ont résisté plus ou moins en fonction de leur timbre et de leur position – mais toutes étaient promises à la centralisation. La syncope, quant à elle, a été active plus ponctuellement entre le 3e et le 6e siècle seulement, et son enchevêtrement avec la chronologie de la centralisation produit l'état de l'afr.

(85) naissance et évolution des deux schwas

			initiale		ailleurs	
processus			e	a, o, ɔ (<au)	a	e, o, ɔ (< au)
centralisation	–	3ᵉ-6ᵉ siècle	e	a, o, ɔ	a	ə¹
↓	syncope		–	–	–	zéro
	–	7ᵉ siècle	–	–	ə²	–
	–	11ᵉ siècle	ə²	–	–	–
aboutissement		12ᵉ siècle	schwa	a, o, ɔ	schwa	zéro

Remarques
1. La voyelle initiale manque de façon erratique dans quelques mots où son absence crée un groupe #TR : d(i)r<u>e</u>ctu > *droit*, °direti<u>ā</u>re > *drecier* frm *dresser*, qu(i)rit<u>ā</u>re > *crier*, °c(o)rrot(u)l<u>ā</u>re > *croler* frm *crouler*. D'autres langues romanes répondent par la même absence de l'initiale (prov. *dreit, cridar, crotlar*, cat. *dret, cridar*, roum. *drept*, esp. et port. *grilar*, it. *dritto, gridare, crollare*), ce qui indique que la perte a eu lieu à un stade commun, *i.e.* en lt, et que le pfr n'a jamais connu de voyelle ici. Cela est confirmé par l'absence de graphies la présentant.
2. A partir du 12ᵉ siècle, schwa tardif ə² commence à chuter dans des mots qui, à la différence de ceux étudiés à la Rq1, sont dans un premier temps attestés en afr avec schwa : °vēr<u>a</u>cu > afr *verai* > afr *vrai* (initiale), °dōn<u>ā</u>r-at 3s fut > afr *donera* > afr *donra* frm *donnera*, alab<u>a</u>stru > afr *alebastre* > afr *aubastre* frm *albâtre*, °dēn<u>ā</u>r<u>ā</u>ta > afr *deneree* > afr *denree* frm *denrée* (prétonique). La possibilité d'omettre ou de réaliser le schwa caractérisera ensuite la langue à travers tous les stades évolutifs jusqu'à nos jours (*la semaine / la s'maine*).

193 Maintien du schwa ancien ə¹ et du schwa épenthétique après groupe TR

Le schwa ancien ə¹ est en proie à la syncope ↗192, mais sa disparition est empêchée lorsqu'il est précédé d'un groupe TR (attaque branchante ↗18), dont on dit qu'il requiert **l'appui d'un schwa**. Le cas se présente en prétonique (86a) et en finale (86b).

Il en va de même pour schwa épenthétique ↗180, qui est créé *ex nihilo* précisément pour appuyer un groupe TR final (86c).

(86) schwa ancien ə¹ (< e, o, au) maintenu après groupe TR

	lat	afr	frm	lat	afr	frm
a. ə¹ prétonique	°quadrif<u>u</u>rcu	*carrefor*	*carrefour*	petros<u>ī</u>liu	*perresil*	*persil*
	nūtr<u>ī</u>mentu	*norrement*	'nourriture'	latrōc<u>i</u>niu	*larrecin*	*larcin*
b. ə¹ final	p<u>au</u>p(e)re	*povre*	*pauvre*	p<u>a</u>tre	*père*	*père*
	m<u>a</u>tre	*mere*	*mère*	fr<u>a</u>tre	*frere*	*frère*
	cr<u>ē</u>d(e)re	*croire*		t<u>e</u>mplu	*temple*	
c. schwa épenth.	m<u>e</u>li(o)r Nsg	*mieldre* CSs *meilleur*		p<u>i</u>p(e)r	*poivre*	
	s<u>e</u>ni(o)r	*sire* ↗228.2		ins<u>i</u>m(u)l	*ensamble*	*ensemble*

194 Maintien du schwa ancien ə¹ en position finale

En dehors des cas dont fait état le §193, schwa ancien ə¹ en position finale est encore empêché de s'amuïr dans trois contextes : lorsqu'il est

    1°   précédé des affriquées ʧ, ʤ (87a) ;
    2°   précédé d'un groupe CCC (87b) ;
    3°   précédé de groupes C.C hétérosyllabiques qui étaient absents en latin (87c) Rq1.

(87) position finale : schwa ancien ə¹ (< e, o, au) maintenu dans trois contextes

	lat	afr	frm	lat	afr	frm
a. ʧ,ʤ + ə¹	rubeu	rouge		riki frk	riche	
	sapidu	sage		simiu	singe	
b. CCC+ə¹	carp(i)nu	charme	(arbre)	galb(i)nu	jalne	jaune
	hosp(i)te	oste	hôte	°und(e)ce	onze	
c. C.C + ə¹	com(i)te	conte	comte	tep(i)du	tiede	tiède
	as(i)nu	asne	âne	alnu	aune	aulne

Remarque

1. L'influence des groupes hétérosyllabiques C.C sur le sort de schwa ancien ə¹, sous 3°, est une question épineuse qui a occupé les esprits depuis le 19ᵉ siècle sans avoir été entièrement résolue : voir le résumé dans la GGHF §§256, 259. Les groupes C.C qui autorisent la syncope de ə¹ final semblent être ceux qui étaient déjà présents en latin, alors que ceux qui empêchent sa chute y sont inconnus.

---

195 schwa en hiatus

A partir du mfr, schwa en hiatus sera progressivement éliminé ↗313.

Le cas où schwa se trouve en hiatus avec une voyelle tonique suivante est illustré sous (88a) avec une voyelle tonique précédente sous (88b), et avec une voyelle atone précédente, sous (88c).

(88) schwa en hiatus : évolution à partir du mfr

	lat	afr	frm	lat	afr	frm
a. ə.V̄	vidēre	veoir	voir	cadēre	cheoir	choir
	sēcūru	seür	sûr	pēduculu	peouil	pou
b. V̄.ə	laudat 3s	loue [luə]	loue [lu]	nūda	nue [nyə]	nue [ny]
	nata	nee	née [ne]			
c. V.ə	°catalectu	chaelit	châlit	Catalaunis	Chaelons	Châlons

Philippe Ségéral et Tobias Scheer

Partie III : **Consonnes**

13 A retenir

13.1 Inventaire des consonnes lc > afr > frm

196 Inventaire lc > afr

Voici l'inventaire consonantique du latin classique et de l'ancien français, juxtaposés en colonnes adjacentes par lieu d'articulation.

(89) inventaire consonantique du latin classique et de l'ancien français

		labiales		labio-dentales		inter-dentales		dentales		palatales		vélaires	
		lc	afr	lc	afr	lc	afr	lc	afr	lc	afr	lc	afr
occlusives	-vx	p	p					t	t		c	k, kʷ	k
	+vx	b	b					d	d		ɟ	g, gʷ	g
affriquées	-vx								ts		tʃ		
	+vx								dʒ		dʒ		
fricatives	-vx			f	f	θ		s	s		ʃ		
	+vx		β		v	ð		z	z		ʒ		
glides										j	j	w	w
nasales		m	m					n	n	ɲ		ŋ	ŋ
latérales								l	l	ʎ			
vibrantes								r	r				

L'événement majeur, on le voit, est l'apparition de la série complète de consonnes palatales en afr : sauf yod, ces consonnes étaient entièrement absentes en latin. Le tableau mentionne également (en grisé) les occlusives palatales [c,ɟ] créées par les palatalisations mais ensuite devenues affriquées ↗291 ou yod ↗283 encore en pfr, de sorte que l'afr ne les a pas connues.

On note ensuite l'apparition massive de fricatives, issues en pfr de la lénition intervocalique qui spirantise et voise les occlusives ↗257. La fricative bilabiale β (grisée) n'a eu qu'une existence éphémère : elle était déjà devenue v avant le début de l'afr ↗259, qui n'a donc connu que cette dernière (absente en latin). Enfin, la fricative interdentale ð, issue de la même lénition intervocalique, est encore présente dans les textes les plus anciens de l'afr : audīre > afr *audir* [oðir] *St. Lég*. Elle ne s'amuït que vers la fin du 11ᵉ siècle (> *oïr Rol.* frm *ouïr*). Sa version non voisée, θ, est également présente en afr de la même période lorsque ð est dévoisé en position finale ↗256 (amat 3s > afr *aimet* [ɛmeθ] > fin 11ᵉ afr *aime*.

S'agissant de consonnes présentes en latin mais perdues en afr, on mentionnera surtout les labio-vélaires kʷ, gʷ ↗11. On peut également faire état de h latin, absent du tableau parce qu'il s'était déjà amuï en lc dès la République. Le latin continuait à l'écrire, mais n'étant plus prononcé, l'afr ne le note pas (ou guère) : hom(i)ne > *ome*.

La graphie a ensuite restauré le h à partir du 14ᵉ-15ᵉ siècle (sans qu'il ne soit jamais prononcé) : frm *homme* (à quelques très rares exceptions près comme habēre > *avoir*).

Mais l'afr a connu un apport massif de mots à h germanique, qui à la différence du h latin, amuï, est noté dans la graphie : °hatjan frk > *haïr*, °happja frk > *hache*. Ce n'est qu'au début du 13ᵉ siècle que l'on rencontre des graphies sans h germanique, témoignant de son amuïssement : *ardi* au lieu de *hardi* (< °hardjan frk), *ache* au lieu de *hache* (< °happja frk). Malgré son amuïssement phonétique, le h germanique survit jusqu'au frm sous la forme de **h aspiré**, qui donc n'a pas d'existence phonétique mais interdit l'élision (*la hache* et non pas **l'hache*) et la liaison (*les* [le] *haches* et non pas *les **[lez] *haches*).

197 Modifications afr > frm

L'inventaire consonantique n'a pas connu de modifications importantes depuis l'afr. La plus notable en est la **désaffrication**, *i.e.* la perte des affriquées, qui à partir du 13ᵉ siècle perdent leur élément occlusif et ainsi deviennent des fricatives simples (ts > s, dz > z, tʃ > ʃ, dʒ > ʒ).

On rappellera également l'absence de θ,ð en frm, mais qui était déjà consommée au 12ᵉ siècle durant l'afr ↗196.

13.2 Graphie

La correspondance entre les consonnes graphiques et leur phonie respective change relativement peu depuis le latin : <p> se prononce [p], <b> se prononce [b], <t> se prononce [t], etc.

198 <v>

Le graphème <v> fait exception, puisqu'il ne correspond plus à lc [w] mais à [v], par suite de son évolution phonétique en Position Forte ↗223, 232 et intervocalique ↗259 (il a disparu en coda ↗241). La consonne [v] de l'afr peut également provenir d'une obstruante labiale (p,b,f) en position intervocalique ↗216, 218, 259.

199 yod

Le yod latin, noté grâce à i ou j (<iocu>, <jocu>), subit de son côté un renforcement à l'initiale ↗222 et passe à [dʒ] puis [ʒ] (jocu > *jeu*). Le <j> graphique note en afr ces deux prononciations successives. En Position Forte, dj et gj aboutissent au même résultat ↗225 et adoptent la même graphie (diurnu > *jor(n)* frm *jour*, georgiu > *Jorges* frm *Georges*). Il en va de même dans les groupes labiales + yod ↗227 (ser(v)iente > *serjent*, *serjant* frm *sergent*). L'évolution de g latin devant e,i produisant le même résultat ↗204, la graphie <g> est concurrente devant ces voyelles (<geu>, <Georges>, <sergent>).

200 <s>, <z>

D'autres changements phonétiques survenus entre le latin et l'afr ont des conséquences sur les graphèmes <s> et <z>. Par suite du voisement des consonnes intervocaliques, la lettre <s> ne note plus [s] mais [z] dans cette position (c<u>au</u>sa > *chose* [choʒə] ↗258) et continue de représenter [s] ailleurs. La phonie [s] est également rendue par les digraphes <ss> et <sc> ou par <c> devant e,i ↗204, à quoi il faut ajouter dans les éditions modernes le graphème <ç> introduit par les éditeurs lorsque le <c> graphique se prononce [s] et non pas [k] devant a,o,u.

Le <z> graphique, qui était utilisé en latin uniquement dans les mots empruntés, note d'abord en afr l'affriquée ts dont les origines sont diverses : rencontre d'un t,d avec s final (l<u>ae</u>t(u)s Nsg > *liez* frm cf. *chère lie*), palatalisation ↗281 (p<u>a</u>ce > *paiz*), t épenthétique qui s'intercale entre n, ɲ, ʎ et s ↗235 (p<u>u</u>gn(ō)s Apl > *poinz* frm *(les) poings*, m<u>e</u>li(u)s > *mieuz* frm *mieux* ↗108.1) et assibilation tj > tsj ↗226 (ratiōne > *raison, raizon*). A l'intervocalique, le graphème <z> se prononce [ʣ] (<raizon>) puis [z], et il entre sporadiquement en concurrence avec <s>, y compris en l'absence d'une affriquée ancienne (c<u>au</u>sa > *chose* <choze>). En finale de mot, sa position étant très nettement majoritaire, il est utilisé pour noter [ts] puis [s] lorsque [ts] se réduit à [s] au 13ᵉ siècle. Suite à cette réduction, qui fait que <z> note désormais [s] sans que la graphie ne soit modifiée, <z> alterne à nouveau avec <s> graphique. Après une phase où il joue un rôle de diacritique indiquant que la voyelle précédente est [e] tonique et non pas schwa [ə] (il permet par exemple de distinguer <chantes> [ʃãntəs] < c<u>a</u>ntās 2s et <chantez> [ʃãnte] qui peut noter la 2pl (< cant<u>ā</u>t(i)s 2pl) ou le participe passé (< cant<u>ā</u>tu part. perf.), <z> est devenu une variante de <s> employée essentiellement à la deuxième personne du pluriel des verbes.

201 <x>

Le x graphique va suivre un chemin parallèle au <s>, <z>. Employé lui aussi essentiellement en fin de mot, il peut être considéré comme une abréviation de [us] ↗47. Les graphies <chevax> et <chevaus> sont phoniquement équivalentes : [ʃəvaws]. Mais d'une part le l étymologique, prononcé en tant que tel [ɫ] jusqu'au 11ᵉ siècle ↗247, ne disparaît pas totalement des graphies (<chevals>, <chevalx>), d'autre part <x> tend à s'ajouter à <u> graphique (<chevaux>, chevaulx>). Toutes ces graphies notent [ʃəvaws]. Ainsi s'explique que <x> acquière à son tour le statut de variante de <s> dans quelques finales (<aux>, <eaux>, parfois <eux> et <oux>) ou certains mots (par exemple <voix> notant afr *voiz* < v<u>o</u>ce ou <paix> notant afr *paiz* < p<u>a</u>ce, où il représente une consonne étymologique, ts < k ↗281).

202 <n>, <m>

Une autre évolution notable touche les consonnes nasales, qui au 10ᵉ ou 11ᵉ siècle ont nasalisé les voyelles à leur gauche ↗315. A partir du 13ᵉ siècle, n et m sont de plus en plus souvent redoublés dans la graphie en position intervocalique pour noter la nasalité de la voyelle qui précède (<bonne> note [bɔ̃nə] < b<u>o</u>na, <femme> transcrit [fãmə] < fem(i)na). A partir de la fin du 16ᵉ siècle, les consonnes nasales chutent en position finale et préconsonantique ↗250, 315. Elles continuent de s'écrire et font désormais partie de digraphes (<an>, <am, <en>, , <on>, <om>, <in>, <im>, <un>, <um>) ou trigraphes (<ain>, <aim>, <ein> et <oin>) qui notent des voyelles nasales.

203 Palatalisations

En dehors des évolutions *supra*, les grandes modifications graphiques découlent de la palatalisation des consonnes k,g,l,n. Le processus de palatalisation a deux conséquences sur les graphies consonantiques du français. Il conduit dans certains cas à l'introduction dans le système d'une série de digraphes et trigraphes permettant de noter les nouveaux phonèmes présents en français pour lesquels le latin ne connaît pas de graphie ↗51a. Ainsi la graphie <ch> permet de noter [tʃ] issu de la palatalisation gallo-romane de k devant a en Position Forte dans les mots latins (cantāre > *chanter*) et de k devant a,e,i dans les mots germaniques (°breka > *breche* frm *brèche*) ↗287-290.

Les séquences <gn>, <ign(i)> et <ng> (en finale) notent le [ɲ] issu de n devant yod ↗228 (*enseigne* [ɑ̃sɛɲə] < insignia). Les graphies <ill>, <il>, <lli>, <illi> (et parfois <ll>) indiquent la palatalité acquise par la latérale l lorsqu'elle est suivie (cōnsiliāri > °conseljere > °conseʎʎere > *conseillier* frm *conseiller*) ou précédée (solic(u)lu > °solejl> °soleʎ > *soleil*) de yod ↗243.3. Dans ces cas (*enseigne*, *conseillier*, *soleil*), le <i> n'a pas de matérialité phonétique : il ne fait que noter la palatalité de la consonne suivante. On évitera ainsi l'erreur d'interpréter ce <i> en tant que deuxième partie d'une diphtongue constituée avec la voyelle précédente.

204 Persistance de graphies obsolètes

Dans certains cas, les anciennes lettres latines se maintiennent à l'écrit en dépit du changement phonétique. Cette permanence graphique peut s'expliquer par le fait que la palatalisation de k,g ne se produit que dans certains contextes (devant yod et les voyelles antérieures e,i,a). Devant o,u, <c> et <g> continuent de se prononcer [k] et [g] comme en latin. Il en va de même devant a dans le système graphique du français (<car>), où <k>, <qu> (hérité du kʷ latin ↗281.2) et <gu> (provenant de gʷ latin et w germanique ↗223) peuvent également rendre [k] et [g] (<ke> frm *que*, <que>, <languir>).

Devant e et i en revanche, la palatalisation romane de [k] a abouti à [ts] (réduit à [s] au 13ᵉ siècle) et la palatalisation de [g] donne [dʒ] (réduit à [ʒ] au 13ᵉ siècle) ↗282, 286. Lorsqu'il s'agira dans certains mots afr de noter cette prononciation [ʒ] devant a,o,u, on adoptera en général la graphie <j> (<manja> frm *mangea*, <manjoit> frm *mangeait*, <manjuent> frm *mangent*) ou <ge> (<mangea>, <mangeons>). De même, le digraphe <ce> est parfois utilisé pour rendre [s] devant a,o,u (<cea> frm *çà* < °ecce hāc, <ceo> 'cela, ce' < °ecce hoc, <receu> frm *reçu* part. passé de *recevoir*). Il sera remplacé à partir du 16ᵉ siècle par <ç> (<ça>, <leçon>, <reçu>).

13.3 Position Forte, positions faibles

205 S'agissant des consonnes, on sait depuis le 19ᵉ siècle que leur sort dépend en premier lieu de leur **position** (de fait cela vaut pour la Romania entière et au-delà).

Une consonne peut occuper cinq et seulement cinq positions dans la chaîne linéaire, montrées sous (90) (hors attaques branchantes ↗17 *sq.*).

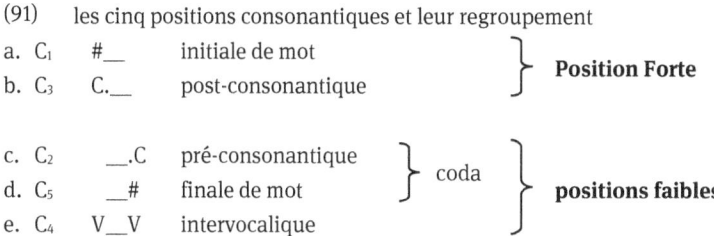

Ces cinq positions sont par leur comportement en synchronie comme en diachronie regroupées en trois ensembles montrés sous (91). Ceux-ci sont récurrents dans les langues du monde et en toute vraisemblance **universels**.

(91) les cinq positions consonantiques et leur regroupement
a. C_1 #__   initiale de mot   ⎫
b. C_3 C.__ post-consonantique   ⎬ **Position Forte**

c. C_2 __.C pré-consonantique   ⎫
d. C_5 __#   finale de mot   ⎬ coda ⎫
e. C_4 V__V intervocalique   ⎬ **positions faibles**

L'**initiale** de mot forme avec les **consonnes post-consonantiques** (aussi post-coda ou **consonne appuyée**) la **Position Forte** : a) et c) sous (90). Dans cette position, une consonne se maintient ou est l'objet d'un renforcement, une **fortition**.

Les trois autres positions b), d) et e) sous (90) sont toutes **faibles**. Une consonne dans cette position au mieux se maintient, mais si elle est – cas le plus général – l'objet d'une évolution, celle-ci consiste en un affaiblissement, une **lénition**. Cette lénition peut être de deux types différents et ceci conduit à distinguer :

- les consonnes **intervocaliques** : d sous (90)
- les consonnes **pré-consonantiques** et **finales**, *i.e.* placées en **coda** : b et e sous (90)

La hiérarchie des conditionnements est montrée sous forme d'arbre décisionnel sous (92) : elle dépend de la présence ou de l'absence d'une voyelle à gauche / droite de la consonne.

(92) hiérarchie des conditionnements

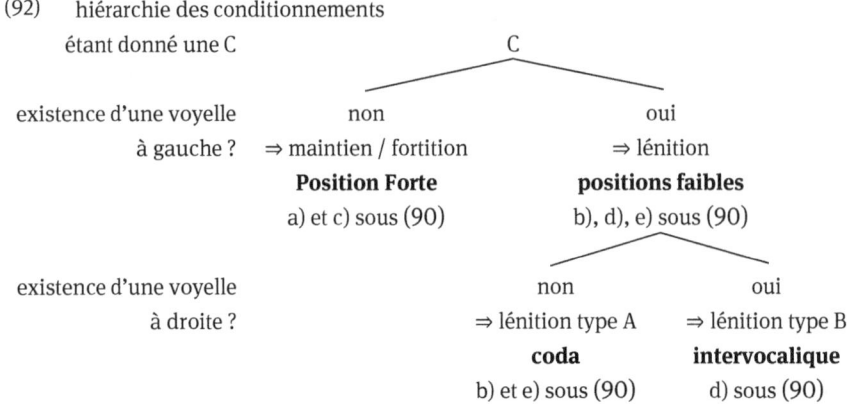

Cela décrit la situation générale dans les langues. Il est expliqué au §23 que les **consonnes finales** C# dans certaines langues se comportent comme des codas (situation indiquée sous (91) et (92)), dans d'autres en tant que consonnes intervocaliques. En pfr, afr et jusqu'à la fin du 15e siècle, elles sont des intervocaliques, puis deviennent des codas ↗251 *sq*.

13.4 Action de la position

206 Lénition en position faible, absence de lénition en Position Forte

L'événement majeur s'agissant de l'évolution des consonnes est le **non-événement** qui définit le destin commun des deux positions fortes, initiale et appuyée : en deux mille ans d'évolution, les consonnes dans ces positions **demeurent non modifiées**.

A cette immuabilité étonnante s'oppose la volatilité des consonnes lorsqu'elles se trouvent dans les deux positions faibles, coda et intervocalique. **En coda, leur désintégration est radicale** : à l'orée de l'afr, les obstruantes ont soit disparu sans laisser de trace (r*u*pta > *route*) soit il en subsiste un glide qui se combine avec la voyelle précédente (f*a*cta > *faite*) ; les sonantes vont suivre ce mouvement durant l'afr, si bien qu'à la fin de cette période aucune ne demeure intacte (sauf les nasales).

Enfin, la **position intervocalique** (dans laquelle se trouvent également les consonnes finales jusqu'à la fin du 15e siècle ↗251 *sq*.) est également faible : elle occasionne des lénitions de diverses sortes, mais qui sont bien moins dévastatrices et moins rapides que celles que connaît la coda.

En résumé, à en juger par leur **résistance à la lénition** dans l'évolution du pfr et afr, la hiérarchie des trois positions, de la plus forte à la plus faible, est donc : **Position Forte > intervocalique > coda**.

207 Evolution hors influence segmentale

Les tableaux aux §§208-210 montrent l'influence qu'a la position syllabique sur l'évolution des consonnes. Toute influence additionnelle que, le cas échéant, les propriétés segmentales peuvent exercer, est filtrée : ne sont montrés que les cas où la trajectoire est exempte d'interférences segmentales et répond aux seules contraintes positionnelles.

Les effets segmentaux qui ne sont pas illustrés dans les tableaux aux §§208-210 dévient la trajectoire positionnelle des consonnes par des moyens variés dont deux sont majeurs : la **palatalisation** (chap. 21) d'une part, l'**action des voyelles postérieures u,o** qui amuïssent les labiales (°tabōne > taon ↗259) et vélaires (sēcūru > seür frm sûr ↗262) adjacentes d'autre part.

208 Position forte {#,C}__

(93)   évolution des consonnes en Position Forte

		initiale #__			post-coda C.__		
					(position appuyée)		
		lat	afr	frm	lat	afr	frm
p	> p	precāre	proiier	prier	talpa	taupe	
b	> b	bene	bien		gamba	jambe	
f	> f	focu	feu		infernu	enfer	
w	> v	vidēre	veoir	voir	servīre	servir	
t	> t	tenet 3s	tient		cantāre	chanter	
d	> d	dēbēre	devoir		ardōre	ardeur	
k	> k	cor	cuer	cœur	rancōre	rancor	rancœur
g	> g	gula	gole	gueule	angustia	angoisse	
r	> r	rēge	roi		mol(e)re	moldre	moudre
l	> l	lectu	lit		ī(n)s(u)la	isle	île
s	> s	sēcūru	seür	sûr	versāre	verser	
m	> m	mātre	mere	mère	arma	arme	
n	> n	nocte	nuit		diurnu	jorn	jour
j	> dʒ	jocu	jeu		sapiat 3s subj	sache	

209 Position intervocalique

(94) évolution des consonnes en position intervocalique V__V

		lat	afr	frm			lat	afr	frm
p	> v	nepōte	*neveu*		t	> ð > ø	vīta	*vide > vie*	*vie*
b	> v	caballu	*cheval*		d	> ð > ø	audīre	*audir > oïr*	*ouïr*
f	> v	Stephanu	*Estievene*	*Etienne*	k	> j (jj)	precāre	*proiier*	*prier*
w	> v	lavāre	*laver*		g	> j (jj)	negāre	*neiier*	*nier*
r	> r	cāru	*chier*	*cher*	m	> m	°camīnu	*chemin*	
l	> l	cælu	*ciel*		n	> n	bene	*bien*	
s	> z	causa	*chose*						

210 Coda __{#,C}

(95) évolution des consonnes en coda

		obstruantes					sonantes		
		lat	afr	frm			lat	afr	frm
p	> ø	°captiāre	*chacier*	*chasser*	r	> r / ø	argentu	*argent*	
b	> ø	obstāre	*oster*	*ôter*	l	> ł > w	dulcia	*dolce > douce*	
t	> ø	rot(u)lu	*rolle*	*rôle*	s	> s > ø	castellu	*chastel*	*château*
d	> ø	rād(ī)cīna	*racine*		m	> m	gamba	*jambe*	
k	> j	facta	*faite*		n	> n	centu	*cent*	
g	> j	nigru	*neir*	*noir*	w	> ø	cīv(i)tāte	*cite*	*cité*

Tobias Scheer (sections 13.1, 13.3 et 13.4)
Céline Guillot-Barbance (section 13.2)

14 Réduction des groupes triconsonantiques CCC

211 Les groupes triconsonantiques primaires (96a) et secondaires se réduisent en perdant la consonne médiane. Les groupes secondaires sont créés par la syncope ↗83 sous (96b) ou la consonification du latin classique ↗84 sous (96c).

(96)   CCC : consonne médiane éliminée

	C₂	lat	afr	frm	C₂	lat	afr	frm
a. CCC	p	tem(p)tāre	tenter		d	°gun(d)fano frk	gonfanon	gonfalon
	t	as(th)ma	asme	asthme	k	san(c)ta	sainte	
b. CC(v)C	p	hos(pi)tāle	(h)ostel	hôtel	t	ar(te)misia	armoise	
	b	gal(bi)nu	jalne	jaune	d	man(dū)cāre	mangier	manger
	w	ser(vi)t 3s	sert	(il) sert	k	cir(ci)nu	cerne	
	n	diur(nō)s Apl	jorz CRp	jours	g	gur(gi)te	gort	gord
c. C(C)j	p	comp(u)tāre	conter	compter	v	ser(v)iente	sergent	

Cette réduction est due au fait que les groupes CCC sous (96) ne peuvent pas être syllabifiées : les deux dernières consonnes ne sont pas éligibles en tant qu'attaque branchante TR ↗17 sq. (galb(i)nu > °gal.b.nu). Or la seule façon de syllaber un groupe CCC est C.TR ↗24.

Par conséquent, la réduction n'a pas lieu lorsque les deux dernières consonnes peuvent se constituer en attaque branchante, créant ainsi un groupe C.TR : c'est le cas dans les groupes primaires sous (97a), secondaires sous (97b).

(97)   CCC : consonne médiane maintenue

	C₂	lat	afr	frm	C₂	lat	afr	frm
a. C.TR	p	comprēnd(e)re	comprendre		t	ultra	outre	
	b	umbra	ombre		k	inclināre	incliner	
b. C.T(v)R	p	rump(e)re	rompre		t	alt(e)ru	altre	autre
	p	temp(e)rāre	temprer	tremper	d	vend(e)re	vendre	
	b	arb(o)re	arbre		k	anc(o)ra	ancre	
	f	sulf(u)r	soufre		g	ung(u)la	ongle	

Remarques

1. La consonne médiane demeure lorsqu'elle est s : dans les groupes primaires (obscūru > oscur frm *obscur*, le b étant par la suite tombé en coda selon la règle) comme secondaires (frax(i)nu > *faisne* frm *frêne*). Il en va de même pour ts, issu de la palatalisation romane (grac(i)le > *graisle* frm *grêle*) ou de l'assibilation tj > ts (°fortiāre > *forcier* frm *forcer*), que l'on retrouve en afr sous la forme de s. Cela est dû aux vertus particulières de s,ts ↗25.
2. La consonne médiane demeure également dans les groupes C+t,d+(v)+s puisque la syncope produit la rencontre de t,d+s, qui se combinent dans l'affriquée ts (écrite <z>). Celle-ci valant

une seule consonne, il n'y a pas de groupe CCC mais seulement CC : m*o*nt(e)s 2s > *monz* frm *(tu) montes*, s*u*rd(u)s Nsg > *surz* CS frm *sourd*. La combinaison t,d+s > ts <z> est générale : l*a*et(u)s Nsg > *liez* 'joyeux' *cf. chère lie*, cīvitāt(ē)s Apl > *citez* frm *cités*, f*a*ct(u)s adj > *faiz* frm *fait*.

3. Le suffixe -s (représentant CRp, CSs, 2s) apparaît en tant que -ts (écrit <-z>) après ɲ, ʎ, Cn. Ainsi pour CRp -s : -ʎ CRs *conseil* – CRp *conseuz*, -ɲ CRs *poing* – CRp *poinz*, -rn CRs *jorn* – CRp *jorz* frm *jour*. L'apparition du t entre la consonne finale de la racine et le -s suffixal est dû à un phénomène de coarticulation observé par exemple en anglais, où *warmth* 'chaleur' est souvent prononcé *war[mtθ]* (au lieu de *war[mθ]*), ou encore en allemand (*Hemd* 'chemise' prononcé *Hempt*).

Tobias Scheer

Résumé chapitre 15
Obstruantes en Position Forte

Obstruantes en Position Forte primaire

p	b	f	t	d	k	g
↓	↓	↓	↓	↓	↓	↓
maintien dans tous les cas						
p	**b**	**f**	**t**	**d**	**k**	**g**
punctu	bene	fide	tela	dēbēre	cor	gula
point	*bien*	*foi*	*toile*	*devoir*	*cuer > cœur*	*gole > gueule*

Obstruantes en Position Forte secondaire : labiales et dentales

	p,b,f	t	d
	↓	↓	↓
trajectoire forte	**maintien**	**maintien**	**maintien**
	p,b,f	**t**	**d**
	up(u)pa > *huppe*	com(i)te	tep(i)du
	arc(u)ballista > *arbalète*	*conte*	*tiede*
	°mal(e)fātu > *maufé* 'diable'	*comte*	*tiède*
trajectoire faible	**lénition**	**lénition**	**lénition**
	v	**d**	**ø**
	°sin(a)pi > senve 'senevé'	cub(i)tu	Erm(e)dōnis
	cer(e)bellu > *cerveau*	*code*	*Ermont*
	mal(i)fatiu > *mauvais*	*coude*	

Obstruantes en Position Forte secondaire : vélaires

	k,g+u			k,g+a		k,g+i,e	
	k	g		k	g	k	g
	↓ →	↓		↓	↓	↓	↓
trajectoire forte	**maintien**	**élimination**	–	**palatalis.**	**palatalis.**	**palatalis.**	–
	k	**ø**		**tʃ**	**dʒ**	**ts, –**	
	clēr(i)cu	porti(c)u	–	caball(i)cāre	nāv(i)gāre	hirp(i)ce	–
	clerc	*porche*		*chevauchier*	*nager*	*herse*	
				chevaucher			
trajectoire faible	**lénition**	–		**lénition**	**lénition**	**lénition**	–
	g			**dʒ**	**jj**	**dz**	
	ver(ē)cundia	–		mand(ū)cāre	cast(i)gāre	off(i)cīna	–
	vergogne			*mangier*	*chastiier*	*uisine*	
				manger	*châtier*	*usine*	

15 Obstruantes en Position Forte

212 Consonnes étudiées

Ce chapitre étudie les obstruantes en Position Forte, *i.e.* à l'initiale #__ ainsi qu'après consonne hétérosyllabique suivie d'une voyelle C.__V ou placée en fin de mot C.__#.

Remarque
1. La sifflante s a en pfr et afr le statut de sonante ↗248.1 et par conséquent est traitée au chap. 17.

15.1 Obstruantes en Position Forte primaire

213 Les consonnes en **Position Forte primaire**, *i.e.* initiales (#__) et appuyées par une consonne (C.__V) **dès le latin**, se maintiennent en afr et jusqu'en frm sans aucune altération (sauf d'origine segmentale, *i.e.* due aux palatalisations, voir chap. 21).

(98)   obstruantes en Position Forte primaire

position initiale (#__)

	lc (germ)	afr	frm
p	pu̱nctu	*point*	
b	be̱ne	*bien*	
f	fi̱de	*foi*	
t	te̱la	*toile*	
d	dēbēre	*devoir*	
k	co̱r	*cuer*	*cœur*
g	gu̱la	*gole*	*gueule*
h	°happja frk	*hache*	

position appuyée (C.__V)

	lat	afr	frm
p	ta̱lpa	*taupe*	
b	ga̱mba	*jambe*	
f	infa̱nte	*enfant*	
t	cantāre	*chanter*	
d	ardōre	*ardeur*	
k	rancōre	*rancor*	*rancœur*
g	angu̱stia	*angoisse*	
h	–		

Remarques
1. En Position Forte (initiale et appuyée), les labio-vélaires k^w, g^w ↗11 latines et germaniques perdent leur appendice w et la vélaire demeure telle quelle en afr et jusqu'en frm. Cela vaut également devant voyelle antérieure : protégés par leur appendice, k^w, g^w ne participent pas à la palatalisation, ni romane ni gallo-romane (querēla > *querele* frm *querelle*, li̱ng^{w}a > *lengue* frm *langue*). ↗281.2).
2. La seconde partie des géminées latines se trouve en post-coda et est donc appuyée. Elle est traitée comme toutes les autres consonnes appuyées, *i.e.* maintenue : cap.pe̱llu > *chapel* frm *chapeau*, gu̱t.ta > *gote* frm *goutte*, ci̱p.pu > *cep*, dra̱p.pu > *drap* etc.
3. Les obstruantes appuyées placées en position finale sont comme leurs homologues internes restituées en afr sans aucune altération (sauf le dévoisement en finale ↗256), et ce, qu'elles aient été déjà finales en latin (**finales primaires** : a̱mant 3p > *aiment* frm *(ils) aiment*) ou le soient devenues par la chute d'une voyelle finale (**finales secondaires** : octō > *huit*, le̱ctu > *lit*, dīrectu > *droit*, ce̱ntu > *cent*, argentu > *argent*).

> Sur l'évolution ultérieure des groupes -CC#, voir §264.1 (fin 12ᵉ) et ↗320 (action de la norme aux 16ᵉ-17ᵉ siècles.

15.2 Obstruantes en Position Forte secondaire

214 Une consonne en **Position Forte secondaire** est placée après une voyelle promise à la syncope : C_2 dans $VC_1(v)C_2V > VC_1.C_2V$. Cette voyelle peut être **posttonique** (proparoxytons : c<u>o</u>m(i)te > *conte* frm *comte*) ou **prétonique** (paroxytons : cīv(i)t<u>ā</u>te > *cité*).

15.2.1 Trajectoires forte et faible dues à la syncope plus ou moins tardive

215 Trajectoires forte et faible
Contrairement à leurs pairs en Position Forte primaire, les consonnes en Position Forte secondaire ont pendant un temps subi l'action de l'intervocalique. Leur évolution en porte l'empreinte : on observe pour chacune des consonnes, labiales, dentales, vélaires, sourdes et voisées, **deux trajectoires différentes** selon le temps qu'elles ont passé en position intervocalique.

Une consonne parcourt la **trajectoire forte** lorsqu'elle ne subit aucun dommage dû à l'action intervocalique et est comme en Position Forte primaire restituée telle quelle. Elle a connu la **trajectoire faible** au cas où elle a été endommagée par l'action intervocalique.

216 Syncope plus ou moins tardive
La trajectoire forte s'observe lorsque la syncope intervient assez rapidement comme sous (100a). On retrouve alors la consonne telle quelle et il n'y a pas de différence avec les groupes primaires : le t dans c<u>o</u>m(i)te > *conte* frm *comte* est restitué sans dommage (comme dans cant<u>ā</u>re > *chanter*).

Si en revanche la syncope se fait attendre comme sous (100b), l'action intervocalique a eu le temps d'endommager la consonne, qui arrive dans le havre sûr de la Position Forte en ayant progressé d'un pas ou deux sur la trajectoire intervocalique de lénition, rappelée sous (99) pour les labiales ↗259 et dentales ↗260. Le b de cer(e)b<u>e</u>llu aura ainsi été spirantisé et voisé (> v) avant que la syncope n'agisse (> *cervel* frm *cerveau*), et le t de cōg(i)t<u>ā</u>re, voisé (> *cuidier* frm *cuider*).

(99) trajectoire intervocalique
    labiales   p > b > v
    dentales   t > d > ð > ø

(100) obstruantes en position finale appuyée

	a. trajectoire forte	b. trajectoire faible	
lat	c<u>o</u>m(i)te	cer(e)b<u>e</u>llu	cōg(i)t<u>ā</u>re
syncope de bonne heure	°c<u>o</u>mte	–	–
action intervocalique (99)	–	°cer(e)v<u>e</u>llu	°cōg(i)d<u>ā</u>re
syncope tardive	–	°cerv<u>e</u>llu	°cōgd<u>ā</u>re
afr	*conte*	*cervel*	*cuidier*
frm	*comte*	*cerveau*	*cuider*

Remarque
1. Il existe dans quelques cas peu nombreux une **trajectoire très faible** où, en raison d'une syncope encore plus tardive que lors de la trajectoire faible, la consonne a encore davantage avancé sur la trajectoire intervocalique de lénition. Ainsi pour t, jusqu'à ð > ø dans cap(i)tellu > *chael* 'chef (militaire)'. Un autre exemple est k+a qui aboutit à ch [tʃ] en trajectoire forte (caball(i)cāre > *chevauchier* frm *chevaucher*), à g [dʒ] en trajectoire faible (mand(ū)cāre > *mangier* frm *manger*) et à jj en trajectoire très faible (commūnicāre > *comuniier* frm *communier*) : jj est l'aboutissement régulier de k+a intervocalique (pācāre > *paiier* frm *payer*) ↗263.

217 Locus de variation

Il n'est pas possible de prédire pour un mot donné quelle trajectoire, forte (sans altération) ou faible (avec altération), il suivra. Cela dépend d'un facteur extérieur, *i.e.* l'ordre chronologique dans lequel se sont produites la syncope et l'action intervocalique.

Signe de cette situation, on observe très fréquemment des doublons, *i.e.* des aboutissements sourd et voisé d'un même mot : c<u>u</u>b(i)tu > *cote, code* frm *coude*, sub(i)t<u>ā</u>nu > *sotain, sodain* frm *soudain*, °gr<u>a</u>n(i)ca > *granche, grange* frm *grange*, °nīd(i)c<u>ā</u>re > *nichier, nigier* frm *nicher* etc.

Remarque
1. Il est certes possible, çà et là, d'identifier une cause pour le retard de la syncope : le caractère savant de commūnic<u>ā</u>re (> *comuniier* frm *communier*) ou un groupe CC à gauche de la voyelle atone dans °formīc<u>ā</u>ria qui a (peut-être) joué (> *formiiere* frm *fourmilière*) qui placent ces mots en trajectoire très faible ↗216.1. Mais il s'agit là de la portion congrue du matériel lexical qui atteste massivement de la variation due aux différentes trajectoires, sans que la raison pour qu'une forme ou mot en emprunte l'une ou l'autre ne soit décelable.

15.2.2 Labiales et dentales

218 En trajectoire forte (101a), les labiales et dentales demeurent inaltérées.

Les consonnes engagées dans la trajectoire faible (101b) avancent dans la lénition intervocalique (99). Les labiales arrivent toujours au terme de l'évolution intervocalique régulière ↗259, *i.e.* à v. La dentale sourde t aboutit à d, et la voisée d est éliminée (ce qui représente son aboutissement régulier à l'intervocalique : aud<u>i</u>re > oïr frm *ouïr* ↗260).

(101)   évolution des labiales et dentales en trajectoires forte et faible
        a. trajectoire forte   b. trajectoire faible

		lat	afr	frm		lat	afr	frm
p	> p	<u>u</u>p(u)pa	*hupe*	*huppe*	> v	°s<u>i</u>n(a)pi	*senve*	'senevé'
b	> b	°al(i)b<u>a</u>nu	*aubain*		> v	cer(e)b<u>e</u>llu	*cervel*	*cerveau*
		arc(u)ball<u>i</u>sta	*arbaleste*	*arbalète*		c<u>a</u>nn(a)be	*chanve*	*chanvre*
f	> f	°mal(e)f<u>a</u>tu	*maufé*	'diable'	> v	mal(i)f<u>a</u>tiu	*mauvais*	
t	> t	c<u>o</u>m(i)te	*conte*	*comte*	> d	c<u>u</u>b(i)tu	*code*	*coude*
		cīv(i)t<u>a</u>te	*cite*	*cité*		cōg(i)t<u>a</u>re	*cuidier*	*cuider*
d	> d	t<u>e</u>p(i)du	*tiede*	*tiède*	> ø	Cup(e)d<u>o</u>nia		*Couvonges*
		l<u>u</u>r(i)da	*lorde*	*lourde*		Erm(e)d<u>o</u>nis		*Ermont*

15.2.3 Vélaires

219 Vélaires devant voyelle non palatalisante : k,g+u,o
Suivies de u,o, les vélaires se maintiennent en trajectoire forte, et subissent le voisement en trajectoire faible.

(102)   k+u
        trajectoire forte   trajectoire faible

		lat	afr	frm		lat	afr	frm
k	> k	cl<u>ē</u>r(i)cu	*clerc*		> g	ver(ē)c<u>u</u>ndia	*vergoigne*	*vergogne*
		p<u>a</u>rr(i)cu	*parc*					
		°st<u>a</u>nt(i)cu	*estanc*	*étang*				

Remarque
1. Une troisième trajectoire, qui concerne la grande majorité des mots concernés, est due au fait que le u,o élimine la vélaire précédente selon la règle (sēc<u>u</u>ru > *seür* frm *sûr* ↗262). Ainsi la perte de la vélaire dans p<u>o</u>rti(c)u > °p<u>o</u>rtiu crée l'hiatus Ciu (la voyelle précédant la vélaire est toujours i ici). Le i de Ciu se consonifie ensuite régulièrement ↗84 (> °p<u>o</u>rtju), puis se renforce en ʧ, toujours selon la règle ↗230 (> *porche*). Suivent cette évolution encore °s<u>e</u>dicu > *siege* frm *siège*, die-dom<u>i</u>ni(c)u > *diemenge* frm *dimanche*, vi<u>a</u>ti(c)u > *voiage* frm *voyage*, form<u>a</u>ti(c)u > *formage* frm *fromage*, silv<u>a</u>ti(c)u > *sauvage*, °j<u>u</u>di(c)u > *juge*, Le<u>o</u>di(c)u > *Liège* (ville).

Le même cas de figure se rencontre dans *sage* qui n'est pas basé sur la forme latine s<u>a</u>pidu, mais sur °s<u>a</u>biu, dont le d est absent. Le i en hiatus créé par cette absence se consonifie (> °s<u>a</u>bju) puis, appuyé, se renforce en ʤ (voisé après b : > °sabʤə). Après la chute de b en coda, le résultat est afr *sage*. Le passage de s<u>a</u>pidu à °s<u>a</u>biu n'est pas phonétique (la chute des dentales

> intervocaliques n'a lieu que durant l'afr ↗260, quand le renforcement j > ʧ,ʤ était depuis longtemps révolu ↗230). Une hypothèse conçoit que l'infinitif sap-ere qui, devenu °sab-er avant la syncope de la posttonique, aurait servi de base pour une suffixation en -ius, créant °sab-ius.

220 Vélaires devant voyelle palatalisante : k,g+a

En trajectoire forte, k+a est par la syncope placé en Position Forte (caball(i)cāre > °caballcāre), puis palatalisé en ʧ selon la règle (> *chevauchier* frm *chevaucher*). Il en va de même pour g+a (nāv(i)gāre > °nāvgāre), le g étant ensuite palatalisé en ʤ selon la règle (> *nagier* frm *nager*).

En trajectoire faible, la vélaire sourde est voisée en g par l'action intervocalique (mand(ū)cāre > °mand(ū)gāre) et ensuite par la syncope placée en Position Forte (> °mandgāre), enfin (après l'élimination du d médian du groupe CCC ↗211) palatalisée en ʤ selon la règle (> *mangier* frm *manger*).

L'évolution régulière de g+a intervocalique aboutit à jj (negāre > *neiier* frm *nier* ↗263). C'est également le sort de g lorsque g+a suit la trajectoire faible : la vélaire est réduite à jj par l'action intervocalique (castigāre > °castijjāre > *chastiier* frm *châtier*).

(103)   évolution de k,g+i,e,a en trajectoires forte et faible

	trajectoire forte				trajectoire faible		
		lat	afr	frm		lat	afr	frm
k+a	> ʧ	caball(i)cāre	*chevauchier*	*chevaucher*	> ʤ	mand(ū)cāre	*mangier*	*manger*
		°gran(i)ca	*granche*	*grange*		°niv(i)cāre	*negier*	*neiger*
g+a	> ʤ	nāv(i)gāre	*nagier*	*nager*	> jj	cast(i)gāre	*chastiier*	*châtier*
		fūm(i)gāre	*fungier*	'fumer'		°exm(a)gāre	*esmaiier*	'troubler'

Remarque

1. Le type k,g+i,e est représenté par fort peu de mots. En trajectoire forte, la vélaire arrive en Position Forte sans avoir subi de dommage (hirp(i)ce > °hirpce), puis après l'élimination de la consonne médiane du groupe CCC ↗211 (> °hirce) est palatalisée en j+ts (> °hertse) pour aboutir à *herce* frm *herse*. En trajectoire faible, k+i,e palatalise en j+ts (°domn(i)cella > °domn(i)tsella), puis l'affriquée ts subit le voisement intervocalique, aboutissant à ʣ (> °domn(i)ʣella). Ce ʣ est enfin placé en Position Forte par la syncope : > *donzele* (<z> = [ʣ]) frm *donzelle*. De même off(i)cīna > *uisine* frm *usine*.

15.2.4 Evolution des consonnes finales

221 Les obstruantes finales en Position Forte secondaire se maintiennent (*modulo* le dévoisement en finale ↗256). Relevant de la trajectoire forte, ce cas est général, qu'elles soient déjà finales en latin (ten(e)t 3s > *(il) tient*), ou devenues finales suite à la chute de la voyelle finale. Ce dernier cas est illustré sous (104).

(104) obstruantes en position finale secondaire appuyée ...$C_1(V)C_2(V)$#
trajectoire forte uniquement

	lat	afr	frm		lat	afr	frm
p	°c<u>o</u>l(a)p(u)	colp	coup				
t	°v<u>o</u>c(i)t(u)	vuit	vide		d<u>i</u>g(i)t(u)	deit	doigt
d	c<u>a</u>l(i)d(u)	chalt	chaud		r<u>i</u>g(i)d(u)	roit	raide
k+u,o	cl<u>ē</u>r(i)c(u)	clerc			p<u>a</u>rr(i)c(u)	parc	parc
k+i,e	p<u>o</u>ll(i)c(e)	pouz	pouce		s<u>a</u>l(i)c(e)	salz	sauce

Tobias Scheer

Résumé chapitre 16
Glides j,w en Position Forte

Glides en position initiale #j, #w

w appuyé C.w

#j	#w		C.w
↓	↓ →		↓
renforcement	renforcement	renforcement	renforcement
dʒ	gʷ	v	v
jocu	°werra frk	valēre	servīre
jeu	*guerre*	*valoir*	*servir*

Yod appuyé C.j

	dj, gj	nj, lj, kj	tj, rj, sj	C$_{lab}$+yod
	↓	↓	↓	↓
V__V	lénition	palatalisation	métathèse	fortition
	ɟ > jj	ɲɲ, ʎʎ, tts	j+dz, j+s, j+r	dʒ (tʃ)
	gaudia > *joie*	montānea > *montagne*	ratiōne > *raison*	sapiat 3s subj > *sache*
	regiōne > *roion*	cōnsiliārī > *conseillier*	paria > *paire*	rabia > *rage*
	frm *région*	frm *conseiller*	bāsiāre > *baiser*	°leviu > *liège*
		°glacia > *glace*		simiu > *singe*
Position Forte	fortition	palatalisation	métathèse bloquée	fortition
	ɟ > dʒ	ɲ, ʎ, ts	tsj, rj, –	dʒ (tʃ)
	diurnu > *jorn*	insignia > *enseigne*	cantiōne > *chançon*	Clip(p)iacu > *Clichy*
	frm *jour*	alliu > *ail*	frm *chanson*	ser(v)iente > *sergent*
	Georgiu > *Georges*	Francia > *France*	burriōne > *bourgeon*	com(m)eātu > *congié*
			–	frm *congé*
mots tardifs	fortition			
	dʒ (tʃ)			
	līneu			
	linge			

16 Glides j, w en Position Forte

16.1 Position initiale

222 Yod

A l'initiale, yod (latin comme germanique) se renforce d'abord en ɟ (occlusive palatale voisée) qui comme tous les autres ɟ en Position Forte ↗225 est ensuite affriquée en ʤ. Le renforcement #j > ɟ a eu lieu dès le latin tardif (1er-2nd siècles) : toute la Romania le pratique.

(105) yod initial > ɟ > ʤ

	lat	afr	frm		lat	afr	frm
lat	jocu	jeu			jūrāre	jurer	
	jūs	jus			juvene	juene	jeune
	jocāre	joër	jouer		jūniu	juin	
germ	juk	joc	'perchoir', *cf.* jucher		°jangalōn	jangler	'bavarder'

223 w

Dans les mots germaniques, w initial se renforce en g^w (> g ↗213.1) : °werra > *guerre* (106a). W latin en revanche aboutit à v- (val*ē*re > *valoir*) (106b), sauf dans une douzaine de mots qui suivent l'évolution du vocabulaire germanique (vāgīna > *gaine*) (106c).

(106) w initial

		lat	afr	frm	lat	afr	frm
a. germ. w > g^w		°werra frk	guerre		°waiđanjan frk	gaaignier	gagner
		°wadju frk	gage		°wahta frk	gaitier	guetter
b. lc w > v		valēre	valoir		venīre	venir	
		vōce	voiz	voix	vid(e)re	veoir	voir
c. lc w > g^w		vāgīna	gaine		vadu	gué, wé	gué
		Vasconia		Gascogne	vespa	guespe, wespe	guêpe

16.2 Yod appuyé (C+yod)

224 Fonctionnement général

Le groupe C.j hétérosyllabique est créé par la consonification latine de i,e en hiatus, intervenue dès la République ↗84. Il subit ensuite des processus successifs en fonction de la nature de C, de sorte qu'à chaque évolution concernant un type de C, les groupes C.j concernés sont soustraits à l'évolution suivante, qui affectera un autre type de C. Ainsi le nombre de groupes C+yod diminue successivement jusqu'à leur

142 —— Glides j, w en Position Forte

disparation complète, le processus débutant en latin (1ᵉ-2ᵉ siècle) et s'achevant vers les 5ᵉ-6ᵉ siècles avec le renforcement des derniers C.j survivants en C.ʤ.

Enfin, l'évolution du groupe C+yod dépend, pour chaque type de C et donc à chaque étape, de sa position, intervocalique (VC.jV) ou appuyée (C.CjV).

16.2.1 Processus latins

225 dj, gj > ɟ

En période impériale, dj et gj se réduisent à ɟ *simple*, en toute position (changement spontané).

A l'intervocalique, ils rejoignent ainsi g+i,e au stade ɟ (flagellu > °flaɟellu > *flaiel* frm *fléau* ↗283), et tous les ɟ intervocaliques de la langue ainsi réunis poursuivent leur trajectoire intervocalique pour aboutir à jj (107a).

Il en va de même en Position Forte : dj et gj réduits à ɟ *simple* (107b,c) rejoignent g+i,e (argentu > °arɟentu > *argent* ↗282 (157)) ainsi que yod initial (jocu > °ɟocu > *jeu* ↗222) au stade ɟ de leur évolution. Ensuite ce ɟ, dans lequel les quatre objets étymologiques cités se sont confondus, est comme tous les autres ɟ en Position Forte affriqué en ʤ (108).

(107)   dj, gj > ɟ en toute position

				lat	afr	frm	lat	afr	frm
a. V__V	dj	> ɟ	> jj	hodiē	hui	(aujourd')hui	gaudia	joie	
				medianu	moiien	moyen	°studiāre	estoiier	étudier
	gj	> ɟ	> jj	regiōne	roion	région	exagiu	essai	
				corrigia	correie	courroie	refugiu	refui	refuge
b. #__	dj	> ɟ	> ʤ	diurnu	jorn	jour	Diana	gene	'sorcière'
	gj	> ɟ	> ʤ	Georgiu	Jorges	Georges			
c. C.__	r.dj	> rɟ	> ʤ	hordeu	orge		vir(i)diāriu	vergier	verger
	r.gj	> rɟ	> ʤ	Georgiu	Jorges	Georges	chīrurgia	cirurgie	chirurgie

(108)   dj, gj > ɟ > ʤ en Position Forte

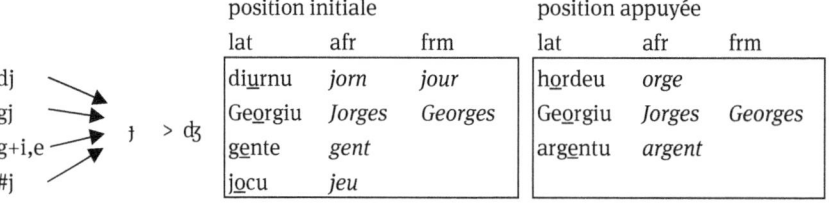

	position initiale			position appuyée		
	lat	afr	frm	lat	afr	frm
dj	diurnu	jorn	jour	hordeu	orge	
gj	Georgiu	Jorges	Georges	Georgiu	Jorges	Georges
g+i,e	gente	gent		argentu	argent	
#j	jocu	jeu				

226 Assibilation tj > tsj

Egalement durant l'Empire, le t du groupe t.j est assibilé en ts.j. Cette évolution a lieu en toute position (changement spontané). ts apparaîtra en afr tel quel en Position

Forte (cantiōne > °cantsjōne > chançon <ç> = [ts] frm *chanson*), sous sa forme voisée à l'intervocalique (ratiōne > *raison* <s> = [dz]). Le détail de ces deux types est étudié au ↗229 (métathèse).

16.2.2 Evolution en proto-français

227 Vue d'ensemble
a) C+yod en position intervocalique
Suite aux évolutions décrites qui ont eu lieu en latin, il n'y avait plus à l'entrée du pfr aucun groupe dj, gj ou tj.

Durant le pfr, les groupes C+yod intervocaliques qui demeurent connaissent les évolutions suivantes (étudiés en détail aux ↗228-231), dans l'ordre chronologique :

1. palatalisation
   le C est palatalisé lorsqu'il est palatalisable (cas de n, l, k ↗296-300), aboutissant à des consonnes palatales géminées (nj > ɲɲ, lj > ʎʎ, kj > [cc] > tts ↗228) (109a). Ce processus achevé, il n'y a plus de nj, lj, kj dans la langue.
2. métathèse
   les groupes C+yod qui subsistent, *i.e.* dont le C n'est pas palatalisable, pratiquent la métathèse si elles sont éligibles pour ce processus (cas des dentales r,s,ts, mais non des labiales) : rj > jr, sj > js, tsj > jts ↗229 (109b). Ce processus achevé, il n'y a plus de rj, sj, tsj dans la langue.
3. renforcement
   le yod des groupes labiale + yod se renforce en ɟ > ʤ (ou [c] > ʧ après obstruante sourde) (109c), conformément à la règle en Position Forte ↗225. Les groupes labiale + yod subsistent encore après la palatalisation et la métathèse parce que les labiales ne sont ni palatalisables ni aptes à la métathèse. Comptent ici également d'autres **mots tardifs**, savants ou d'origine germanique.

(109) évolution en pfr : C.j en position intervocalique

			évolution	processus	lat	afr	frm
a.	C palatalisable	n	n.j > ɲɲ	palatalisation	montānea	*montagne*	
		l	l.j > ʎʎ		cōnsiliārī	*conseillier*	*conseiller*
		k	k.j > tts		facia	*face*	
b.	C impalatalisable	r	r.j > j.r	métathèse	paria	*paire*	
		s	s.j > j.s		bāsiāre	*baisier*	*baiser*
		ts.j	j.ts		ratiōne	*raison*	
c.	C impalatalisable et inapte à la métathèse	C$_{lab}$+j	C$_{lab}$+ɟ > ʤ	renforcement	sapiat 3s subj	*sache*	

b) C+yod en position appuyée

En position appuyée, le groupe C.C.j créé par la consonification doit perdre la consonne médiane ↗211. C'est effectivement ce que l'on observe pour les groupes à consonne médiane labiale, où le yod est toujours renforcé en ɟ (puis affriqué en ʤ) : ser(v)iente > °ser.jente > *sergent* (110a).

En dehors de ce cas de figure, deux situations se présentent. La palatalisation des consonnes palatalisables n, l, k ↗296-300 s'effectue et le résultat géminé se comporte selon la règle. Ainsi dans Cɲɲ, Cʎʎ et Ctts, la première jambe de la géminée est la consonne médiane d'un groupe CCC, qui est perdue : la géminée dégémine (110b).

Enfin, C.t.j devenu Ctsj suite à l'assibilation ↗226 est stable (110c) : le ts (autant que le s) a des vertus particulières ↗25 qui font que les groupes CtsC demeurent.

(110) évolution en pfr : C.j en position appuyée

C_2		évolution	processus	lat	afr	frm
a. labiale		$C_1.C_2+j > C_1.ɟ$	C_2 perdue	ser(v)i̯ente	*sergent*	
b. palatalisable : n,l,k		$C_1.C_2+j > C.C_{pal}$	C_2 dégéminée	Fra̰ncia	*France*	
c. ts		$C_1.ts+j > C_1.tsj$	groupe intact	canti̯o̰ne	*chançon*	*chanson*

228 Palatalisation

Après l'élimination de dj, gj ↗225, la palatalisation concerne les groupes C+j présents dans la langue dont C est palatalisable : il s'agit de n+j, l+j et k+j (les labiales ainsi que r et s ou encore t ne sont pas palatalisables ↗296-300). Illustrées sous (111), ces trois palatalisations produisent une consonne palatale **géminée**.

(111) C+yod : les trois palatalisations

		C+yod en position intervocalique			C+yod en position appuyée		
		lat	afr	frm	lat	afr	frm
a. n+j > ɲɲ		°monta̰nea	*montagne*		ŋnj insignia	*enseigne*	
		senio̰re	*seigneur*		rnj hernia	*hergne*	*hernie*
b. l+j > ʎʎ		melio̰re	*meilleur*		llj °molli̯a̰re	*moillier*	*mouiller*
		cōnsili̯a̰rī	*conseillier*	*conseiller*	llj alliu	*ail*	
c. k+j > tts		fa̰cia	*face*		nkj Fra̰ncia	*France*	
		°glacia	*glace*		lancea	*lance*	
		braci̯a̰re	*bracier*	*brasser*	lkj dulcia	*douce*	

La palatalisation de k par une consonne (yod) produit le même résultat segmental, ts, que sa palatalisation par une voyelle (i,e) lors de la palatalisation romane ↗281 : k+j

> tts (fa̱cia > *face*) comme k+i,e > ts (ce̱ntu > *cent*). Mais ce ts est simple dans le dernier cas, géminé dans le premier.

Le caractère géminé des consonnes palatales provenant de C+j est documenté par le fait que la voyelle tonique précédente montre une évolution entravée (fa̱cia > *face* et non pas *fece), ainsi que par l'absence de voisement de ts en position intervocalique (fa̱cia > *face* et non pas *faze <z> = [ʣ]).

Il s'explique par le fait que C+j occupe deux positions consonantiques dans la source (112b) : C est en coda, le yod se trouve placé dans l'attaque suivante (°fac.ja). La substance segmentale du yod, la palatalité, se mélange ensuite avec la substance de la consonne palatalisée : k+j > ts, l+j > ʎ et n+j > ɲ. Mais la consonne palatale résultante est toujours **assise sur les deux positions consonantiques d'origine**, et donc géminée.

Cela contraste avec le cas où une consonne est palatalisée par une voyelle (112a) : ici la substance palatale pénètre également dans la consonne à palataliser et le résultat segmental est le même, ts. Mais à la différence du yod, qui ne fait plus qu'un avec la consonne à palataliser (k.j > tts), la voyelle sous (112a) demeure en tant que telle et ne fait qu'injecter sa palatalité dans la consonne à sa gauche. Celle-ci est donc **assise sur une seule position consonantique avant et après la palatalisation** : elle est simple.

(112)   palatalisation de k par i,e *vs* par yod

    a. palatalisation par une voyelle : résultat simple

    ce̱ntu > *cent* [tsent]

    b. palatalisation par yod : résultat géminé

    fa̱cia > [fattsə] > *face*

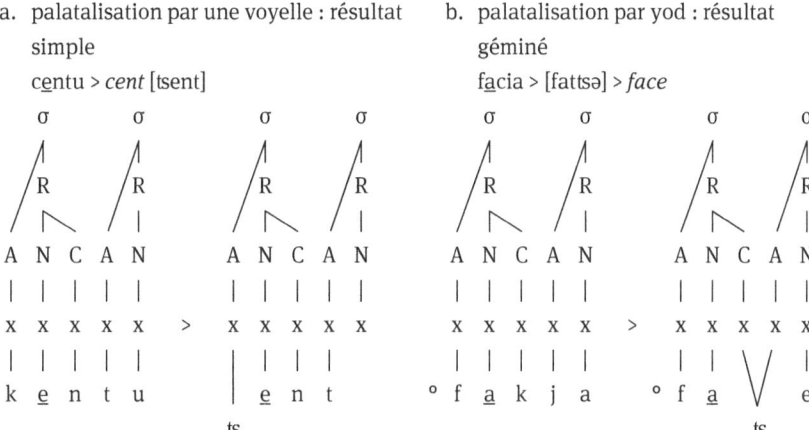

Enfin, en position appuyée, l'aboutissement géminé de la palatalisation C.ɲɲ, C.ʎʎ et C.tts crée un groupe CCC dont la consonne médiane, ici la première jambe de la géminée, est éliminée selon la règle ↗211 : Fra̱ncia > °Fra̱nttsa > °Fra̱ntsa > *France*.

Remarques
1. Les trois palatalisations n+j, l+j et k+j représentent le volet de la palatalisation romane ↗281 où une consonne (plutôt qu'une voyelle) est l'agent palatal déclencheur. Elles sont communes à toute la Romania (sauf nj en sarde). On les date du 2ᵉ siècle ap. JC, ou plus tôt.
2. Le mot senior Nsg, seniōre Asg a donné des aboutissements basés aussi bien sur l'Asg que sur le Nsg. L'évolution seniōre Asg > *seigneur* montrée sous (111) est régulière. Dans seniōre Asg > °sejjōre > *sieur* frm *Mon-sieur* et senior Nsg > °sejjor > *sire* frm *Sire*, le groupe nj est devenu jj. On attribue cette évolution irrégulière à l'emploi proclitique des deux mots. Le détail de l'évolution senior Nsg > °sejjor > *sire* frm *Sire* est le suivant : à l'étape °sej.jor, le yod appuyé se renforce en ɟ (> °sejɟor), puis la syncope crée le groupe ɟr final (> °sejɟr), ce qui appelle le schwa d'appui ↗180 (> °sejɟrə) et provoque la dépalatalisation devant r ↗285 (> °sejdrə). Le yod en coda relève le e tonique précédent à i ↗109 (> °sidrə), et le d du groupe dr tombe en position intervocalique selon la règle ↗273 et ainsi produit *sire* frm *Sire*. Le d de l'étape °sejdrə est attesté dans *sendra* Serm., qui est basé sur une évolution de seni(o)r Nsg où le nj n'a pas été réduit à jj (> °senj(o)r > °senjr > °senr > °sendr > °sendre > *sendra*).
3. Après la dégémination de ʎʎ aux 7ᵉ-8ᵉ siècles ↗238.1, le ʎ simple se maintient durant l'afr et le mfr mais à partir du 17ᵉ siècle est prononcé j (meliōre > afr me[ʎ]eur > 17ᵉ me[j]eur frm *meilleur*). L'ancienne prononciation ʎ ne disparaîtra qu'au 19ᵉ siècle.

229 Métathèse

La métathèse concerne les groupes C+j où C est une dentale : r,s,ts + yod (tsj < tj par assibilation ↗226). Elle procède à l'inversion du groupe hétérosyllabique C.j > j.C et concerne également les groupes solidaires TR dont le second élément est r : pr.j > j.vr dans °cūpriu > *cuivre*.

La métathèse a lieu lorsque C.j est placé en position intervocalique (113a), mais elle est bloquée lorsque C.j est appuyé (113b). Dans ce cas, yod, se mouvant à gauche et cherchant à s'ancrer en coda, ne peut ce faire en présence d'une coda déjà existante ↗294.

(113) métathèse

a. C.j en position intervocalique — métathèse effectuée

			lat	afr	frm
r	rj	> jr	paria	*paire*	
			coriu	*cuir*	
			feria	*foire*	*foire*
	prj	> jpr	°cūpriu	*cuivre*	
	brj	> jbr	°ebriu	*ivre*	
	trj	> jtr	repatriāre	*repairier*	*repairer*
s	sj	> js	bāsiāre	*baisier*	*baiser*
			ma(n)siōne	*maison*	
			nausea	*noise*	

b. C.j en position appuyée — métathèse bloquée

			lat	afr	frm
	ntsj	> ntsj	cantiōne	*chançon*	*chanson*
	ptsj	> ttsj	°captiāre	*chacier*	*chasser*
	ttsj	> ttsj	°matteūca	*maçue*	*massue*
			°plattea	*place*	
	rtsj	> rtsj	°fortiāre	*forcier*	*forcer*
	ltsj	> ltsj	°altiāre	*haucier*	*hausser*
	ktsj	> ttsj	°tractiāre	*tracier*	*tracer*
	rrj	> rɟ	burriōne	*borjon*	*bourgeon*
			ferreāre	*fergier*	'enchaîner'

ts	tsj > jts	ratiōne	*raison*	
		malifatiu	*mauvais*	
		palātiu	*palais*	
		pretiu	*priz*	*prix*

Remarques
1. La Chaussée (1989 : 73) place la métathèse de tsj, sj, ssj au 2ᵉ siècle, celle de rj à la fin du 3ᵉ ou au début du 4ᵉ siècle.
2. Lorsque C.j est appuyé par s, *i.e.* dans les groupes stj, strj et ssj, le yod parvient à s'ancrer en coda et la métathèse a lieu : stsj angustia > *angoisse*, ostium > *huis*, postea > *puis* (adv), strj ostrea > *uistre* frm *huître*, ssj °bassiāre > *baissier* frm *baisser*. Il s'agit d'un effet des vertus particulières que possède s ↗25.
3. Dans burriōne > *borjon* frm *bourgeon*, rj est appuyé dans le groupe r.rj, ce qui bloque la métathèse. Le groupe CCC ensuite perd la consonne médiane selon la règle (r.r.j > r.j) ↗211, enfin le yod se renforce (r.j > r.ɟ > rdʒ) ↗230. Mais l'autre groupe Cj appuyé, C.tsj, ne perd pas la consonne médiane : °fortiāre > *forcier* frm *forcer*. La raison en est la même que celle qui fait que les groupes sC.j permettent la métathèse Rq2 : ts a les mêmes vertus spéciales que s ↗25.
4. Beaucoup plus tard, suite à la réforme carolingienne du 8ᵉ-9ᵉ siècle, un grand nombre d'emprunts au latin a fourni de nouveaux groupes Cj comme dans gloria > *glorie*, qui à partir du 11ᵉ siècle pratiquent la métathèse. A la différence de la première, la nouvelle métathèse concerne tous les groupes Cj et peut (afr *glorie* > 11ᵉ *gloire*) ou non réussir. Lorsqu'elle est avortée, le yod <i> est perdu (afr *glorie* > 11ᵉ *glore* frm *gloire*). Ainsi encore historia > *estorie* > 11ᵉ *estoire*, *estore* frm *histoire*, studiu > *estudie* > 11ᵉ *estuide*, *estude* frm *étude*. C'est également le cas de gratia > afr *gratia St. Lég* > afr *grace* frm *grâce* : le t a encore été assibilé par le yod (tj > tsj), mais la métathèse a échoué (afr *graice* avec métathèse réussie ne semble pas être attesté), ce qui a condamné le yod comme dans les cas précités (ensuite désaffrication ts > s).

230 Renforcement : fonctionnement

Les groupes C.j qui sont encore présents dans la langue lorsque la palatalisation et la métathèse ont cessé d'opérer sont d'une part des groupes labiale + yod (les labiales ne permettent ni la métathèse ni ne sont palatalisables) ↗231, d'autre part des mots tardifs qui, étant savants ou d'origine germanique, n'ont subi ni palatalisation ni métathèse ↗231.1.

Dans ces cas, le yod se renforce en occlusive palatale [c,ɟ], qui est sourde [c] après obstruante sourde (sēpia > °sēpja > °sēp[c]a), voisée ɟ ailleurs (après obstruante voisée et sonante : rabia > °rabja > °rabɟa) Rq1.

Comme tous les autres [c,ɟ] en Position Forte de la langue ↗225, ceux issus du renforcement de C.j sont ensuite affriqués en tʃ (> °septʃe) et dʒ (> °rabdʒe). Enfin, les consonnes appuyantes suivent leur trajectoire normale, qui dans le cas des labiales conduit à leur élimination en coda ↗241 (> *seche* frm *seiche*, > *rage* <g> = [dʒ]).

L'ensemble de ces évolutions est montré sous (114), qui fait également état d'un mot tardif, līneu > *linge* ↗231.1.

(114) renforcement de C.j : évolution

processus		C labiale sourde +j		C labiale voisée + j		mots tardifs : C non labiale + j	
	lat	piV	sēpia	biV	rabia	niV	līneu
consonification ↗84		p.j	sēp.ja	b.j	rab.ja	n.j	°līn.ju
renforcement en [c,ɟ] ↗225		p.[c]	°sēp.[c]a	b.ɟ	°rab.ɟa	n.ɟ	°līn.ɟu
affrication en tʃ,dʒ ↗291		p.tʃ	°sep.tʃe	b.dʒ	°rab.dʒe	n.dʒ	°līn.dʒe
chute de la labiale en coda ↗241		tʃ	°setʃe	dʒ	°radʒe	–	–
	afr	tʃ	seche	dʒ	rage		linge
	frm		seiche				

Remarque

1. L'assimilation de voisement de [c,ɟ] à la consonne précédente peut être appréciée en frm (ainsi que dans d'autres langues) : yod est prononcé [ç] (la fricative palatale sourde que l'on trouve en allemand dans un mot comme *ich* [ɪç] 'je' par exemple) après obstruante sourde (*pied* [pçe]), alors qu'il apparaît en tant que [j] (fricative palatale voisée) ailleurs (*bien* [bjɛ̃], *lier* [lje]). Ce sont donc de fait les fricatives palatales [ç,j] qui se renforcent en occlusives palatales [c,ɟ].

---

231 Renforcement : labiale + yod

Ne permettant pas la métathèse ni n'étant palatalisables, la seule issue que les labiales autorisent pour yod à leur droite est le renforcement.

A l'issue de cette évolution, la labiale est toujours éliminée : en coda selon la règle lorsque le groupe C$_{lab}$+j est intervocalique ↗230 (rabia > ° rab.ja > *rage*), en tant que consonne médiane d'un groupe CCC ↗211 au cas où il est appuyé (serviente > °ser.v.jente > *sergent*).

(115) C$_{lab}$+j

		en position intervocalique					en position appuyée		
		lat	afr	frm			lat	afr	frm
pj	> dʒ	sapiat 3s subj	sache		C.pj	ppj	Clip(p)iacu		Clichy
		sēpia	seche	seiche		lpj	Ul(p)ia(c)u		Ouchy
bj	> dʒ	rabia	rage						
		rubeu	rouge						
wj	> dʒ	°leviu	liege	liège	C.wj	rwj	ser(v)iente	sergent	
		abbreviāre	abregier	abréger		lwj	sal(v)ia	sauge	
mj	> dʒ	sīmiu	singe		C.mj	mmj	com(m)eātu	congié	congé
		vindēmia	vendenge	vendange		mnj	somniāre	songier	songer
		laudemia	loënge	louange		mbj	cam(b)iāre	changier	changer

> **Remarque**
> 1. Mots tardifs
>   Les mots dont l'évolution a pour une raison ou une autre été retardée (mots savants ↗35), ou qui sont entrés dans la langue tardivement (mots germaniques), pratiquent le renforcement : leur groupe C.j est toujours intact dans la période où ce processus est actif. Comptent ici cēreu > *cirge, cierge* frm *cierge*, °mentiōnia > *mençonge* frm *mensonge*, līneu > *linge* (mots savants ecclésiastiques) ainsi que °sturjōne g > *esturgeon*, °wadju frk > *gage*, °ankja frk > *anche* (mots germaniques).

16.3 w appuyé (C+w)

232 w appuyé a trois sources :
1. appuyé dès le latin (seulement primaire : servīre = ser.wīre) (116a)
2. issu de la consonification latine ↗84 (vi̯dua > °vid.wa) (116b)
3. issu de la résolution de k^w intervocalique en k.w (a̯qua > °ak.wa) (116c)

Dans tous les cas, l'aboutissement est v : *servir*, *veve* frm *veuve*, *aive* frm *eau*.

(116)   w appuyé

	lat	afr	frm	lat	afr	frm
a. w appuyé latin	servīre	servir		advenīre	avenir	
	cervēsia	cervoise		silvāticu	sauvage	
b. w < consonification	vi̯dua	veve	veuve	jānuāri̯u	jenvier	janvier
c. k.w < k^w	a̯qua	aive	eau	e̯qua	ive	'jument'

Tobias Scheer

Résumé chapitre 17
Liquides, nasales et s en Position Forte

		r	l	m	n	s
		↓	↓	↓	↓	↓
		r	**l**	**m**	**n**	**s**

				maintien		
#__	ratiōne	lūna	mātre	nocte	sīmiu
	raison	*lune*	*mère*	*nuit*	*singe*

	maintien + épenthèse			**maintien**	
C.__	cam(e)ra	cum(u)lāre	arma	alnu	versāre
	chambre	*combler*	*arme*	*aulne*	*verser*

17 Liquides, nasales et s en Position Forte

17.1 Position initiale

233 En position initiale, les liquides r,l, les nasales m,n ainsi que s se maintiennent.

(117) liquides, nasales et s en position initiale

	lat	afr	frm		lat	afr	frm		lat	afr	frm
r	ratiōne	raison		l	lēge	loi		s	sapidu	sage	
m	mātre	mere	mère	n	nocte	nuit					

Remarque
1. En pfr et afr, la sifflante s a le statut de sonante ↗248.1 et est donc traitée de droit dans le présent chapitre.

17.2 Position appuyée interne

234 Situation générale

Les liquides, nasales et s en position appuyée se maintiennent, dans les groupes primaires (118a) comme secondaires (118b).

(118) liquides, nasales et s appuyées (hors cas d'épenthèse)

		a. groupes primaires			b. groupes secondaires		
		lat	afr	frm	lat	afr	frm
R+r,l	mr	Haimrīk frk	Henri		épenthèse : cam(e)ra > chambre ↗235		
	rl	°sperling frk	esperlenc	éperlan			
C+m	rm	arma	arme		st'm	aest(i)māre	esmer	estimer
	lm	palma	paume		pt'm	sept(i)māna	semaine	
	sm	baptisma	batesme	baptême	n'm	an(i)ma	ame	âme
	gm	phlegma	fleume	flegme	k'm	dec(i)ma	disme	dîme
C+n	rn	diurnu	jorn	jour	s'n	as(i)nu	asne	âne
	ln	alnu	alne	aulne	t'n	°ret(i)na	resne	rêne
C+s	rs	versāre	verser		p's	cap(u)s Nsg	chiés	'chef'

Le segment laissé vide sous (118b) concerne les groupes secondaires dont la première consonne est une sonante R et la seconde, une liquide r,l : R+r,l. Dans cette configuration, les liquides sont augmentées à leur gauche d'une **occlusive épenthétique** (m'r : cam(e)ra > chambre). Cette épenthèse est étudiée en détail au §235.

235 Epenthèse c<u>a</u>m(e)ra > *chambre*

Lorsque la syncope crée un groupe secondaire R'r ou R'l (qui donc n'est pas éligible au statut d'attaque branchante ↗17 *sq.*), une **consonne épenthétique** est insérée en son sein.

Cette consonne est toujours occlusive et hérite son lieu d'articulation de la consonne précédente : b après m labial dans c<u>a</u>m(e)ra > *chambre*, d après n dental dans c<u>i</u>n(e)re > *cendre*. Elle est toujours voisée sauf si la consonne précédente est sourde (<u>e</u>ss(e)re > *estre* frm *être*).

Cette épenthèse est illustrée sous (119).

(119) R'r, R'l provoquant l'épenthèse

	lat	afr	frm	lat	afr	frm
m'r	c<u>a</u>m(e)ra	*chambre*		cuc<u>u</u>m(e)re	*concombre*	
	n<u>u</u>m(e)ru	*nombre*		Cam(e)rācum		*Cambrai*
m'l	sim(i)l<u>ā</u>re	*sembler*		h<u>u</u>m(i)le	*umble*	*humble*
	cum(u)l<u>ā</u>re	*combler*		ins<u>i</u>m(u)l	*ensemble*	
n'r	c<u>i</u>n(e)re	*cendre*		t<u>e</u>n(e)ru	*tendre*	
	p<u>o</u>n(e)re	*pondre*		ven(e)ris-d<u>ī</u>e	*vendresdi*	*vendredi*
n'l	sp<u>i</u>n(u)la	*espingle*	*épingle*			
l'r	m<u>o</u>l(e)re	*moldre*	*moudre*	p<u>u</u>l(ve)re	*poldre*	*poudre*
	abs<u>o</u>l(v)(e)re	*assoldre*	*absoudre*	°val(ē)r<u>a</u>t 3s fut	*valdra*	*(il) vaudra*
s'r	<u>e</u>ss(e)re	*estre*	*être*	cō(n)s(u)(e)re	*costre (cosdre)*	*coudre*
	antec<u>e</u>ss(o)r	*ancestre* CS	*ancêtre*	°fars(u)r<u>a</u>ceu	*fastras*	*fatras*
z'r	L<u>a</u>z(a)ru	*lazre, ladre*	*ladre*	°s<u>i</u>s(e)ra	*cidre (sistre)*	*cidre*

Remarques
1. L'épenthèse concerne seulement les groupes R+r,l qui sont inconnus et donc illicites dans la langue (latin et pfr) : c'est le cas de tous les groupes montrés sous (119). Lorsque la syncope crée des groupes R+r,l qui sont déjà présents dans langue, l'épenthèse n'a pas lieu. Ainsi les groupes R+l,r suivants existent dans la langue : s'l (dans exl<u>i</u>gere > *eslire* frm *élire*), r'l (dans °sperling frk > *esperlenc* frm *éperlan*), r'r (dans t<u>e</u>rra > *terre*) et l'l (dans v<u>ī</u>lla > *vile* frm *ville*). De ce fait il n'y a pas d'épenthèse en leur sein : s'l <u>ī</u>(n)s(u)la > *isle* frm *île*, r'l m<u>e</u>r(u)la > *merle*, r'r c<u>u</u>rr(e)re > *corre* frm *courir*, l'l ūl(u)l<u>ā</u>re > *uller* frm *hurler*.
2. L'épenthèse a encore lieu dans les mots germaniques introduits avec un groupe #sl initial tel °slaitan frk > *esclater* frm *éclater*. L'épenthèse est de droit ici : sl existe dans la langue à l'intérieur du mot et n'y reçoit pas d'épenthèse (<u>ī</u>(n)s(u)la > *isle* frm *île*), mais est inconnu en début de mot.

17.3 Position appuyée finale

236 Comme les obstruantes en position finale appuyée ↗213.3, ↗221, les sonantes y sont restituées telles quelles.

Le seul cas où le groupe était déjà final en latin est -ks (s<u>e</u>x > *sis* frm *six*). Les groupes secondaires créés par la chute de la voyelle finale sont illustrés sous (120).

(120) sonantes en position finale appuyée (groupes secondaires)

	lat	afr	frm			lat	afr	frm
m	v<u>e</u>rm(e)	verm	ver		r	c<u>a</u>rr(u)	char	
n	di<u>u</u>rnu	jorn	jour		l	cab<u>a</u>ll(u)	cheval	
s	<u>u</u>rs(u)	ors	ours					

Tobias Scheer

Résumé chapitre 18
La Coda (__.C)

Obstruantes en coda

p,b,v	t,d		k,g	k,g+(i,e)+C
↓	↘	→	↓	↓
élimination	élimination	vélarisation	réduction	↗285
ø	ø	k > j	j	
°captiāre > *chacier*	rot(u)lu > *rôle*	vet(u)lu > *vieil*	facta > *faite*	fac(e)re
frm *chasser*	advocāre > *avoër*	acid(u)la > *oseille*	nigru > *noir*	*faire*
obstāre > *ôter*	frm *avouer*			
cīv(i)tāte > *cité*				

Sonantes en coda

j	l	s	r	m, n
↓	↓	↓	↓	↓
vocalisation	vocalisation	élimination	élimination, puis restitution	élimination fin 16ᵉ
i	w > u	ø	r (ø)	m, n > ø
necāre	coll(o)cāre	testa	fortia	gamba
neiier	*couchier*	*tête*	*force*	*jambe* [dʒāmbə]
frm *noyer*	frm *coucher*			fin 16ᵉ [ʒãbə]

18 La Coda (__.C)

237 Consonnes étudiées

Ce chapitre étudie la première consonne d'un groupe C.C hétérosyllabique (sachant que tout groupe CC est hétérosyllabique sauf s'il est *muta cum liquida* TR ↗18).

La consonne finale C# est en pfr, afr et jusqu'à la fin du 15ᵉ siècle une **intervocalique** ↗264. Ce n'est que depuis lors qu'elle est devenue coda ↗267. Par conséquent jusqu'à la fin du 15ᵉ siècle, les seules codas de la langue se rencontrent en position pré-consonantique (__.C) : ce sont elles que le présent chapitre étudie. Les consonnes finales C# relèvent du chap. 19 (consonnes intervocaliques).

On distinguera, parmi les **consonnes pré-consonantiques**, celles qui ont occupé cette position depuis le latin (**codas primaires** : p dans °captiāre > *chacier* frm *chasser*) et celles qui y ont été placées par le développement ultérieur (**codas secondaires** : l dans mal(i)fātiu > *mauvais*).

238 Désintégration radicale des codas

Wilhelm Köritz écrit déjà en 1886 (p. 33) que « une des lois les plus générales de la langue française [est] la *suppression de toute consonne qui clôt une syllabe* » (notre traduction, emphase dans l'original). Ce processus s'accomplit lentement mais avec une grande constance sur une longue période allant du début du pfr jusqu'aux abords du français classique : les nasales en coda ne tomberont qu'à la fin du 16ᵉ siècle ↗250, 315.

Les **obstruantes** sont les premières à céder à la pression positionnelle de la coda : elles sont déjà entièrement désintégrées avant le début de l'afr. Les **sonantes** en coda, quant à elles, sont d'abord maintenues en afr (à l'exception de yod, qui est déjà vocalisé à l'orée de l'afr) et ne commencent leur déclin qu'à partir du 11ᵉ siècle.

Remarque
1. Toutes les géminées de la langue, héritées (capillōs > *cheveus* frm *cheveux*, peccātum > *pechié* frm *péché*, posseo 1s > *puis*, stēlla > *estoille* frm *étoile*, gutta > *gote* frm *goutte*, cippu > *cep*, cappa > *chape*) ou créées au cours de l'évolution (rot(u)lu > *rolle* frm *rôle*, quadrātu > *carré*), dégéminent, *i.e.* perdent leur position coda et ainsi deviennent des consonnes simples intervocaliques. Ce mouvement est achevé au 7ᵉ ou 8ᵉ siècle. Ainsi l'afr n'a jamais connu de géminées (St. Lég. 200 *aporter* < adportāre etc.), sauf rr (qui ne dégémine qu'à partir du 12ᵉ siècle).

---

239 Reprise de la substance des codas par la voyelle précédente

La substance segmentale des consonnes éliminées en coda peut être perdue ou reprise par la voyelle précédente : cela dépend de leur nature.

Les labiales (°captiāre > *chacier* frm *chasser*) et dentales (plat(a)nu > *plane* frm *platane*) disparaissent sans laisser de trace sur la voyelle précédente (de même encore f, v, r). En revanche, les vélaires et sonantes (sauf r) sont d'abord affaiblies mais continuent à exister en tant que coda, puis lèguent leur substance à la voyelle précédente en se fondant dans elle. Ainsi les vélaires se réduisent d'abord à yod (facta > °faj.ta), qui ensuite se vocalise en se combinant avec la voyelle précédente (> *fai.te*). De même la latérale, qui est d'abord réduite à w (dulcia > °dow.ce), puis forme avec la voyelle suivante une diphtongue de coalescence (> *dou.ce*). S'agissant des nasales, elles lèguent leur nasalité à la voyelle précédente (gamba > afr *jambe* [dʒãmbə]) avant de disparaître à la fin du 16ᵉ siècle *jambe* [ʒãbə] ↗315.

Le détail de l'influence des codas sur la voyelle à leur gauche est étudié au chap. 10.

18.1 Obstruantes

240 Bien davantage que celle de l'intervocalique, l'action de la coda est radicale : elle réduit les obstruantes en position pré-consonantique (primaire comme secondaire) ou bien à zéro ou bien à un glide (j,w) et contribue ainsi à la **diminution massive du corps des mots** qui fait la particularité du français dans le concert des langues romanes ↗42.

L'élimination des obstruantes en coda est achevée dès avant l'afr.

18.1.1 Labiales

241 Les labiales en coda (primaire comme secondaire) sont éliminées sans laisser de trace.

(121) évolution des obstruantes labiales en coda

lat	afr		coda primaire			coda secondaire		
			lat	afr	frm	lat	afr	frm
p	> ø		rupta	route		tep(i)du	tiede	tiède
			°captiāre	chacier	chasser	sap(i)t 3s	sait	(il) sait
b	> ø		obstāre	oster	ôter	cub(i)tu	coude	
			subtus	soz	sous	dub(i)tāre	doter	douter
w,v	> ø		–			cīv(i)tāte	cité	cité
						nāv(i)gāre	nagier	nager

Remarque
1. Les Serments documentent encore la labiale f en coda : dans deb(e)t 3s > *dift* 'il doit', b est devenu v à l'intervocalique, puis après la syncope a été dévoisé en f au contact du t.

18.1.2 Dentales

242 La situation des dentales est montrée sous (122). La source latine ne fournit pas de t,d en coda primaire, sauf cas préfixé par ad-.

(122)   évolution des obstruantes dentales en coda

		coda primaire			coda secondaire		
	lat afr	lat	afr	frm	lat	afr	frm
a.	t > ø	–			r<u>o</u>t(u)lu	rolle	rôle
					sp<u>a</u>t(u)la	espalle	épaule
	d > ø	aden<u>i</u>re	avenir	advenir	rād(i)cīna	racine	
		advocāre	avoër	avouer	m<u>o</u>d(u)lu	molle	(le) moule
b.	tl > kl > jl	°Hrotland frk	Rolland	Roland	v<u>e</u>t(u)lu	vieil	
	dl > gl > jl	–			ac<u>i</u>d(u)la	oseille	

L'évolution sous (122a) qui élimine la dentale est de droit. Lorsque la dentale est suivie de la latérale, celle-ci gémine (r<u>o</u>t(u)lu > *rolle* frm *rôle*) ↗274. Ces événements ont lieu en pfr.

L'évolution sous (122b) se produit dès le latin (elle est partagée par toute la Romania) : la dentale des groupes tl,dl devient vélaire (> kl,gl : v<u>e</u>t(u)lu > °veclu), puis suit l'évolution régulière des vélaires en cette position, qui amène yod (> *vieil* ↗243).

Le fait qu'un mot comportant t'l, d'l suive l'une (122a) ou l'autre (122b) trajectoire n'est pas prédictible. Le détail de cette situation est décrit au ↗274.

Remarque
1. Le groupe t'l, d'l produit encore des aboutissements savants : t<u>i</u>t(u)lu > *title*, *titre* frm *titre*, cap<u>i</u>t(u)lu > *chapitle*, *chapitre* frm *chapitre*, <u>i</u>d(o)lu > *idele*, *idle*, *idre* 'idole, dieu païen' etc. (voir également le §276.1).

18.1.3 Vélaires

243 Groupes primaires

Placées en coda, les vélaires k,g dans un premier temps **spirantisent** en x,ɣ (f<u>a</u>c.ta > °faxta, n<u>i</u>g.ru > °niɣru Rq1), puis les fricatives vélaires x,ɣ se **réduisent à yod** (par évolution spontanée : > °fajte, > °nejru), amenant les aboutissements *faite*, et *neir* frm *noir*.

La vélaire nasale ŋ se réduit à ɲ : agn<u>e</u>llu [aŋnellu] > °aɲ.n<u>e</u>llu > *agnel* [aɲɲel] frm *agneau*. Ce processus a lieu entre le 3ᵉ et le 5ᵉ siècle.

Par la suite, le yod et ɲ issus des vélaires Rq2 se combinent avec la consonne suivante lorsque celle-ci est palatalisable, ce qui est le cas de la latérale et de la nasale (alors que r et s ne sont pas palatalisables ↗296-300), pour aboutir à une géminée latérale ʎʎ ou nasale ɲɲ Rq3.

jl > ʎʎ (124a) : cochlear > °cojlear > cujʎʎer = *cuiller* frm *cuillère*
ɲn > ɲɲ (124c) : agnellu [aɲnellu] > °aɲ.nellu > agnel [aɲɲel] frm *agneau*.

Lorsque la consonne suivante n'est pas palatalisable, le yod se combine avec la voyelle précédente pour former une diphtongue de coalescence : facta > °fajte > *faite* (124b).
Dans tous les cas de figure, l'évolution de la voyelle tonique précédant le groupe vélaire+C est entravée.
Ces évolutions sont montrées sous (123), illustrées sous (124).

(123) j+C : évolution

		Vj.C > Vi.C		Vj.r > Vi.r		Vj.l > Vʎ.ʎ		Vj̃.n > Vɲ.ɲ
	lat	Vk.t	fac.ta	Vg.r	nig.ru	Vk.l	cochlear	Vŋ.n agnellu
réduction à yod		Vj.t	faj.te	Vj.r	nej.ru	Vj.l	coj.ler	Vɲ.n aɲ.nellu
j, ɲ palatalisent l,n suivants		–		–		Vʎ.ʎ	coʎ.ʎer	Vɲ.ɲ aɲ.ɲel
yod se combine avec la V précédente en diphtongue		Vi.t	fai.te	Vi.r	nei.ru	–		–
	afr		faite		neir		cuiller	agnel
	frm				noir		cuillière	agneau

(124) vélaires en coda (groupes primaires)

			lat	afr	frm	lat	afr	frm
a.	k.r	> j	sacrāmentu	sairement	serment	lacrima	lairme	larme
	k.l		cochlear	cuiller	cuillère			
	g.r		nigru	neir	noir	agru	aire	'nid (d'aigle)'
b.	k.t	> j	facta	faite		frūctu	fruit	
			dīrectu	droit		nocte	nuit	
			lectu	lit		octō	huit	
	k.s		exīre	eissir, issir	issir	exīliu	eissil, essil	exil
	k.w		equa	ive	'jument'	aqua	aive	eau
c.	ŋ.n	> ɲ	agnellu	agnel	agneau	pugna	poigne	

Remarques
1. Les groupes kr, kl, gr, gl sont des attaques branchantes TR de droit ↗17 *sq*. Mais la langue a connu une période où toutes les attaques branchantes étaient **désolidarisées**, *i.e.* devenues des groupes hétérosyllabiques (GGHF §§335-338). C'est dans cet état hétérosyllabique k.r, k.l, g.r, g.l

que la réduction des vélaires à yod a lieu : ni̱.gru > °ne̱g.ru (désolidarisation) > °ne̱j.ru (réduction à yod) > °ne̱i.ru (vocalisation) > neir frm noir.
2. Placée en coda, la nasale palatale ɲ produit les mêmes effets (sur la voyelle antécédente ainsi que sur la consonne suivante) que yod dans la même position, à la nasalité près. Il est pour cette raison plus adéquat de considérer ɲ en coda comme un yod nasal j̃, plutôt que de parler de nasale palatale ɲ (les deux descriptions renvoyant au même objet phonétique).
3. Valeur du <i> graphique précédant l,n et r
Le <i> dans les graphies de l'afr (et jusqu'au frm) a un statut tout à fait différent devant r (non palatalisable) où il représente un yod (<ir> = [jr] > [ir] : ni̱gru > °ne̱jru > neir frm noir) et devant l (ou <ll>) ou n (palatalisables) dont il note simplement la palatalité sans avoir de réalité phonétique lui-même : <ill> dans afr cuiller [kyʎer] (< co̱chlear, frm cuillière) et <il> dans soleil (< °sole̱jl < soli̱c(u)lu) représente [ʎ] (< [ʎʎ]), quand <ign> dans enseigne (< insi̱gnia) ou oignon < ūni̱ōne) note [ɲ].

244 Groupes secondaires
Dans les groupes secondaires k,g+(v)+C, le sort de la vélaire dépend du timbre de la voyelle promise à la syncope. Lorsque celle-ci est u,o,a, la vélaire est par la syncope placée en coda et évolue ensuite comme dans les groupes primaires, *i.e.* est réduit à yod ↗243 : o̱c(u)lu > u̱ec(u)lu > °u̱eclu > °u̱ejl > ueil [uɛʎ] frm œil [œj] (125a).

En revanche, lorsque dans k,g+(i,e)+C la voyelle promise à la syncope est palatale i,e, la vélaire ne s'est jamais trouvée en coda puisqu'elle a été palatalisée avant l'action de la syncope : k,g+(i,e) > [c,ɟ]+(i,e) (125b). Ainsi fa̱c(e)re > °fa̱[c](e)re. L'évolution ultérieure de °fa̱[c](e)re qui amène afr faire est étudiée au §285.

Il existe, enfin, des cas (125c) où la nasale vélaire ŋ est placée en coda dans un groupe secondaire qui résulte de la perte d'une consonne (plutôt que d'une voyelle). Ainsi sa̱ncta présente un groupe CCC ŋkt dont les deux dernières consonnes ne sont pas éligibles au statut d'attaque branchante. Cela cause la perte de la consonne médiane selon la règle ↗211 (> °sa̱ŋ.ta). La nasale vélaire se réduit alors en ɲ selon la règle ↗243 (> sa̱ɲ.ta), lequel ɲ agit sur la voyelle précédente (aɲ > ɛ̃ ↗98, 105), l'aboutissement étant afr sainte [sɛ̃tə]. Il en va de même pour pu̱nctu > point [pwɛ̃t] frm point [pwɛ̃], sauf que l'effet sur la voyelle o (< lc u) est différent : oɲ > wɛ̃ ↗129.

Comme les groupes primaires, les groupes secondaires k,g+(v)+C provoquent toujours l'évolution entravée de la voyelle tonique à leur gauche.

(125) k,g+(v)+C

		lat	afr	frm	lat	afr	frm
a. k,g+(u,o,a)+C	k > yod	o̱c(u)lu	ueil	œil	ma̱c(u)la	maille	
		auri̱c(u)la	oreille		soli̱c(u)lum	soleil	
	g > yod	tra̱g(u)la	traille		rēg(u)lāre	reillier	'verrouiller'
b. k,g+(i,e)+C	k > [c]	fa̱c(e)re	faire		°co̱c(e)re	cuire	
		°pla̱c(e)re	plaire		dūc(e)re	duire	(con)duire
c. ŋ+(k)+t	ŋ > ɲ	sa̱ncta	sainte		pu̱nctu	point	

> **Remarque**
> 1. La nasale vélaire ŋ du groupe ŋkl dans a̱nc(o)ra > °a̱ŋkrə > *ancre* [ã̱ŋkrə] n'est pas réduite à ɲ parce qu'elle est **homorganique** (partage le lieu d'articulation) avec le k vélaire à sa droite. Elle se réduit à ɲ dans sa̱ncta > *sainte* parce que ce lien d'homorganicité a été rompu suite à l'élimination du k en tant que consonne médiane d'un groupe ŋkt dont les deux dernières consonnes sont inaptes à l'attaque branchante ↗211 (alors que le kr du groupe ŋkr dans a̱nc(o)ra est une attaque branchante viable, ce qui préserve le k).

18.2 Sonantes

245 Les sonantes en coda sont éliminées. Ce processus prendra beaucoup de temps : yod est la première sonante concernée aux 8e-9e siècle ↗246, la latérale ↗247 et s ↗248 suivent au 11e, r au 12e siècle ↗249. Seules les nasales résistent plus longtemps : elles sont éliminées en coda à partir de la fin du 16e siècle seulement ↗250, 315.

L'élimination par vocalisation, cas de yod et l > w, se fait sans encombre et est accomplie à l'orée de l'afr pour yod, à la fin de l'afr pour la latérale. Pour r et s, le processus durera jusqu'aux 16e-17e siècles et se solde par la perte complète de s, mais la restitution tout aussi complète de r, sous l'action de la norme ↗322.

18.2.1 Yod

246 Yod en coda se vocalise, *i.e.* se combine avec la voyelle précédente pour former une **diphtongue de coalescence**. Ce processus Vj.C > Vi.C a lieu dès le 8e-9e siècle et est accompli au 9e ou 10e siècle. Le cas où yod en coda est issu d'une consonne vélaire a été étudié et illustré aux §§243 *sq.*

Il existe encore une autre source de yod en coda : yod géminé intervocalique comme dans neca̱re > °nej.ja̱re > *neiier, noiier* frm *noyer*. Ce yod géminé peut avoir différentes sources, parmi lesquelles une vélaire intervocalique k,g ↗263 comme sous (126a) et dj intervocalique comme sous (126b) (inōdia̱re > °inōjja̱re > *enoiier* frm *ennuyer* ↗225).

(126) yod géminé suivi de a̱ tonique libre

source de jj	lat	afr <i>	frm	lat	afr <i>	frm
a. k,g	neca̱re	*neiier*	*noyer*	pāca̱re	*paiier*	*payer*
	preca̱re	*preiier*	*prier*	liga̱re	*leiier*	*lier*
b. dj	°appodia̱re	*apoiier*	*appuyer*	inōdia̱re	*enoiier*	*ennuyer*

Ici la première jambe de la géminée j.j est placée en coda. Ce jod va se vocaliser selon la règle pour former avec la voyelle précédente une diphtongue de coalescence : necāre > °nej.jāre > °nei.jāre.

Mais avant cela il déclenche l'effet Bartsch-Mussafia ↗151 : lorsque ā tonique libre est précédé d'une consonne palatale, il devient iɛ, comme dans tractāre > °trajtiɛre > *traitier* frm *traiter*.

Ainsi dans necāre > °nej.jāre > *neiier, noiier* frm *noyer*, le deuxième <i> de la graphie afr <ii> représente l'aboutissement du ā, transformé en iɛ par Bartsch-Mussafia. Le premier <i> note la vocalisation de la partie coda du yod géminé. La forme afr *neiier* présente donc **deux diphtongues successives** : ei issu de la vocalisation du yod en coda et iɛ provenant de Bartsch-Mussafia. Donc : necāre > °nej.jāre > °nej.jiere (Bartsch-Mussafia) > °nei.jiere (vocalisation) > °nei.iere (élimination du yod simple intervocalique) > *neiier, noiier* frm *noyer*.

18.2.2 l

247 Placée en coda primaire ou secondaire, la latérale, déjà vélarisée en ł à l'entrée de l'afr, est vocalisée en w au 11ᵉ siècle. Ce w est éliminé après voyelle antérieure (i < lc ī, y < u < lc ū, e < lc a,ā, ei < lc i,ē, ø < lc o) (127b), ailleurs se combine avec la voyelle précédente pour former une diphtongue de coalescence (127a).

Ce processus est accompli à la fin de l'afr, mais comme pour s et r ↗248 sq., la graphie ne suit pas nécessairement la prononciation : <alC> peut persister pour ce qui est prononcé [o]C (et <olC> pour [u]C) jusqu'au 16ᵉ ou 17ᵉ siècle ↗201.

(127) l en coda

			groupes primaires			groupes secondaires			
			lat	afr	frm	lat	afr	afr	frm
a.	l	> w	dulcia	douce		val(e)t 3s	valt	vaut	
			alba	aube		coll(o)cāre	colchier	couchier	coucher
						°foll(ō)s Apl	fols	fous	
b.	l	> ø	–			N sg fīl(iu)s	fils	fis	fils
						pūl(i)ce	pulce	puce	puce
						pil(ō)s Apl		peis	poils
						hos(pi)tāl(ē)s Apl		ostes	hôtes
						°vol(e)t 3s	vuelt	veut	

18.2.3 s

248 Lorsque la syncope crée le groupe s.r, il reçoit en son sein l'épenthèse régulière ↗235 : e̱ss(e)re > *estre* frm *être*.

Lorsque s en coda est suivi de yod, celui-ci pratique la métathèse s.j > j.s, ce qui place s en Position Forte, où il persiste (néanmoins voisé en z ↗293) : bāsiāre > *baisier* frm *baiser* ↗229.

Ces processus ont lieu en pfr. Plus tard en afr, s en coda tombe (via x,ɣ ou h,ɦ), au 11ᵉ siècle devant obstruante voisée s+D (128a) et sonante s+R (128b), où il est voisé (la graphie <s> ici note la voisée [z]). Devant obstruante sourde s+T (où il est demeuré sourd) (128c), s tombe seulement à partir du 13ᵉ siècle.

La résistance prolongée de la sourde par rapport à la voisée (qui est par ailleurs générale pour toutes les obstruantes de la langue) est attestée par l'anglais qui au moment de la conquête normande au 11ᵉ siècle emprunte z+D et z+R déjà sans (ang. *hideous*, *male*), mais s+T encore avec s (angl *forest*).

(128) s en coda
T = obstruante sourde, D = obstruante voisée, R = sonante

		lat	afr	frm	angl	lat	afr	frm	angl
a.	sD	hīsp(i)dōsu	*hisdos*	*hideux*	*hideous*	exgrumāre	*esgruner*	'égrener'	
b.	sR	ma̱sc(u)lu	*masle*	*mâle*	*male*	vass(e)llittu	*vaslet*	*valet*	*valet*
		°disj(u)nāre	*disner*	*dîner*	*dine*	°blast(e)māre	*blasmer*	*blâmer*	*blame*
c.	sT	fore̱ste	*forest*	*forêt*	*forest*	ho̱sp(i)te	*oste*	*hôte*	*host*
		caste̱llu	*chastel*	*château*	*castle*	hos(pi)tāle	*(h)ostel*	*hôtel*	*hostel*
		be̱sta	*beste*	*bête*	*beast*	fas(ci)nāre	*faisnier*	*fasciner*	
		te̱sta	*teste*	*tête*		tes(ti)mōniu	*tesmoin*	*témoin*	

Remarque

1. Le fait que la chute de s ne soit amorcée que durant l'afr montre que cette consonne a le statut de sonante : les obstruantes sont désintégrées dès avant l'afr ↗238. Cela concorde avec le diagnostic fourni par l'épenthèse qui ne concerne que les groupes de deux sonantes (m'r ca̱m(e)ra > *chambre*, m'l, n'r, n'l, l'r) mais s'applique également aux groupes s'r (e̱ss(e)re > *estre* frm *être*) et z'r (La̱z(a)ru > *ladre*) ↗235.

18.2.4 r

249 La chute de r en coda est attestée depuis le 12ᵉ siècle. Comme la graphie est immuable (r est toujours écrit, même lorsqu'il n'est pas prononcé), seules les rimes renseignent. Ainsi dans son *Bestiaire* (composé entre 1121 et 1135), Philippe de Thaon rime *sage* : *large*, *cors* : *enclos*, *parecus* : *jurz*. Le Roman de Troie (deuxième moitié du 12ᵉ siècle) propose *braz* : *pars*, *lais* : *travers*, *Grezeis* : *veirs*, *sospirs* : *ententis*, et le Tristan (fin 12ᵉ siècle, par Béroul) présente *ars* : *pas*, *vet* : *sert*, *fiers* : *nies*, *fors* : *clos*, *feurs* : *deus*.

Les formes sans r ont ensuite cours jusqu'à la Renaissance, mais étant donné la constance de la graphie, il est difficile de savoir dans quels mots ou contextes exactement le r était présent ou absent. Toujours est-il qu'en frm, il est systématiquement présent. Cela est dû à l'action de la norme aux 16ᵉ-17ᵉ siècles, qui a réussi à restituer r dans les mots où il était déjà perdu (voir le détail au §322).

(129)   r en coda

groupes primaires			groupes secondaires		
lat	afr	frm	lat	afr	frm
arg<u>e</u>ntu	*argent*		cer(e)b<u>e</u>llu	*cervel*	*cerveau*
f<u>o</u>rtia	*force*		f<u>e</u>r(e)tru	*fiertre*	'châsse'
c<u>e</u>rtus	*certes*				

18.2.5 Nasales

250 Les consonnes nasales nasalisent la voyelle à leur gauche à partir du 10ᵉ ou 11ᵉ siècle, et ce, que la nasale soit intervocalique (afr *lune* [lỹnə] < l<u>ū</u>na), finale (afr *raison* [raizɔ̃n] < rati<u>ō</u>ne) ou en coda (afr *jambe* [dʒãmbə] < g<u>a</u>mba).

Devant consonne nasale intervocalique, la voyelle nasale se dénasalise ensuite à partir de la fin du 15ᵉ siècle (ou dès le 13ᵉ siècle selon certains auteurs) : l<u>ū</u>na > afr *lune* [lỹnə] > [lynə] frm *lune* [lyn].

Enfin, les consonnes nasales en position finale (rati<u>ō</u>ne > afr *raison* [raizɔ̃n] > frm *raison* [raizɔ̃]) et pré-consonantique (g<u>a</u>mba > afr *jambe* [dʒãmbə] > *jambe* [ʒãbə] frm *jambe* [ʒãb]) sont éliminées à partir de la fin du 16ᵉ siècle.

Le détail de cette évolution est décrit au §315.

(130)   nasales en coda

	groupes primaires			groupes secondaires		
	lat	afr	frm	lat	afr	frm
m	g<u>a</u>mba	*jambe*		c<u>o</u>m(i)te	*conte*	*comte*
n	arg<u>e</u>ntu	*argent*		bon(i)t<u>ā</u>te	*bonté*	
ŋ	ang<u>u</u>stia	*angoisse*				

Remarque
1. Dans des variétés méridionales, les consonnes nasales s'entendent encore aujourd'hui devant consonne et en finale : *monde* [mɔndə], *bon* [bɔŋ], etc.

Tobias Scheer

Résumé chapitre 19
La position intervocalique (V__V et V__#)

Obstruantes en position intervocalique

labiales p,b,f,w	dentales t,d		vélaires k,g		
			+i,e	adjacentes à u,o	+a
↓	↓		↓	↓	↓
voisement, spirantisation	voisement, spirantisation puis élimination		palatalisation ↗284	élimination	spirantisation, ɣ > jj
v	ð > ø		j+ts	ø	jj
°sapēre > *savoir* habēre > *avoir* Stephanu > *Estievene* frm *Etienne* lavāre > *laver*	°potēre > *pooir* frm *pouvoir* vidēre > *veoir* frm *voir*	k	aucellu *oisel*	sēcūru *seür* frm *sûr*	precāre *proiier* frm *prier*
			spiranti- sation, ɣ > jj	élimination	spirantisation, ɣ > jj
			jj	ø	jj
		g	magis *mais*	rūga *rue*	negāre > *neiier* frm *nier*

Sonantes en position intervocalique

r	l	m	n	s
↓	↓	↓	↓	↓
	maintien			voisement
r	**l**	**m**	**n**	**z**
cāru *chier* frm *cher*	cælu *ciel*	°camīnu *chemin*	bene *bien*	causa *chose*

19 La position intervocalique (V__V et V__#)

19.1 Consonnes étudiées

19.1.1 La consonne finale (V__#) est une intervocalique

251 Les consonnes étudiées dans ce chapitre sont intervocaliques. Cela inclut les consonnes en position **intervocalique phonétique**, *i.e.* qui sont précédées et suivies d'une voyelle (V__V), ainsi que les consonnes en position **intervocalique finale**, *i.e.* placées en fin de mot et précédées d'une voyelle (V__#).

S'agissant du statut syllabique de la consonne finale de mot (V__#), il existe deux types de langues : celles qui la considèrent en tant que coda et celles où elle est intervocalique ↗23. Le français appartient au dernier type jusqu'à la fin du 15ᵉ siècle, ensuite rejoint le premier type : depuis la fin du 15ᵉ siècle et jusqu'à ce jour, la consonne finale est une coda ↗264 *sq*.

Précédée d'une voyelle, la **consonne finale** a donc en pfr, afr et jusqu'à la fin du 15ᵉ siècle, le statut phonologique et le comportement d'une intervocalique. Par conséquent elle est étudiée dans le présent chapitre.

19.1.2 Diagnostics pour l'intervocalicité de la consonne finale C#

252 *-al - -aux*

Tous les diagnostics montrent que la consonne finale est une intervocalique, phonologiquement parlant (voir GGHF §§305-311).

Un témoin en est l'évolution de la latérale en coda : au 11ᵉ siècle, elle est vocalisée en w devant consonne, *i.e.* en coda (cab<u>all</u>(ō)s Apl > *chevaus* frm *chevaux*), mais demeure en position finale (cab<u>a</u>llu Asg > *cheval*) ↗247. Il est donc certain qu'en position finale, la latérale ne se trouve pas en coda (et qu'il n'existe aucune voyelle à sa droite).

253 Diphtongaison de la voyelle tonique précédant C#

Il est montré sous (131) que les voyelles toniques précédant les consonnes en **position finale primaire** sont placées en syllabe ouverte, puisqu'elles diphtonguent. Par conséquent, la consonne finale ne ferme pas la syllabe et n'est pas une coda.

(131) voyelle tonique suivie d'une consonne en position finale primaire

C#	lat	afr	frm
t	s<u>i</u>t 3s subj	seit	soit
k	apud h<u>o</u>c	avuec	avec
	ill<u>o</u>c	iluec, luec	'là'
m	r<u>e</u>m	rien	
	°t<u>o</u>m	tuen, tien	tien

C#	lat	afr	frm
r	c<u>o</u>r	cuer	cœur
l	f<u>e</u>l	fiel	
	s<u>ā</u>l	sel	
	m<u>e</u>l	miel	
s	tr<u>ē</u>s	treis	trois

254 Evolution des consonnes finales

Puisque les consonnes en position finale V__# sont des intervocaliques, leur évolution est identique à celle des consonnes en position intervocalique phonétique V__V (au dévoisement en finale ↗256 près).

C'est le cas lorsque la consonne finale se trouve en **position finale primaire V__#** (*i.e.* a déjà été finale en latin) autant que lorsqu'elle est placée en **position finale secondaire V__(V)** (*i.e.* est devenue finale au cours de l'évolution). Sous (132), les deux cas sont juxtaposés à la position intervocalique phonétique V__V pour les dentales t,d : l'évolution est identique et synchrone dans les trois positions. Dans un premier temps aux 3e-4e siècles, t,d spirantisent en ð (dévoisé en -θ en finale ↗256) selon la règle ↗257. Le ð, ou -θ en finale, est présent dans les premiers textes sous la forme graphique <t>, <d> ou <th> ↗260.1, puis tombe dans l'Est et le Nord-Est à partir de la fin du 9e siècle mais est encore systématiquement présent dans *Alex*, *i.e.* au milieu du 11e siècle en Normandie. Enfin, il est éliminé partout à partir de la fin de ce siècle ou du début du siècle suivant : au début du 12e siècle, *Roland* ne le note plus.

(132) t,d en position finale V__# et intervocalique phonétique V__V

	lat	pfr	fin 9e - fin 11^e	lat	afr	frm
finale primaire V__#	t	> ð > θ	> zéro	d<u>ō</u>nat 3s	donet, done	(il) donne
			> zéro	s<u>i</u>t subj 3s	seit, soit	soit
	d	> ð > θ	> zéro	quid	queit, quet	quoi, que
finale secondaire V__(V)#	t	> ð > θ	> zéro	p<u>e</u>d(e)	piet, pié	pied
	d	> ð > θ	> zéro	f<u>i</u>d(e)	feit, foi	foi
intervoc. phonét. V__V	t	> ð > ð	> zéro	°pot<u>ē</u>re	pooir	pouvoir
	d	> ð > ð	> zéro	aud<u>ī</u>re	audir, oïr	ouïr

Il en va de même pour les autres consonnes finales : le k est éliminé en position finale secondaire dans f<u>o</u>c(u) > *feu* autant qu'en position intervocalique phonétique dans sēc<u>ū</u>ru > *seür* frm *sûr*. Pareillement, le p est spirantisé dans °c<u>a</u>pu > *chief* frm *chef* comme en position intervocalique phonétique dans °sap<u>ē</u>re > *savoir*. Les quelques très rares exceptions sont mentionnées aux §§259.1, 262.1.

Au vu de ce qui précède, les évolutions étudiées dans ce chapitre mentionnent donc indistinctement les cas de consonnes intervocaliques phonétiques et intervocaliques finales.

255 Graphie de t,d intervocalique (phonétique et final)

En position intervocalique phonétique, la graphie suit l'évolution phonétique et à partir du 12e siècle ne note plus le ð (aud$\underline{i}$re > 9e *audir* > 12e *oïr* frm *ouïr*). Il en va de même en position finale, sauf que le <-t> a parfois été restauré plus tard ↗320 : c'est le cas dans p$\underline{e}$d(e) > 9e *piet* > 12e *pié* frm *pied* et n$\underline{o}$d(u) > 9e *nout* > 12e *neu* frm *nœud*. Mais le plus souvent, la graphie n'a pas rétabli la dentale : gr$\underline{a}$t(u) > 9e *gret* > 12e *gré* frm *gré*, qu$\underline{i}$d > 9e *queit* > 12e *quoi* frm *quoi*, nep$\underline{o}$te > 9e *nevud* > 12e *neveu* frm *neveu*.

Dans les 2e et 3e groupes, le -t marquant la 3e personne du singulier à l'indicatif présent est placé en position appuyée C__# par la syncope de la voyelle finale i ou e : d$\underline{e}$b(e)t 3s > *dift Serm* > *doit*, t$\underline{e}$n(e)t 3s > *tient*, s$\underline{a}$p(i)t 3s > °*sapt* > *sait*, v$\underline{a}$l(e)t 3s > *valt* frm *vaut*, ser(vi)t 3s > *sert*, cr$\underline{e}$s(ci)t 3s > *croist* frm *(il) croît*. Protégé par sa Position Forte, le -t ne sera amuï qu'à partir de la fin du 12e siècle ↗264.1, et la graphie le maintient jusqu'à ce jour. A partir du 15e siècle, la graphie note <-d> à la place du -t étymologique dans les verbes dont l'infinitif se termine en *-dre*, par analogie avec cet infinitif : *attendre - (il) attend*, *prendre - (il) prend*, *défendre - (il) défend*. La graphie du frm suit cet usage, sauf pour les verbes en *-aindre, -eindre, -oindre* : *craindre - (il) craint*, *peindre - (il) peint*.

Dans le 1er groupe en revanche, la voyelle finale étant a au présent de l'indicatif, elle résiste plus longtemps à la syncope et est encore présente sous la forme de schwa (écrit <e>) au moment de l'élimination de t,d en position intervocalique finale : d$\underline{o}$nat 3s > 9e *donet*. Ici le -t ne s'est donc jamais trouvé en position appuyée, et par conséquent s'est amuï comme ses homologues placés en position intervocalique finale V__# dès la fin du 9e siècle : 9e *donet* > 12e *done* frm *(il) donne*. La graphie ne restaurera pas le -t dans ce cas, ce qui fait qu'il est toujours absent du 1er groupe en frm.

19.2 Evolution

19.2.1 Dévoisement en finale

256 Comme de nombreuses autres langues (allemand, russe etc.), l'afr pratique le dévoisement en finale : les obstruantes qui sont lexicalement voisées apparaissent en tant que sourdes en fin de mot. Ainsi il n'existe pas en afr d'obstruante voisée en position finale.

Ce processus est actif dans la synchronie de l'afr, et y produit de nombreuses alternances, s'agissant des adjectifs sous (133) par exemple.

(133) dévoisement en finale : alternances présentées par les adjectifs en afr

masc.	fém.	frm	lat	masc.	fém.	frm	lat
froit	froid-e	froid	fri̱gidu, -a	vuit	vuid-e	vide	°vo̱c(i)tu, -a
corp	corb-e	courbé	cu̱rvu, -a	reit	reid-e	raide	ri̱g(i)du, -a
vif	viv-e	vif, vive	vi̱vu, -a	larc	larg-e	large	la̱rgu, -a

Les formes masculines et féminines de l'adjectif ont par la suite été uniformisées au profit du féminin : afr masc. *vuit* - fém. *vuide* > frm masc. / fém. *vide*. Fait exception à cela f-v, alternance conservée à ce jour dans la plupart des cas (*vif* - *vive*, *bref* - *brève*, *neuf* - *neuve*, *naïf* - *naïve*, *hâtif* - *hâtive*, etc., mais afr *chauf* - *chauve* > frm masc. / fém. *chauve*), ou encore zéro - z dans *mauvais* [ɛ] - *mauvaise* [ɛz].

19.2.2 Lénition intervocalique

257 Voisement et spirantisation
La position intervocalique engage les obstruantes dans une trajectoire de **lénition** : les consonnes sourdes sont d'abord **voisées**, ensuite toutes les occlusives **spirantisent**. Ces processus ont lieu aux 3e-4e siècles.

(134) obstruantes : trajectoire de lénition en position intervocalique V__V

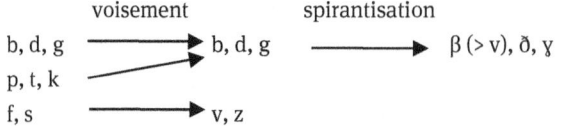

258 Sonantes
Les sonantes ne sont pas affectées par la lénition intervocalique : r (ca̱ru > *chier* frm *cher*), l (°volē̱re > *voloir* frm *vouloir*), m (°cami̱nu > *chemin*) et n (be̱ne > *bien*) demeurent à l'intervocalique sans modification jusqu'en afr et au-delà à ce jour.

Ayant le statut de sonante ↗248.1 mais possédant une variante voisée, s participe au voisement intervocalique, aboutissant à [z] (ca̱usa > *cho[z]e*).

Seul yod appelle une mention particulière. En latin classique, il ne se rencontre qu'à l'initiale de mot d'une part (jo̱cu > *jeu*) et à l'intervocalique d'autre part (ma̱jor [majjor] Nsg > *maire* CS frm *maire*). Dans cette dernière position, il est **toujours géminé** bien qu'il apparaisse dans la graphie sous une forme simple (<i> ou <j> selon la norme graphique utilisée). Le caractère géminé de yod à l'intervocalique sera de règle dans la langue jusqu'au 5e siècle au moins pour tous les yods, hérités ou apparaissant dans cette position à l'issue d'un processus phonologique. Il est systématique et ne souffre aucune exception. La première jambe de yod géminé se combine en règle générale avec la voyelle précédente pour former une diphtongue de coalescence (ga<u>u</u>dia > °dʒoj.ja > °dʒoi.jə), puis yod intervocalique est éliminé (> dʒo<u>i</u>ə > *joie*).

19.2.3 Labiales

259 Toutes les labiales (p, b, f, w) produisent la fricative bilabiale β, qui aboutit à v : les trajectoires individuelles par la spirantisation et le voisement sont montrées sous (135) et illustrées sous (136). Il est à noter que le glide lc w (écrit <v>), comme en Position Forte ↗232, aboutit à la fricative v.

(135) labiales : trajectoire de lénition

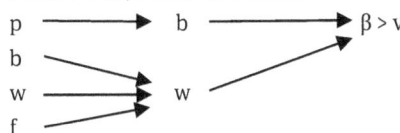

(136) p,b,f,w > v

	lat	afr	frm			lat	afr	frm
p	°sap<u>e</u>re	*savoir*		b		hab<u>ē</u>re	*avoir*	
	nep<u>ō</u>te	*neveu*				dēb<u>ē</u>re	*devoir*	
	cap<u>i</u>llōs Apl	*cheveus*	*cheveux*			cab<u>a</u>llu	*cheval*	
w	br<u>e</u>vi	*brief*	*bref*	f		St<u>e</u>phanu	*Estievene*	*Etienne*
	n<u>ā</u>vi	*nef*				r<u>a</u>phanu	*ravene*	'radis'
	lav<u>ā</u>re	*laver*						
	lev<u>ā</u>re	*lever*						

Remarques
1. Amuïssement des labiales par un u,o adjacent
   Lorsque les labiales sont précédées ou suivies d'une voyelle postérieure (u,o), elles sont amuïes. Ainsi b+u,o °tab<u>ō</u>ne > *taon* ; f+u,o dēf<u>o</u>ris > *deors* frm *dehors* ; w+u,o pav<u>ō</u>re > *peor* frm *peur* ; u,o+b °n<u>ū</u>ba > *nue* frm *nue, nuage* ; u,o+w ov<u>i</u>c(u)la > *oeille* frm *ouaille*.
   En position finale secondaire V__(V)#, il existe quelques cas où la labiale échappe à l'amuïssement devant u,o final et se présente alors en afr sous sa forme attendue hors influence labio-vélaire, *i.e.* en tant que f (< v dévoisé en position finale §256) : n<u>o</u>v(u) > *nuef* frm *neuf* adj., l<u>a</u>v(ō) 1s > *lef* frm *(je) lave*, n<u>a</u>p(u) > *nef* 'navet'.
2. Datation absolue
   La confusion de b et w en β est encore latine, consommée au 2ᵉ siècle. L'évolution p > b n'a lieu qu'à la fin du 4ᵉ siècle lorsque toutes les obstruantes sourdes subissent le voisement intervocalique. Le b secondaire qui en est issu devient alors β, puis v au 5ᵉ siècle.

19.2.4 Dentales

260 En position intervocalique, t,d subissent le voisement (t > d) et la spirantisation intervocaliques (d > ð) ↗257 aux 3ᵉ-4ᵉ siècles et apparaissent en tant que ð dans les plus anciens textes : vīta > afr *vide, vithe* [viðə] *Alex.*, audīre > afr *audir* [oðir] *St. Lég.* Le ð s'amuït ensuite à partir de la fin du 9ᵉ siècle et a entièrement disparu au début du 12ᵉ siècle : > afr *vie Rol.*, *oïr Rol.* frm *ouïr*.

(137)   t,d > ð > ø

	lat	afr	frm	lat	afr	frm
t	vīta	*vide > vie*	*vie*	spatha	*espede > espee*	*épée*
	°potēre	*pooir*	*pouvoir*	grātu	*gré*	
d	audīre	*audir > oïr*	*ouïr*	vidēre	*veoir*	*voir*
	laudāre	*lauder > loër*	*louer*	cadēre	*cheoir*	*choir*
	pede	*pié*	*pied*			

Remarque
1. Les graphies pour [ð] sont variables : d (spatha > *espede Eul.*), th en anglo-normand (spatha > *espethe Alex.*), dh (Lothariu > *Ludher Serm.*). Le *Anglo-Saxon Chronicle* (Ms. Laud) de la fin du 9ᵉ siècle utilise le signe <ð> : Catomagu > *Caðun* frm *Caen*. Emprunté à l'afr, fide > *feið* frm *foi* a abouti au moyen anglais *feið* > angl *faith*.

19.2.5 Vélaires

261 Vue d'ensemble

Les vélaires ont en position intervocalique subi trois processus qui se sont déroulés successivement et les ont ainsi éliminées peu à peu.

D'abord la palatalisation romane a transformé k,g+i,e (k+i,e > j+ʣ ↗284, g+i,e > jj ↗283) à partir du 1ᵉʳ siècle ap. JC (138a). Plus tard vers le 4ᵉ siècle, alors que ce processus était achevé et qu'il n'y avait plus de vélaires suivies de i,e, les vélaires restantes, devenues ɣ par voisement et spirantisation ↗257, sont amuïes par l'action de u,o adjacents (138b).

Enfin, cette élimination achevée, les seuls k,g devenus ɣ qui subsistent encore sont précédées de lc i,e,a et suivies de lc a (138c). Ils sont réduits à yod par évolution spontanée, ce yod étant en position intervocalique géminé ↗258.

Ce mouvement à trois étapes est résumé et illustré sous (138). Le cas k,g+i,e est étudié au ↗284, les deux autres étapes sont détaillées aux ↗262 *sq.*

(138) évolution des vélaires k,g en position intervocalique phonétique

	pal. ro-mane	k,g > ø adjac. u,o	ɣ > jj	k			g		
lat				lat	afr	frm	lat	afr	frm
a. k,g+i,e	> j+dz, jj	–	–	aucellu	oisel	oiseau	magis	mais	
b. k,g+u,o	–	> ø	–	sēcūru	seür	sûr	legūme	leün	légume
u,o+k,g	–	> ø	–	locāre	loër	louer	rūga	rue	
c. i,e,a+k,g+a	–	–	> jj	precāre	proiier	prier	negāre	neiier	nier

262 k,g précédés ou suivis de u,o

En position intervocalique, k,g sont éliminés lorsqu'ils se trouvent précédés ou suivis de u,o.

(139) k,g adjacents à u,o

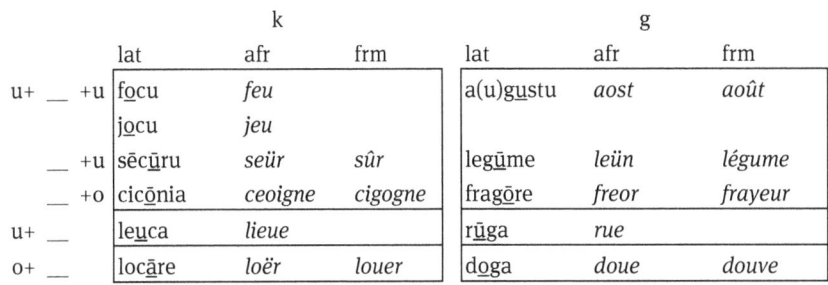

		k			g		
	lat	afr	frm	lat	afr	frm
u+ __ +u	focu	feu		a(u)gustu	aost	août
	jocu	jeu				
__ +u	sēcūru	seür	sûr	legūme	leün	légume
__ +o	cicōnia	ceoigne	cigogne	fragōre	freor	frayeur
u+ __	leuca	lieue		rūga	rue	
o+ __	locāre	loër	louer	doga	doue	douve

Remarque

1. En position finale secondaire V__(V)#, il existe quelques cas où la vélaire échappe à l'amuïssement devant u,o final. Elle se présente alors en afr sous sa forme attendue hors influence labio-vélaire, *i.e.* en tant que -j (nocte > °nojte > *nuit* ↗243) : °vērācu > *verai* frm *vrai*, vagu > *vai* 'errant', lacu > *lai* frm *lac*.
   De même les rares cas de vélaires en position finale primaire V__# aboutissent à yod : fac impératif 2s > *fai* frm *fais* !

---

263 k,g+a

Les vélaires qui subsistent après la spirantisation ↗257, la palatalisation et l'action de u,o ↗261 se présentent sous la forme de la fricative vélaire ɣ, qui étant donné les processus ayant déjà affecté les vélaires, est toujours précédée de lc i,e,a et suivie de lc a : precāre > °preɣāre. Cette fricative ɣ aboutit à yod, qui en position intervocalique est géminé ↗258 (> °prejjāre > *preiier, proiier* frm *prier*).

L'évolution du yod géminé jj issu de cette évolution connaît ensuite trois aboutissements différents représentés par les graphies <ii> (devant ā tonique ↗246 : precāre > *proiier* frm *prier*), zéro (après lc ī,i : mīca > *mie*) et <i> (ailleurs : bāca > *baie*).

(140)   i,e,a+k,g+a

		k			g		
		lat	afr	frm	lat	afr	frm
k,g+a > jj >	<ii>	precāre	*proiier*	*prier*	ligāre	*leiier*	*lier*
		necāre	*noiier*	*noyer*	negāre	*neiier*	*nier*
		pācāre	*paiier*	*payer*	pāgānu	*paiien*	*païen*
jj >	ø	mīca	*mie*		striga	*estrie*	'sorcière'
		amīca	*amie*		castīgat 3s	*chastie*	(il) châtie
jj >	<i>	bāca	*baie*		plaga	*plaie*	
		rīca	*reie*	*raie*	ossifrāga	*orfraie*	

19.3 Genèse de la liaison

19.3.1 Chute des consonnes finales en sandhi externe

264 Intervocaliques en pfr, tout au long du afr et du mfr, les consonnes finales deviendront des codas à la fin du 15e siècle. Le diagnostic pour ce changement de statut syllabique est leur perte devant pause, qui signe la dernière étape de la mise en place de la liaison telle que nous la connaissons aujourd'hui. Il est instructif pour cette raison, et d'autres, de s'attarder sur la genèse de la liaison.

Jusqu'à la fin du 12e siècle, les processus phonologiques étaient bornés par les **frontières de mot** : la lénition des obstruantes devant consonne par exemple ne s'appliquait que si cette consonne appartenait au même mot : le d dans advocāre > *avoër* frm *avouer* chute dans ces conditions (il est absent dès les premiers textes). Mais le d dans *quid* > *quet* frm *que* se maintient (sous sa forme dévoisée -t ↗256) dans les premiers textes, et ce quel que soit le début du mot suivant : que celui-ci commence par une consonne ou une voyelle n'a aucune incidence. La **frontière de mot bloque donc l'application du processus** : une éventuelle consonne qui débute le mot suivant n'est pas prise en compte.

A partir de la seconde moitié du 12e siècle, toutefois, **la frontière de mot devient invisible** pour les processus phonologiques, qui l'enjambent (**sandhi externe**) : les positions syllabiques sont dès lors définies sans la prendre en compte. Ainsi une consonne finale est placée en coda devant mot à initiale consonantique (C# C), mais vaut une intervocalique devant mot à initiale vocalique (C# V). C'est seulement devant pause, *i.e.* en l'absence de mot suivant, qu'elle demeure non influencée, *i.e.* finale (C##).

Un -t final par exemple, prononcé en toute circonstance au 11e siècle (141a), avait trois prononciations à partir de la fin du 12e siècle (141b) : il tombe devant mot à initiale consonantique (__# C) et subit le voisement intervocalique devant mot à initiale vocalique (__# V). En l'absence d'influence du mot suivant, *i.e.* devant pause (__##), le -t final demeure tel quel.

(141) évolution de la consonne finale en sandhi externe
       # = frontière de mot, ## = pause

		__# C	__# V	__##
a.	11ᵉ siècle	[-t]	[-t]	[-t]
		peti[t] canon	peti[t] enfant	il est peti[t]
b.	fin 12ᵉ siècle	zéro	[-d]	[-t]
		peti canon	peti[d] enfant	il est peti[t]
c.	fin 15ᵉ siècle	zéro	[-t]	zéro
		peti canon	peti[t] enfant	il est peti
d.	frm *dix*, *six*	zéro	[-z]	[-s]
		di canons	di[z] enfants	il y en a di[s]

Cette distribution tripartite était générale en afr pour toutes les obstruantes sourdes, les autres consonnes (obstruantes voisées et sonantes) ne pouvant exprimer qu'une alternance à deux termes (puisqu'elles ne possèdent pas de forme sourde).

Enfin, la consonne finale cesse d'être prononcée également devant pause depuis la fin du 15ᵉ siècle (141c), ce qui installe l'état moderne qui prévaut jusqu'à ce jour, sauf pour deux mots, *dix* et *six* (141d), qui ignorent (141c) et continuent à fonctionner selon (141b).

La chute des consonnes finales devant pause à partir de la fin du 15ᵉ siècle (combattue par la norme ↗320) est indicative de leur changement de statut syllabique : elles étaient des intervocaliques en pfr, afr et mfr jusqu'à cette date, puis deviennent des codas, statut qu'elles conservent jusqu'à ce jour.

Remarques

1. Lorsqu'un mot se termine par un groupe CC# et qu'il est suivi par un mot à initiale consonantique, l'effacement de la frontière de mot crée un groupe CCC. Dans ce cas, la consonne médiane est perdue selon la règle ↗211 : *Sein Gabriel* (pour *Seint Gabriel*) dès *Roland* (2847).
2. Plus tard aux 16ᵉ-17ᵉ siècles, la norme a réussi dans nombre de mots à rétablir la consonne finale qui était déjà éliminée : afr *duc* (< ltm d<u>u</u>x, d<u>u</u>cem) > 16ᵉ *du* > frm *duc* ↗320.

19.3.2 Elargissement du domaine d'application et ses conséquences multiples

265 Le fonctionnement en **sandhi externe** documente le fait que le domaine qui délimite l'application des processus phonologiques n'est plus le mot, mais une **portion plus grande de la chaîne linéaire**. Si la position syllabique des segments était jusqu'à la fin du 12ᵉ siècle calculée en fonction des frontières de mot (une consonne initiale était initiale de mot et une consonne finale, finale de mot), elle l'est à partir de ce moment sans prendre en compte cette frontière. L'évolution du statut syllabique des

consonnes finales de mot est résumée sous (142), pour le tournant de la fin du 12ᵉ siècle ainsi que pour l'évolution ultérieure à partir de la fin du 15ᵉ siècle.

(142) élargissement du domaine d'application des processus : calcul de la position syllabique

	consonne finale de mot		statut syllabique		
			9ᵉ - fin 12ᵉ s.	fin 12ᵉ s.	fin 15ᵉ s.
a.	suivie de mot à initiale C	...VC # C...	intervocalique	coda	coda
b.	suivie de mot à initiale V	...VC # V...	intervocalique	intervocalique	intervocalique
c.	suivie de pause	...VC ##	intervocalique	intervocalique	coda

L'élargissement du domaine d'application des processus ne produit pas seulement des effets sur les consonnes finales : il constitue un **événement majeur** dans l'évolution de la langue, aux conséquences multiples dont quelques-unes sont indiquées ci-dessous.

Changement accentuel
Depuis le latin, l'unité qui reçoit l'accent est le mot : il existe **un accent par mot**. Chaque mot est donc un domaine autonome pour lequel la distribution de l'accent est calculée.

A partir de la fin du 12ᵉ siècle, l'accent est distribué sur une portion plus grande de la chaîne linéaire, qu'on a pu appeler **groupe de souffle** ou **accent de groupe** ↗81.

Elision
En perdant leur domaine propre, les mots perdent leur autonomie syntaxique et phonologique : les pronoms sujet par exemple deviennent des **clitiques** (perte d'autonomie syntaxique) et en hiatus perdent leur voyelle finale (**élision** : perte d'autonomie phonologique).

Ainsi dans *Alexis* (moitié 12ᵉ siècle) le pronom sujet 1s ne s'élide pas encore : *dunt jo aveie asez* (v. 402). Dans l'*Enéas* (vers 1200), on trouve en revanche des formes élidées, comme par exemple *ce que g'en sai et que g'en cui* (v. 6652).

Hôte pour enclise
Avant la fin du 12ᵉ siècle, les pronoms sujet pouvaient être l'hôte de pronoms personnels atones en cas régime : *jol, jel = je le* ; *jos, jes = je se / je les* ; *jom = je me* ; *jot, jet = je te*. Ils perdent cette capacité à partir du 13ᵉ siècle.

Formes fortes des pronoms sujet
En frm, les pronoms sujet présentent une **forme faible** (*je, tu, il, elle*) et une **forme forte** (*moi, toi, lui, elle*), qui sont sélectionnées par le contexte syntaxique : *je / tu / il / elle mange*, mais *moi / toi / lui, souffrant, ne mange rien aujourd'hui*. Dans les premiers textes de l'afr, les formes fortes des pronoms sujet n'existaient pas et on

employait à leur place les formes faibles : *E jo, dolente, cum par gui avoglie !* 'Et moi, souffrante, comme je fus aveuglée !' (*Alexis* 434). Le frm en a gardé une trace dans la locution *je soussigné(e)...* (au lieu de *moi soussigné(e)...*).

Les formes fortes, ou toniques, des pronoms sujet n'ont émergé qu'à la fin du 12ᵉ siècle : auparavant, il n'y avait qu'une seule forme, autonome parce que protégée par le bornage de la frontière de mot, et donc toujours accentuée. Lorsque les frontières de mot sont devenues invisibles, les pronoms sujet dans certains contextes syntaxiques (en position préverbale) ne faisaient plus qu'un avec le mot suivant et de ce fait ont perdu leur accent propre et leur autonomie. L'émergence des formes fortes en est la conséquence.

19.3.3 Naissance de la liaison

266 Première étape fin 12ᵉ siècle
La liaison que connaît le frm est également une conséquence du domaine élargi de l'application des processus. Elle naît en deux étapes, décrites au §264 : d'abord la perte de la consonne finale devant mot à initiale consonantique à partir de la fin du 12ᵉ siècle, ensuite son amuïssement également devant pause à partir de la fin du 15ᵉ siècle.

Les événements de la première étape se présentent de la manière suivante (les grands crochets délimitent les domaines d'application des processus).

(143) genèse de la liaison
étape 1, à partir de la fin du 12ᵉ siècle
[mot 1] [mot 2] > [mot 1 mot 2]
a. devant mot à initiale consonantique

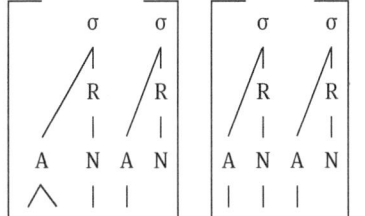

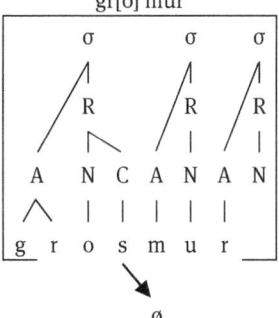

b. devant mot à initiale vocalique

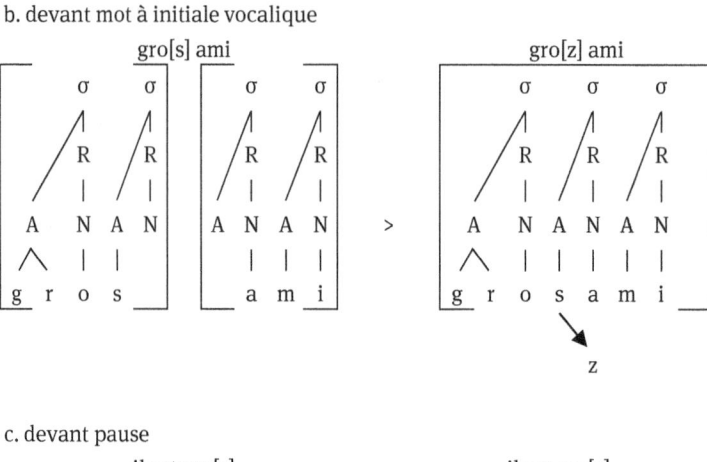

c. devant pause

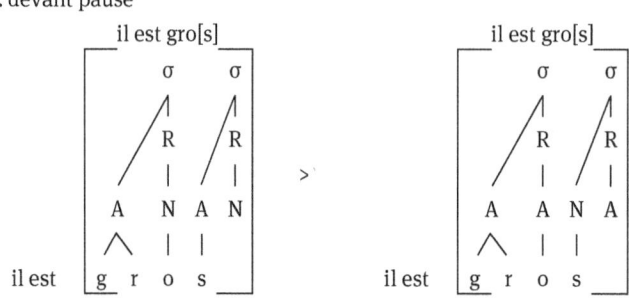

Sous (143a), dans un premier temps, le -s est final de mot et de domaine. Dans une langue où les consonnes finales sont intervocaliques au niveau phonologique, elles sont des attaques d'un noyau vide ↗23.

Lorsque les frontières de domaine sont éliminées, la syllabation est continue entre les deux mots. Par conséquent le -s, placé devant consonne, est désormais une coda. Il est en cette vertu éliminé par le même processus qui frappe s en coda au sein d'un mot (afr *teste* > afr *tete* frm *tête*), et ce au même moment ↗248.

Sous (143b), l'élimination des frontières de domaine place le -s en position intervocalique où il subit le voisement au même titre qu'en position intervocalique à l'intérieur du mot ↗257 (c*au*sa > *cho[z]e*).

Enfin sous (143c), le -s se trouve en position finale de domaine (devant pause) et y demeure sans changement après l'évolution. Sa position syllabique étant donc non altérée (intervocalique finale), il est prononcé -s lors des deux stades évolutifs.

Toutes ces évolutions ont été provoquées par **un seul événement** : la modification de la taille du domaine [mot 1] [mot 2] > [mot 1 mot 2]. Les processus en vigueur (élimination des consonnes en coda, voisement intervocalique) ainsi que le statut lexical du -s demeurent inchangés : avant comme après l'évolution, -s est une consonne régulière associée à un constituant syllabique.

267 Deuxième étape fin 15ᵉ siècle

La représentation lexicale de -s ne changera que vers la fin du 15ᵉ siècle lorsque les consonnes finales de domaine (*i.e.* devant pause), qui étaient des intervocaliques, deviennent des codas. C'est sous l'action de ce nouveau statut syllabique de coda que les consonnes finales tombent également devant pause ↗264.

Cette seconde étape évolutive installe le **fonctionnement moderne de la liaison**. Ce en quoi elle consiste est montré sous (144a). Lorsque le -s devient inaudible devant pause, la forme lexicale du mot est modifiée : l'association du -s avec son constituant syllabique est rompue, mais il demeure en tant que segment, désormais **flottant**. En d'autres termes, la consonne finale **perd son support syllabique** (son constituant syllabique) (144a).

(144) genèse de la liaison
étape 2, à partir de la fin du 15ᵉ siècle
restructuration lexicale : consonne finale stable > consonne finale flottante
a. perte du support syllabique   b. devant voyelle   c. devant consonne

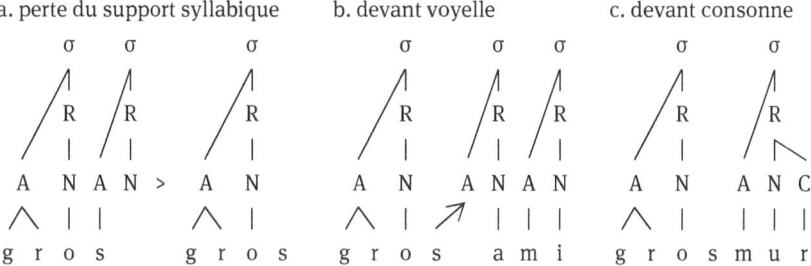

Le produit de cette évolution compte donc une **consonne dite flottante** qui ne sera prononcée qu'à condition de trouver un constituant consonantique auquel elle peut s'associer. C'est le cas sous (144b) devant mot à initiale vocalique, qui possède à gauche de la première voyelle une attaque vide.

Un mot à initiale consonantique comme sous (144c) en revanche n'en offre pas : la consonne flottante ne peut s'associer et donc demeure non prononcée. Devant pause, la situation est la même : il n'existe pas de mot suivant, et par conséquent pas d'attaque vide qui pourrait accueillir la consonne flottante, qui demeure muette pour cette raison (*il est gros* [gʁo]).

Tobias Scheer

Résumé chapitre 20
Muta cum liquida (attaques branchantes TR)

T = labiale et dentale

	pr, br	pl, bl	f,w+r,l	tr, dr	tl, dl	
	↓	↓	↓	↓	↘	→
V__V	**voisement**	**voisement**	**maintien**	**élimi-**	**vélarisation**	**élimi-**
	spirantisation			**nation**	**réduction à j**	**nation**
	vr	**bl**	**fl, vr**	**r**	**kl, gl > jl**	**ll**
	capra	duplu	sufflāre	patre	vet(u)lu	rot(u)lu
	chèvre	*double*	*souffler*	*père*	*vieil*	*rôle*
	febre	tab(u)la	vīv(e)re	claud(e)re	acid(u)la	mod(u)lu
	fièvre	*table*	*vivre*	*clore*	*oseille*	*moule*
Position		**maintien**			**élimination**	
Forte	**pr, br**	**pl, bl**	**fr, fl**	**tr, dr**	**l**	
	precāre	placēre	frātre	trēs	ūst(u)lāre	
	proiier	*plaisir*	*frère*	*trois*	*usler*	
	frm *prier*	°blast(e)māre	flamma	drappu	'brûler'	
	brevi	*blasmer*	*flamme*	*drap*		
	brief	frm *blâmer*				
	frm *bref*					

T = vélaire

	TR primaire	TR secondaire	
	k,g+r,l	k,g+(u,o,a)+r,l	k,g+(i,e)+r,l
	↓	↓	↓
V__V	**réduction à j**	**réduction à j**	↗285
	jr, jl	**jr, jl**	
	sacrāmentu	oc(u)lu > *ueil* frm *œil*	fac(e)re
	sairement frm *serment*	trag(u)la > *traille*	*faire*
	nigru > *noir*		
Position	**maintien**	**maintien**	↗285
Forte	**k,g+r,l**	**k,g+r,l**	
	crēd(e)re > *croire*	anc(o)ra > *ancre*	vinc(e)re
	clave > *clef*	circ(u)lu > *cercle*	*veintre*
	grossu > *gros*	ung(u)la > *ongle*	frm *vaincre*

20 *Muta cum liquida* (attaques branchantes TR)

268 Consonnes étudiées

Ce chapitre étudie les attaques branchantes, ou groupes solidaires, *i.e.* les groupes consonantiques qui n'entravent pas la voyelle à leur gauche ↗17 : en pfr et afr, il s'agit de *muta cum liquida* TR seulement, *i.e.* d'une obstruante suivie d'une liquide (à l'exclusion de tl, dl, vl ↗18).

20.1 Position et type des groupes TR

269 Groupes TR en position forte et faible

Un groupe TR peut être placé en Position Forte (initiale #__ et appuyée C.__ ↗205) ou faible intervocalique (V__V). On trouve à l'initiale par exemple pl dans pla̲cēre > *plaisir*, en position appuyée br dans u̲mbra > *ombre* et à l'intervocalique, tr dans pa̲tre > *pere* frm *père*.

270 Groupes primaires et secondaires

On distingue les groupes primaires TR et les groupes secondaires T(v)R. Les premiers existent déjà en latin (pa̲tre > *pere* frm *père*), tandis que les seconds sont créés par la syncope de la voyelle qui sépare le T et le R en latin (pa̲up(e)re > *povre* frm *pauvre*).

Les groupes TR primaires et secondaires partagent le même destin : à position égale (intervocalique ou forte), leur évolution aboutit toujours au même résultat. Cette **confusion des groupes primaires et secondaires** est illustrée sous (145) au moyen de tr intervocalique, ainsi que de br en Position Forte. Elle est effective pour tous les autres groupes.

(145) groupes primaires et secondaires : aboutissement identique

	position intervocalique		Position Forte	
	groupe primaire	groupe secondaire	groupe primaire	groupe secondaire
	VTRV	VT(v)RV	VC.TRV	VC.T(v)RV
	tr	t(v)r	br	b(v)r
lat	pa̲tre	bū̲t(y)ru	u̲mbra	a̲rb(o)re
	↓ r ↙		↓ br ↙	
afr	pere	bure	ombre	arbre
frm	père	beurre		

20.2 TR en position faible (intervocalique)

20.2.1 T = labiale

271 pr, br

Les groupes pr, br, primaires comme secondaires, aboutissent à vr en afr : la labiale a d'abord été voisée (pr > br), puis spirantisée (br > vr). La voyelle tonique précédente montre une **évolution libre**.

(146) pr, br

	groupes primaires				groupes secondaires		
	lat	afr	frm		lat	afr	frm
pr	capra	chievre	chèvre	p(v)r	paup(e)re	povre	pauvre
	°cūpriu	cuivre			op(e)ra	uevre	œuvre
br	febre	fievre	fièvre		pip(e)r	peivre	poivre
	lābra	levre	lèvre	b(v)r	bib(e)re	boivre	boire

272 pl, bl

Pl, bl primaires comme secondaires aboutissent au groupe solidaire afr bl.

On note ici la non spirantisation de la labiale : étant donné pr,br > vr ↗271, l'aboutissement attendu est vl. Mais cette évolution est impossible puisque vl n'est pas une attaque branchante possible ↗18.

Par ailleurs, l'évolution de pl,bl se signale par l'**aboutissement entravé de la voyelle tonique** précédant le groupe (triplu > *treble* frm *triple*). Cela contraste avec les groupes pr,br, qui spirantisent la labiale et n'entravent pas la voyelle tonique à leur gauche (capra > *chievre* frm *chèvre* ↗271).

(147) pl, bl

	groupes primaires				groupes secondaires		
	lat	afr	frm		lat	afr	frm
pl	duplu	doble	double	p(v)l	pop(u)lu	poblo	peuple
	triplu	treble	triple		stup(u)la	estoble	estouble
bl	–				cap(u)lu	chable	câble
				b(v)l	tab(u)la	table	
					°mōb(i)le	moble	meuble
					fāb(u)la	fable	

Remarques
1. Les groupes avec f,w, rares, ne subissent pas de modification : sufflāre > *sofler* frm *souffler*, vīv(e)re > *vivre*, °trif(o)lu > *trefle* frm *trèfle*.
2. Vocalisation de la labiale : p,b+R > w.R

Il existe des cas où la labiale des groupes p,b+r,l est vocalisée en w, qui se mélange ensuite avec la voyelle précédente (dont l'évolution est alors entravée). La vocalisation de p,b se rencontre dans les groupes primaires (f<u>a</u>br(i)ca > °f<u>a</u>wrica > *forge*) et secondaires (parab(o)l<u>ā</u>re > °paraul<u>ā</u>re > *parler*, le au prétonique étant éliminé selon la règle) mais est lexicalement erratique et concerne peu de mots. Les formes vocalisées cohabitent souvent avec des formes en bl, aboutissement attendu (st<u>a</u>b(u)lu > *estaule, estable* frm *étable*).

20.2.2 T = dentale

273 tr, dr

Dans un premier temps, les groupes tr et dr, primaires et secondaires, se confondent en dr (p<u>a</u>tre > °p<u>a</u>dre). La **spirantisation** a alors lieu au sein de ce groupe solidaire et produit ðr (> °p<u>a</u>.ðre).

Cet état (ðr écrit <dr>) est encore documenté dans les premiers textes de l'afr : *fradre* (< fr<u>ā</u>tre) dans les *Serments, St. Léger* ne connaît que dr à une exception près, et dans *Alex. pedre, medre* (< p<u>a</u>tre, m<u>ā</u>tre) coexistent avec *pere, mere*.

Le ð du groupe ðr est ensuite éliminé par la **lénition** au sein de l'attaque branchante.

La voyelle précédant le groupe est libre et lorsqu'elle est tonique pratique donc la diphtongaison (p<u>e</u>tra > *piere* frm *pierre*).

Cette évolution est illustrée sous (148), et le détail des étapes évolutives successives apparaît sous (149).

(148)   tr, dr > ðr > r

groupes primaires

	lat	afr	frm
tr	p<u>a</u>tre	*pere*	*père*
	fr<u>ā</u>tre	*frere*	*frère*
	m<u>ā</u>tre	*mere*	*mère*
	p<u>e</u>tra	*piere*	*pierre*
	v<u>i</u>tru	*veire*	*verre*
dr	fodr frk	*fuerre*	*feurre, foin*

groupes secondaires

	lat	afr	frm
t(v)r	<u>i</u>t(e)rat 3s	*eire*	*(il) erre*
d(v)r	cr<u>ē</u>d(e)re	*creire*	*croire*
	°r<u>ī</u>d(e)re	*rire*	
	cl<u>au</u>d(e)re	*clore*	
	occ<u>ī</u>d(e)re	*ocire*	*occire*

(149)   tr, dr : évolution

processus		VtrV	Vd(v)rV
	lc	p<u>a</u>tre	cr<u>ē</u>d(e)re
voisement de t	pfr	p<u>a</u>dre	–
syncope des voyelles atones		–	cr<u>ē</u>d.re
solidarisation T.R > .TR		–	cr<u>ē</u>.dre
spirantisation dr > ðr		p<u>a</u>ðre	cr<u>ē</u>ðre
diphtongaison des V toniques		p<u>e</u>ðre	cr<u>ei</u>ðre
élimination du ð (lénition)		pere	creire
gémination du r après V atone		–	–
	afr	*pere*	*creire*
	frm	*père*	*croire*

Remarque

1. La perte du ð dans le groupe ðr produit un **r simple après voyelle tonique** (exemples sous (148) : p<u>a</u>tre > *pere* frm *père*, fr<u>ā</u>tre > *frere* frm *frère*), mais un **rr géminé après voyelle atone** : vitr<u>a</u>riu > *verrier*, quadr<u>ā</u>tu > *carré*, °būt(y)r<u>ā</u>re > *burrer* frm *beurrer*. L'aboutissement rr est dû au fait que le r s'allonge sur la position syllabique que le ð libère lorsqu'il est déchu. Cet **allongement compensatoire** crée une structure licite Vr.rV (syllabe lourde) après voyelle atone (donc brève ↗75), alors qu'après voyelle tonique (donc longue ↗75), la configuration syllabique créée VVr.rV (syllabe super-lourde) est prohibée dans la langue ↗24. C'est la raison pour laquelle le r est simple après voyelle tonique (= longue) dans les exemples sous (148).

---

274 tl, dl

N'existant pas en latin, le groupe tl, dl est toujours secondaire, *i.e.* provient de t(v)l, d(v)l. Dans le type v<u>e</u>t(u)lu > *vieil* Rq1, la syncope a lieu encore en lt (vet(u)lu > °v<u>e</u>t.lu). La **vélarisation** subséquente tl,dl > kl,gl (> °v<u>e</u>k.lu) est également encore latine (toute la Romania la connaît : v<u>e</u>t(u)lu > roum. *vechiu*, it. *vecchio*, esp. *viejo*, port. *velho*, ust(u)l<u>ā</u>re > prov *usclar*).

Le groupe kl, gl a ensuite suivi l'évolution régulière en pfr, identique à celle des groupes kl, gl d'origine (c<u>o</u>chlear > *cuiller* frm *cuillère* ↗243 *sq.*) : réduction de la vélaire à yod en coda (> °v<u>e</u>j.lu), qui se combine avec la latérale pour aboutir à ʎʎ (écrit typiquement <ill>, sauf en finale, où la graphie est <il>) (> °veʎʎu > *vieil*).

(150)   syncope encore latine : tl, dl > kl, gl > j.l > ʎʎ

	lat	afr	frm		lat	afr	frm	
tl	v<u>e</u>t(u)lu	°v<u>e</u>klu	*vieil*		v<u>e</u>t(u)lōs Apl	°v<u>e</u>klōs	*vieuz*	*vieux*
	s<u>i</u>t(u)la	°s<u>i</u>kla	*seille*	'seau'	b<u>o</u>t(u)lu	°b<u>o</u>klu	*bueille*	'entrailles'
dl	ac<u>i</u>d(u)la	°ac<u>i</u>gla	*oseille*		r<u>ā</u>d(u)la	°r<u>a</u>gla	*raille* mfr	'racloir'

Remarque
1. Il existe également des cas où la syncope est intervenue seulement en pfr, lorsque la vélarisation latine tl,dl > kl,gl n'avait plus cours. Les groupes t(v)l et d(v)l suivent alors l'évolution attendue : t,d sont soumis au voisement (rot(u)lu > °rod(u)lu) et à la spirantisation (> °roð(u)lu) en position intervocalique avant la syncope ↗257, puis le ð, placé en coda par la syncope (> °roð.lu), est éliminé (ðl n'est pas un groupe solidaire possible ↗18). Enfin, la latérale gémine par **allongement compensatoire** sur la position syllabique que le ð libère lorsqu'il est déchu (> *rolle* frm *rôle*). Ainsi encore sp<u>a</u>t(u)la > *espalle* frm *épaule*, m<u>o</u>d(u)lu > *molle* frm *moule*, °r<u>o</u>t(u)lāre > *roller* frm *rouler*, Cat(a)l<u>au</u>nis > *Châlons-sur-Marne*.

20.2.3 T = vélaire

275 Dans les groupes k,g+r,l primaires (sacrām<u>e</u>ntu > *sairement* frm *serment*) et secondaires (<u>o</u>c(u)lu > *ueil* frm *œil*), la vélaire connaît une évolution en coda la réduisant à yod. Ce développement est décrit en détail au §243 pour les groupes primaires, au §244 s'agissant des groupes secondaires.

Le cas où dans les groupes secondaires la vélaire est suivie d'une voyelle palatale k,g+(i,e)+r,l (f<u>a</u>c(e)re > *faire*) est à part : il est étudié au §285.

20.3 TR en Position Forte

20.3.1 T = labiale et dentale

276 A l'initiale et en position appuyée, les groupes TR primaires se maintiennent (151). Il en va de même pour les groupes secondaires créés par la syncope (152).

(151) TR primaire

		initiale			position appuyée		
		lat	afr	frm	lat	afr	frm
p	r	prec<u>ā</u>re	*proiier*	*prier*	compr<u>ē</u>nd(e)re	*comprendre*	
	l	pl<u>ē</u>nu	*plein*		<u>a</u>mplu	*ample*	
b	r	br<u>e</u>vi	*brief*	*bref*	<u>u</u>mbra	*ombre*	
	l	°blank g	*blanc*		°im-blād<u>ā</u>re	*emblaer*	*emblaver*
f	r	fr<u>ā</u>tre	*frere*	*frère*	°exfrid<u>ā</u>re	*esfreer*	*effayer*
	l	fl<u>a</u>mma	*flame*	*flamme*	infl<u>ā</u>re	*enfler*	
t	r	tr<u>ē</u>s	*treis*	*trois*	<u>u</u>ltra	*outre*	
d	r	dr<u>a</u>ppu	*drap*		salam<u>a</u>ndra	*salemandre*	*salamandre*

(152) TR secondaire

	lat	afr	frm
p r	rump(e)re	rompre	
b r	arb(o)re	arbre	
l	amb(u)lāre	ambler	

	lat	afr	frm
f r	sulf(u)r	soufre	
t r	alt(e)ru	altre	autre
d r	vend(e)re	vendre	

Remarque
1. Lorsque dans les groupes secondaires le produit de la syncope est un groupe tl, dl, inapte à former une attaque branchante ↗18, l'occlusive chute en tant que consonne médiane d'un groupe CCC selon la règle ↗211 : ūst(u)lāre > *usler* 'brûler'.
   Telle est l'évolution populaire, concurrencée par des **traitements plus ou moins savants et tardifs**. On observe, souvent pour le même mot comme par exemple scand(a)lu frm *esclandre*, outre la perte régulière de t,d (> afr *escanle*), le maintien du groupe (> afr *escandle*) ou sa résolution au moyen de l > r (> afr *escandre*), le maintien irrégulier de la voyelle atone (> afr *escandele*) ou la perte de l (> afr *escande*) (voir encore le §242.1).

20.3.2 T = vélaire

277 TR primaire
Les groupes TR primaires à vélaire demeurent à l'initiale comme après consonne.

(153) TR primaire
initiale

	lat	afr	frm
k r	crēd(e)re	croire	
l	clave	clef	
g r	grossu	gros	
l	glānde	glant	gland

position appuyée

	lat	afr	frm
k r	adcrēsc(e)re	acreistre	accroître
l	conclūd(e)re	conclure	
g r	malgrātu	maugré	'chagrin'
l	engle g	englois	anglais

278 TR secondaire
Le sort des groupes secondaires C.T(v)R dépend de la nature de la voyelle qui est promise à la syncope.

Lorsque la vélaire est suivie d'une voyelle postérieure k,g+(u,o,a)+r,l, elle demeure et se constitue avec la liquide suivante en attaque branchante : CT(v)R > C.T.R > C.TR (154).

Lorsque la vélaire est suivie d'une voyelle palatale et de r, *i.e.* dans la configuration k,g+(i,e)+r, elle est palatalisée et *in fine* aboutit à t,d : crēsc(e)re > *creistre* frm *croître* (155). Le détail de cette évolution est étudié au ↗285.

(154) C+k,g+(u,o,a)+r,l

	lat	afr	frm		lat	afr	frm
k u,o r	anc(o)ra	ancre			°merc(u)ri-di̯e	mercredi	
l	circ(u)lu	cercle			avunc(u)lu	oncle	
	masc(u)lu	mascle	mâle		mūsc(u)lu	muscle	
g a r	bulg(a)ru	bougre			vha ung(a)ro	hongre	
u,o l	ung(u)la	ongle			strang(u)lāre	estrangler	étrangler
	cing(u)la	cengle	sangle		ang(u)lu	angle	

(155) C+k,g+(i,e)+r

	lat	afr	frm		lat	afr	frm
k e,i r	crēsc(e)re	creistre	croître		vinc(e)re	veintre	vaincre
	carc(e)re	chartre	chartre		torqu(e)re	tortre	tordre
	canc(e)ru	chaintre	chancre		°nāsc(e)re	naistre	naître
g e,i r	°fulg(e)re	foildre	foudre		sparg(e)re	espardre	'répandre'
	surg(e)re	sourdre			terg(e)re	terdre	'essuyer'

Tobias Scheer

Résumé chapitre 21
Les Palatalisations

	k Position Forte ↓	k V__V ↓	g Position Forte ↓	g V__V ↓
palatalisation romane k,g+i,e (latin)	palatalisation k,g > [c,ɟ] affrication [c,ɟ] > tʃ,dʒ dépalatalisation tʃ > j+ts **ts** c<u>e</u>ntu *cent*	j+dz plac<u>ē</u>re *plaisir*	palatalisation k,g > [c,ɟ] affrication [c,ɟ] > tʃ,dʒ **dʒ** arg<u>e</u>ntu *argent*	palatalisation g > ɟ spirantisation ɟ > jj **jj** r<u>ē</u>ge *rei > roi*
k,g+(i,e)+r	palatalisation k,g > [c,ɟ] dépalatalisation [c,ɟ] > j+t,d **j+t** cr<u>ē</u>sc(e)re *creistre* frm *croître*	**j+t** f<u>a</u>c(e)re *faire*	palatalisation k,g > [c,ɟ] dépalatalisation [c,ɟ] > j+t,d **j+d** °f<u>u</u>lg(e)re *foildre* frm *foudre*	**j+d** °r<u>a</u>g(e)re *raire*
palatalisation gallo-romane k,g+a (latin) k,g+i,e (germ.)	palatalisation k,g > [c,ɟ] affrication [c,ɟ] > tʃ,dʒ **tʃ** cant<u>ā</u>re *chanter*	**tʃ** g °br<u>e</u>ka *brèche*	palatalisation k,g > [c,ɟ] affrication [c,ɟ] > tʃ,dʒ **dʒ** g<u>a</u>mba *jambe*	**dʒ** °pl<u>e</u>gan *pleiger*

21 Les palatalisations

21.1 Généralités

279 Fonctionnement

La palatalisation est un processus qui concerne la **substance segmentale** : une articulation palatale (proche du palais dur ↗13) introduit cette caractéristique à un voisin non palatal. Les **agents palataux**, à l'origine du processus, sont les voyelles d'avant (en français : i,e, plus tard a ↗287, 145-1°) et yod. Ainsi le e de centu <c> = [k], précédé de la vélaire k en latin, transmet sa palatalité à celle-ci, qui par ce processus est transformée en ts : afr *cent* <c> = [ts].

Dans l'évolution du français, quel que soit le stade évolutif, les seules consonnes palatalisables sont les vélaires k,g, ainsi que l et n. Ni r, ni s, ni t ou encore d'autres consonnes ne le sont, et il n'existe pas ni n'a jamais existé d'elles des versions palatales ↗296-300.

280 Palatalisation romane et gallo-romane

Le français a connu dans son évolution deux palatalisations successives, la **palatalisation romane** d'abord à partir du 1ᵉʳ siècle, la **palatalisation gallo-romane** ensuite au 5ᵉ siècle.

	déclen-chée par	datation	territoire
1. palatalisation romane	i,e	à partir du 1ᵉʳ siècle	toute la Romania
	yod		
2. palatalisation gallo-romane	i,e,a	5ᵉ siècle	nord de la Romania ↗288.1

Les deux palatalisations déclenchées par des voyelles sont étudiées ici, alors que la palatalisation romane déclenchée par yod est examinée au chapitre 15 §228.

21.2 La palatalisation romane

21.2.1 Caractérisation et illustration

281 Asymétrie k – g

La palatalisation romane affecte lc k,g lorsqu'ils sont suivis de i,e. En français, elle a produit une asymétrie fondamentale : la sourde k aboutit à l'affriquée sifflante ts (voisée en dz en position intervocalique où elle dégage un yod à gauche ↗293), alors que la voisée g aboutit à l'affriquée chuintante dʒ en Position Forte. Enfin, indépendamment de cette asymétrie, g intervocalique devient yod (géminé).

La palatalisation romane est illustrée sous (156) pour les deux positions fortes (#__, C.__) et l'intervocalique V__V.

(156) palatalisation romane : aboutissements

		Position Forte {#,C}__			position faible V__V		
		lat	afr	frm	lat	afr	frm
k + i,e		**ts**			**j+dz**		
	#__	centu	cent		placēre	plaisir	
		certus	certes		aucellu	oisel	oiseau
		cīv(i)tāte	cite	cité	voce	voiz	voix
		cælu	ciel		pace	paiz	paix
	C.__	mercēde	merci		cruce	croiz	croix
g + i,e		**dʒ**			**jj**		
	#__	gente	gent		rēge	rei	roi
	C.__	argentu	argent		lēge	lei	loi
		ingeniu	engin		flagellu	flaiel	fléau

Remarques
1. La palatalisation romane date au moins du 1ᵉʳ siècle ap. JC pour la voisée g+i,e : l'aboutissement yod est attesté par l'inscription pompéienne frida < frīgida (afr *froide*), donc avant 79 ap. JC (frīgida > °frījjida > frida, ījji se réduisant à i ou ī). Des inscriptions de l'époque impériale attestent également la réduction de igi > i ou egi > ei : vinti pour viginti, trienta pour triginta. Enfin, l'Appendix Probi note 12 calcostegis non calcosteis.
   La sourde k+i,e a été palatalisée aux 2ᵉ ou 3ᵉ siècle, ce qui est reflété par les témoignages de grammairiens : Velius Longus (début 2ᵉ) et Terentianus Maurus (fin 3ᵉ) disent que la prononciation de k+i,e et k+a est différente (et que par conséquent il ne convient pas d'utiliser la même lettre).

2. kʷ, gʷ
   Protégées par leur appendice w, les labio-vélaires kʷ, gʷ ↗11 (écrites <qu, gu> et ce jusqu'en frm, même après la perte de l'appendice) ne participent pas à la palatalisation, ni romane (quid > quoi, querēla > querele frm *querelle*, °languīre > *languir*, sangue > sanc frm *sang*), ni gallo-romane ↗287 sq. (quadrātu > *carré*, °linguaticu > *langage*). Il en va de même pour gʷ issu de w- initial germanique renforcé ↗223 °werra frk > *guerre*.

282 Deux processus successifs : palatalisation, affrication

La palatalisation (romane comme gallo-romane) représente en réalité deux processus distincts et successifs. D'abord la palatalisation à proprement parler qui transforme une vélaire k,g placée devant voyelle antérieure i,e en occlusive palatale [c,ɟ] : k,g+V_{ant} > [c,ɟ]. Ensuite l'**affrication** spontanée de cette occlusive palatale (au 4ᵉ siècle) : [c,ɟ] > tʃ,dʒ. Cette décomposition de la palatalisation romane en deux processus indépendants et successifs est résumée sous (157).

(157) palatalisation romane : deux processus successifs

			centu	gente
palatalisation	k,g+V$_{ant.}$	> [c,ɟ]	[c]entu	ɟente
affrication	[c,ɟ]	> ʧ,ʤ	ʧentu	ʤente
dépalatalisation générale	ʧ	> ts	tsent	–
afr			cent <c> = [ts]	gent <g> = [ʤ]
frm			cent	

La raison pour laquelle la sourde k+i,e n'aboutit pas à ʧ mais à ts (afr *cent* <c> = [ts]) est la **dépalatalisation générale**, évolution ↗spontanée explicitée au §286 qui effectue ʧ > j+ts.

Sauf la dépalatalisation, l'évolution en Position Forte n'appelle pas d'autre commentaire et est pas davantage étudiée *infra*.

21.2.2 Position intervocalique

283 g+i,e

La voisée g avait sur la trajectoire de **lénition intervocalique** une avance sur la sourde k ↗281.1. Elle est d'abord palatalisée (g+i,e > ɟ : flagellu > °flaɟellu) puis, comme toutes les autres occlusives intervocaliques, l'occlusive palatale voisée ɟ subit la **spirantisation intervocalique**, qui amène yod (toujours géminé en position intervocalique ↗258) : > °flajjellu > *flaiel* frm *fléau*.

La voisée g > ɟ n'a donc jamais connu l'affrication (> ʤ) puisqu'à l'étape ɟ, encore en latin, la spirantisation intervocalique réduit l'occlusive ɟ à yod, bien avant la période d'activité de l'affrication (4e-5e siècles ↗230 *sq.*).

Le type rēge > °rēje > °rējje > °rej > *rei* frm *roi* (*idem* lēge > *lei* frm *loi*) présente la même évolution, sauf que l'agent palatal, le e final, est plus tard éliminé selon la règle et donc absent de l'afr. La voyelle tonique ē est entravée par le yod géminé dès l'étape °rējje, qui se situe encore en latin, et par conséquent ne participe pas à la diphtongaison française du 6e siècle↗146-2° : la diphtongue afr ei > oi ici est de nature combinatoire, réunissant le e entravé et le yod issu de la vélaire ↗246.

Remarque

1. Une alternative à cette évolution du type rēge conçoit que la diphtongue ei de l'aboutissement afr. *rei* est issue de la diphtongaison française. Cela est possible si la dégémination de jj est précoce (par rapport à celle des autres géminées, qui a lieu aux 7e-8e siècles ↗238.1) : si jj est déjà dégéminé avant la diphtongaison française qui a lieu au 6e siècle ↗146-2°, celle-ci peut avoir lieu. Ainsi rēge > rēj.je > °reje (dégémination) > reije (diphtongaison) > *rei*. Le type cacat 3s > *(il) chie* suppose cette dégémination précoce de jj ↗157.1 et ainsi met de l'eau sur le moulin de cette évolution.

284 k+i,e

A l'intervocalique (illustration au ↗281),

k+i,e > j+dz   plac$\bar{e}$re > *plaisir* <s> = [dz] frm *plaisir*.

La palatalité qui se trouve à gauche de la vélaire palatalisée, transcrite par <i> dans afr *plaisir* ou afr *oisel* (< auc$\underline{e}$llu frm *oiseau*), n'a pas de source étymologique (et était pour cette raison dite « parasitique » au 19ᵉ siècle) : elle est nécessairement issue de la transformation de la vélaire k. Ainsi dit-on communément que lors de la palatalisation romane de k, **un yod est dégagé à gauche**.

La vélaire palatalisée est donc représentée en afr par ce yod, et par dz (> z). Il s'agit pour ce dernier du même aboutissement ts qu'en Position Forte (c$\underline{e}$ntu > *cent*, merc$\bar{e}$de > *merci*), à ceci près qu'en position intervocalique le ts a été voisé ↗293.

285 k,g+(i,e) : f$\underline{a}$c(e)re

Le cas k,g+(i,e) où une vélaire est suivie d'une **voyelle palatale promise à la syncope** présente une évolution particulière. Au lieu de l'aboutissement attendu j+dz comme dans plac$\bar{e}$re > *plaisir* frm *plaisir*, f$\underline{a}$c(e)re produit afr *faire* : on retrouve l'élément palatal connu de j+dz sous la forme de <i>, mais le dz ou quelque autre représentant de la vélaire d'origine manque. Par conséquent, l'évolution semble être k,g+(i,e) > j.

Mais cela est un leurre. Afin de comprendre ce qui s'est passé dans l'évolution du type intervocalique f$\underline{a}$c(e)re (158a), il est utile de considérer sa version appuyée, *i.e.* lorsque k+(i,e) est précédé d'une consonne (158b).

(158)   k,g+(i,e) en position intervocalique et appuyée

			lat	afr	frm
a. intervocalique	Vk,g+(i,e)	> j ?	f$\underline{a}$c(e)re	*faire*	
			°pl$\underline{a}$c(e)re	*plaire*	
			°c$\underline{o}$c(e)re	*cuire*	
b. appuyé	C.k,g+(i,e)	> j+t	cr$\bar{e}$sc(e)re	*creistre*	*croître*
			c$\underline{a}$rc(e)re	*chartre*	
			v$\underline{i}$nc(e)re	*veintre*	*vaincre*

Dans l'évolution cr$\bar{e}$sc(e)re > afr *creistre* > *croître*, la vélaire latine k est représentée en afr par un t, ainsi que par un **yod dégagé à gauche**, qui apparaît sous la forme du <i> graphique dans afr creistre (la diphtongue ei > oi est d'origine combinatoire : entravé, $\bar{e}$ ne peut pratiquer la diphtongaison spontanée). On retrouve donc la marque de fabrique de la palatalisation romane observée dans le type k+i,e > j+dz ↗284 : le dégagement d'un yod à gauche.

Etant donné que la palatalisation romane produit [c,ɟ], l'**occlusive palatale** [c] est devenue l'**occlusive dentale** t dans le type appuyé C.k,g+(i,e) : il s'agit donc d'une **dépalatalisation**.

Dépalatalisation devant r
C.k,g+(i,e) > [c,ɟ] (palatalisation) > j+t,d (dépalatalisation)

Cette dépalatalisation ne s'observe que lorsque [c,ɟ] est mis en contact avec un r suivant : lorsque la consonne à sa droite est autre que r comme dans gra̱c(i)le > graisle <s> = [ts] > [s] frm grêle, il n'y a pas de dépalatalisation et le résultat est j+ts comme attendu ↗284, Rq1,2.

Revenons à présent au type intervocalique fa̱c(e)re > faire (158a). Il a suivi la même évolution que le type appuyé crē̱sc(e)re > creistre frm croître (158b) : dans les deux cas, la palatalisation romane produit [c,ɟ] (fa̱c(e)re > °fa̱[c](e)re), qui après la syncope (> °fa̱[c]re) au contact du r suivant est dépalatalisé en j+t,d (> °fa̱jtre). Ensuite le groupe tr demeure en position appuyée dans crē̱sc(e)re > creis.tre frm croître (158b), mais est par la vocalisation du yod, qui se constitue en diphtongue de coalescence avec la voyelle précédente (°fa̱jtre > °fa̱itre), placé en position intervocalique, où il est éliminé selon la règle en tant que premier membre d'un groupe tr intervocalique ↗273 (pa̱tre > pere frm père). L'aboutissement est donc °fa̱itre > faire.

L'évolution des types intervocalique (158a) et appuyé (158b) est montrée sous (159).

(159) k,g+(i,e)+r : évolution

processus		intervocalique	appuyé
	lc	fa̱c(e)re	crē̱s.c(e)re
palatalisation romane k,g+V$_{ant}$ > c,ɟ	lt	fa̱[c](e)re	crē̱s.[c](e)re
syncope	pfr	fa̱[c]re	crē̱s.[c]re
dépalatalisation devant r : c,ɟ > j+t,d		fa̱j.tre	crej.stre
vocalisation du yod Vj > Vi		fa̱i.tre	–
VtrV > VrV		fa̱i.re	–
	afr	*faire*	*creistre*
	frm	*faire*	*croître*

Remarques
1. Incompatibilité de r avec la palatalité
   Cette inimitié se manifeste également en frm : la **synérèse** ij → j est possible après toutes les consonnes initiales mais non après r : li-er, nous li-ons peuvent être [lij-e] ou [lje], [lij-ɔ̃] ou [lj-ɔ̃] et il en va de même pour nier, chier, skier, é-pier etc. Or l'omission du i est impossible après r : (nous) rions, (vous) riez ne peuvent être *[rj-ɔ̃], *[rj-e], seule la prononciation non réduite [rij-ɔ̃], [rij-e] est possible.

2. Il existe un petit groupe de six mots où la syncope a frappé k+(i,e)+C de manière précoce lorsque la vélaire n'était pas encore entamée par la palatalisation. Dans ce cas elle est placée en coda et se réduit à yod selon la règle ↗243 sq. : pla̱c(i)tu > °pla̱k.tu > *plait* frm *plaid* 'accord', °vo̱c(i)ta̱re > *vuidier* frm *vider*, pla̱c(i)ta̱re > *plaidier* frm *plaider*, °expli̱c(i)ta̱re > *espleitier* frm *exploiter*, expli̱c(i)tu > *esploit* frm *exploit*, °vo̱c(i)tu > *vuit* frm *vide*.

3. Le type voisé intervocalique Vg+(i,e)+r connaît le même sort que k+(i,e) : comme fa̱c(e)re, °ra̱g(e)re est passé par °ra̱jre, dépalatalisé en °ra̱j.dre, qui perd le d selon la règle pour aboutir à *raire*. De même, comme crḛs.c(e)re > *creistre* frm *croître*, le type voisé appuyé C.g+(i,e) produit j+d : °fu̱lg(e)re > *foildre* frm *foudre*.

21.2.3 Deux dépalatalisations

286 La dépalatalisation effectue la **décomposition d'une consonne palatale** qui **externalise sa palatalité à gauche** sans modifier ses autres propriétés. Il en demeure la version non palatale de la même consonne.

Dans le cas de la dépalatalisation devant r étudiée au §285, une occlusive palatale [c,ɟ] externalise son élément palatal à gauche et il en reste une occlusive dentale [t,d] (160a).

(160)   les deux dépalatalisations
      a. dépalatalisation devant r   [c,ɟ] > j+t,d   fa̱c(e)re > °fa[c]re > fa̱jtre > *faire*
      b. dépalatalisation générale (spontanée)   tʃ > j+ts   placḛre > platʃi̱r > plajtsi̱r > *plaisir*

Nous avons observé au §282 que k+i,e initial produit ts au lieu du tʃ attendu (ce̱ntu > cent <c> = [ts]). Ensuite, au §284, il est apparu qu'en position intervocalique, k+i,e non seulement aboutit à ts (au lieu du tʃ attendu), mais dégage également un yod à gauche (placḛre > *plaisir*). Nous sommes maintenant en position de comprendre l'origine de ce yod, qui n'est en rien « parasitique » ou « ajouté » comme il était de coutume de dire. Son origine est une dépalatalisation : l'affriquée palatale tʃ externalise sa palatalité à gauche sous forme de yod, et il en reste l'affriquée dentale ts (160b).

A la différence de la précédente, cette dépalatalisation n'est déclenchée par aucun contexte : elle a toujours lieu, affectant tous les tʃ de la langue (évolution spontanée). Il s'agit donc de la **dépalatalisation générale**.

Tenant compte des deux dépalatalisations, la palatalisation romane se décompose donc en quatre processus distincts (au lieu des deux montrés au §282 (157)), que le tableau (161) présente dans l'ordre chronologique (en omettant les autres évolutions survenues dans les mots cités ↗151).

(161)   palatalisation romane : quatre processus différents

			ce̱ntu	ge̱nte	placḛre	fa̱c(e)re
1.	palatalisation	k,g+V_ant. > [c,ɟ]	[c]e̱ntu	ɟe̱nte	pla[c]ḛre	fa[c](e)re
2.	dépalatalisation devant r	c,ɟ+r > j+t,d	–	–	–	fa̱jtre

3. affrication	c,ɟ		> tʃ,dʒ	tʃentu	dʒente	platʃer	–
4. dépalatalisation générale	tʃ		> j+ts	tsentu	–	plajtsir	–
afr				cent	gent	plaisir	faire

La dépalatalisation générale rend ainsi à la palatalisation romane sa **symétrie** : la palatalisation produit invariablement l'occlusive palatale [c,ɟ], qui est ensuite affriquée en la chuintante tʃ,dʒ (sauf pour dʒ intervocalique, déjà réduit à jj ↗283). La source de l'asymétrie affriquée chuintante dʒ vs affriquée sifflante ts est la dépalatalisation générale, qui transforme la chuintante sourde tʃ en dentale j+ts. Ainsi la palatalisation k > ts, suggérée par la comparaison de la source et de l'aboutissement, est un mirage et n'a jamais existé : en réalité, l'évolution est k > [c] > tʃ > j+ts.

21.3   La palatalisation gallo-romane

21.3.1   Caractérisation et illustration

287 Processus et voyelles palatalisantes

La palatalisation gallo-romane affecte toutes les vélaires k,g présentes dans la langue lorsqu'elles sont suivies d'une voyelle antérieure au moment des faits (5ᵉ siècle) :

(162)   palatalisation gallo-romane
k,g + i,e,a,au > tʃ,dʒ

Comme il est montré sous (162), comptent pour voyelles antérieures i,e (comme lors de la palatalisation romane), mais également a (ainsi que la diphtongue au qui commence par a). En effet, lt a n'était pas antérieur au moment de la palatalisation romane (3ᵉ siècle pour la sourde k ↗281.1), puisqu'il ne la déclenchait pas. Mais aux 3ᵉ-4ᵉ siècles, lt a est devenu une voyelle antérieure à la faveur de l'**antériorisation spontanée** a > æ ↗145-1°, qui constitue un événement majeur pour la langue.

288 Illustration

La palatalisation gallo-romane est illustrée sous (163) pour les mots latins, sous (164) pour les mots germaniques.

(163)   palatalisation gallo-romane, mots latins

	#__			C.__			V__V		
	lat	afr	frm	lat	afr	frm	lat	afr	frm
k +a	cane	chien		arca	arche		–		
	causa	chose		coll(o)cāre	couchier	coucher	–		
	cantāre	chanter		caball(i)cāre	chevauchier	chevaucher			

g +a	ga̠mba	*jambe*		vi̠rga	*verge*		–
	ga̠lb(i)nu	*jalne*	*jaune*	pūrga̠re	*purgier*	*purger*	–

(164) palatalisation gallo-romane, mots germaniques

		#__			C.__			V__V		
		frk	afr	frm	frk	afr	frm	frk	afr	frm
k +a		°kāwa	*choe*	'choucas'	skala	*eschale*	*écale*	°breka	*breche*	*brèche*
+i,e		°kīnan	*rechignier*	*rechigner*	skina	*eschine*	*échine*			
g +a		garba	*jarbe*	*gerbe*	°fanga	*fange*		°plegan	*plegier*	*pleiger*
		gard	*jardin*		°targa	*targe*				
+i,e		°gēro	*giron*							

Remarque
1. Territoire couvert
   La palatalisation gallo-romane est caractéristique du nord de la Romania : on la rencontre en Gaule, en Rhétie (canton suisse des Grisons, Tyrol en Autriche et Frioul en Italie), ainsi que dans les dialectes lombardo-alpins en Italie. En Gaule, elle a affecté le français (sauf la Picardie et la partie septentrionale de la Normandie), le franco-provençal et la partie septentrionale de l'occitan (Limousin, Auvergne, Dauphiné).

---

289 Vocabulaire latin : palatalisation seulement en Position Forte devant a
Dans le vocabulaire latin, k,g+i,e ont été éliminés par la palatalisation romane en toute position ↗281. De même, la lénition avait déjà réduit k,g+a,o,u intervocalique à ɣ (3ᵉ-4ᵉ siècles ↗261) avant le début de la palatalisation gallo-romane, si bien que les seules occlusives vélaires en contexte palatalisant qui demeurent lorsque la palatalisation gallo-romane se met à agir sont k,g+a,o,u en Position Forte. Parmi ces cas, seul k+a est placé devant palatalisante, ce qui fait que dans le vocabulaire latin, la palatalisation gallo-romane se rencontre seulement avec k+a en Position Forte :
(163) ca̠ne > *chien* (position initiale), vi̠rga > *verge* (position appuyée).

290 Vocabulaire germanique
La palatalisation gallo-romane est parfois réduite à ce qui est visible dans le vocabulaire latin – à tort. Le vocabulaire germanique apporté par les invasions montre que les vélaires ont également été palatalisées devant i,e : il comportait des k,g+i,e frais, intouchés par la palatalisation romane, qui par conséquent ont été palatalisés selon la règle : °kīnan frk > *rechignier* frm *rechigner*, skina frk > *eschine* frm *échine*, °gēro frk > *giron*.

Enfin, comme les mots latins, les mots germaniques palatalisent devant a (°kāwa frk > *choe* 'choucas'), et ils montrent que la palatalisation concerne également la position intervocalique (où il n'y avait plus aucune occlusive vélaire latine au moment des faits) : (164) °breka > *breche* frm *brèche*.

21.4 Une seule palatalisation

291 Les palatalisations romane et gallo-romane sont occasionnées par les mêmes processus, récapitulés sous (165).

(165) palatalisation et affrication
    a. palatalisation   k,g > [c,ɟ] / __V_{ant}.
    b. affrication   [c,ɟ] > tʃ,dʒ

Le fonctionnement de la palatalisation est strictement identique entre son application à date plus reculée (palatalisation romane) et plus récente (palatalisation gallo-romane) : dans les deux cas, *toutes* les vélaires présentes dans la langue sont palatalisées en occlusives palatales [c,ɟ] devant *toutes* les voyelles antérieures de la langue.

Ce qui donne à la palatalisation gallo-romane une apparence différente en comparaison à la palatalisation romane sont des événements indépendants, intervenus entre les deux :

(166) événements indépendants nourrissant la palatalisation gallo-romane
    a. action révolue de la spirantisation intervocalique 4e siècle
    b. action révolue des dépalatalisations 4e siècle
    c. antériorisation spontanée de la voyelle basse : 3e-4e siècle
        lc a, ā > æ
    d. arrivée massive de mots germaniques possédant des   depuis le 4e siècle
        vélaires fraîches, *i.e.* non touchées par la palatalisation romane

La palatalisation gallo-romane se déroule ainsi sans interférence des facteurs qui avaient produit le résultat asymétrique de la palatalisation romane : les occlusives intervocaliques ne spirantisent plus (166a) et les dépalatalisations n'ont plus cours (166b). Par conséquent le résultat de la palatalisation gallo-romane est parfaitement symétrique pour la sourde k et la voisée g, qui en toute position aboutissent aux affriquées chuintantes tʃ, dʒ.

Remarque
1. Dans certaines variétés sociologiquement marquées du frm, on peut encore (ou de nouveau) observer les deux étapes qui transforment d'abord une consonne non palatale en c,ɟ, puis ces consonnes palatales en affriquées tʃ,dʒ. Alors que l'affrication [c,ɟ] > tʃ,dʒ est identique à celle pratiquée lors des palatalisations romane et gallo-romane, la première étape du processus moderne est en partie différente en ce que les consonnes palatalisées sont non seulement vélaires mais également dentales, et l'agent palatal déclencheur inclut yod (en sus des voyelles d'avant).

Le t,d du français standard est ainsi prononcé [c,ɟ] ou ʧ,ʤ dans une variété sociologiquement marquée « banlieue ». Etant donné le français standard *question* [kɛstjɔ̃], *gardien (de but)* [gaʁdjɛ̃] ou *(il est) parti* [paʁti], les locuteurs de cette variété prononcent [kɛscɔ̃], [gaʁɟɛ̃] et [paχci] (palatalisation seule) ou [kɛsʧɔ̃], [gaʁʤɛ̃] et [paχʧi] (palatalisation et affrication). Ces prononciations sont perçues par les locuteurs qui ne les pratiquent pas de manière consciente comme déviantes du standard et chargées d'une valeur sociale : en témoignent des graphies, typiquement dans des bandes dessinées, telles *les nattes sont interdchites en cours* ou encore *Fatchima a des choses à vous djire* (Trimaille *et al.* 2012 : 2250).

Dans les mêmes variétés, la palatalisation / affrication des vélaires k,g semble plus rare mais est attestée : au lieu de la prononciation [tχãkil] pour *tranquille* du français standard, on peut entende [tχãcil] et [tχãʧil].

Tobias Scheer

22 Yod se mouvant à gauche

22.1 Yod flottant

22.1.1 Yod flottant engendré par trois processus

292 Trois processus produisent un **yod en mouvement vers la gauche** (dégagent un yod à gauche selon l'expression consacrée).

(167) trois origines du yod se mouvant à gauche
   a. dépalatalisation générale (spontanée)   tʃ > j+ts   placēre > plaisir   ↗286
   b. dépalatalisation devant r   [c,ɟ] > j+t,d   fac(e)re > faire   ↗286
   c. métathèse   r,s,ts+j > j+r,s,ts   ratiōne > raison ↗229

Le propre de ce yod dégagé à gauche est d'être **flottant**, *i.e.* de ne pas être associé à un constituant syllabique (voir les **consonnes flottantes** de la liaison en frm ↗267).

Dans placēre > °pla[c]ere (palatalisation) > °platʃeire (affrication) > °pla^{j}tsirə (dépalatalisation) > plaisir par exemple, la dépalatalisation générale tʃ > j+ts dégage un yod à gauche dont le caractère flottant est indiqué par la notation de la palatalité en exposant : V^j.CV. Le **yod flottant cherchera à s'ancrer en coda**, et selon les circonstances y parvient ou non.

En présence d'une coda à sa gauche (168b), l'ancrage est bloqué. Il réussit en l'absence d'une telle coda (168a). Ces évolutions sont étudiées aux §293 sq.

(168) yod flottant : ancrage réussi ou bloqué

		a. absence de coda à sa gauche : ancrage réussi V^j.CV > Vj.CV			b. présence de coda à sa gauche : ancrage bloqué, yod perdu V^{j}C.CV > VC.CV			
		lat	afr	frm		lat	afr	frm
dépalatalis. générale	k+i,e	placēre	plaisir		rk+i,e	mercēde	merci	
	k+i,e	aucellu	oisel	oiseau	kk+i,e	°baccīnu	bacin	bassin
	k+i,e	voce	voiz	voix	kj > tʃ	facia	face	
dépalatalis. devant r	k+(i,e)	fac(e)re	faire		k+(i,e)	vinc(e)re	veintre	vaincre
	k+(i,e)	°coc(e)re	cuire		k+(i,e)	carc(e)re	chartre	
	g+(i,e)	Lig(e)re		Loire	g+(i,e)	°fulg(e)re	foldre	foudre
métathèse	s+j	bāsiāre	baisier	baiser	nts+j	cantiōne	chançon	chanson
	r+j	paria	paire		rts+j	fortia		force
	ts+j	ratiōne	raison		pts+j	°captiāre	chacier	chasser
	pr+j	°cūpriu	cuivre		lts+j	°altiāre	haucier	hausser
	br+j	°ebriu	ivre		tts+j	°mattea	mace	masse
	tr+j	arbitriu	arvoire	'illusion'	rr+j	burriōne	borjon	bourgeon

22.1.2 Ancrage réussi

293 L'ancrage du yod flottant réussit lorsqu'il n'y a pas déjà une coda à sa gauche et qu'il peut donc devenir coda lui-même : sous (169), le yod flottant est créé par la dépalatalisation générale tʃ > j+ts, et donc absent avant cette évolution (169a). Lors de sa création (169b), il est flottant (*i.e.* non associé à un constituant syllabique) puisque la chaîne linéaire ne possède pas de position libre qui puisse l'accueillir.

(169)   ancrage de yod réussi en l'absence de coda
(auc<u>e</u>llu > °au[c]<u>e</u>llu >) °autʃ<u>e</u>llu > °oⁱts<u>e</u>llu > °oⁱdz<u>e</u>llu (> °ojdz<u>e</u>llu > *oisel* frm *oiseau*)
a. °autʃ<u>e</u>llu   b. °oⁱts<u>e</u>llu   c. °oj.dz<u>e</u>llu

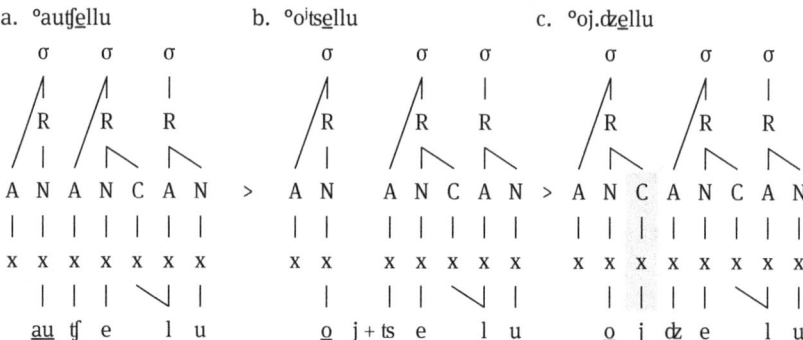

Le voisement du ts issu de la dépalatalisation a lieu à cette étape évolutive (169b) lorsque le j est flottant. L'affriquée ts est alors proprement intervocalique puisque l'intervocalicité est calculée non pas au niveau segmental (où le j s'interpose entre le ts et la voyelle précédente), mais au niveau syllabique : ts est associé à une position C dont les deux positions V adjacentes sont pleines (*i.e.* associées à un contenu segmental).

Enfin, le yod est syllabé en coda (grisée sous (169c)) et ainsi cesse d'être flottant. Désormais le dz est appuyé par ce yod.

Les autres cas sous (168a) fonctionnent de la même manière.

Remarque
1. La métathèse montre que le sort du yod flottant est réellement décidé par la structure syllabique et non pas par le nombre de consonnes intervenantes : CC+j ne bloque la métathèse que si le groupe consonantique est hétérosyllabique C.C (mer.c<u>e</u>de > *merci*). Au cas où il s'agit d'une attaque branchante .TR, la métathèse a lieu et le yod s'ancre (°c<u>u</u>.priu > °cuj.pre > *cuivre*).

22.1.3 Ancrage bloqué

294 L'ancrage du yod flottant échoue en présence d'une coda. A la différence de auc̱ellu, qui ne possède pas de coda à gauche du k promis à la palatalisation, celui-ci est précédé d'un r en coda dans mer.cēde. C'est la raison pour laquelle l'**ancrage du yod flottant** issu de la dépalatalisation générale réussit dans auc̱ellu > oisel frm *oiseau* où il est représenté par le <i> graphique, mais est bloqué dans mer.cēde, qui aboutit à afr *merci* (et non pas afr *meirci).

A l'étape mercēde > °mer.tʃeiðe (170a), la dépalatalisation générale tʃ > j+ts produit un yod flottant > °merʲ.tsiðe (170b), dont l'ancrage créerait une forme à double coda Vj.C.CV : *me.j.r.ciðe. Or la langue interdit les **syllabes super-lourdes** possédant deux codas successives ↗24. Ne pouvant donc s'ancrer en présence d'une coda, le yod flottant est perdu : VʲC.CV > VC.CV (170c) (> °mer.tsiðe > *merci*).

(170) ancrage de yod bloqué en présence d'une coda
    (mercēde > °mer[c]ēde >) °mertʃeiðe > °merʲtsiðe > °mer.tsiðe (> *merci*)
    a. °mertʃeiðe   b. °merʲtsiðe   c. °mer.tsiðe

Il en va de même pour les autres cas où l'ancrage du yod flottant en coda est bloqué en présence d'une coda déjà existante (168b), *i.e.* lorsqu'il est issu de la métathèse (cantiōne > chançon frm *chanson*) ou de la dépalatalisation devant r (carc(e)re > *chartre*).

Remarque
1. Malgré le fait que le groupe s+C soit entravant de droit (dans tẹsta > *teste* frm *tête*, la voyelle tonique ne diphtongue pas), le yod dégagé par les trois processus parvient à s'ancrer à sa gauche, comme dans crẹsc(e)re > *creistre* frm *croître*. La règle est donc que l'ancrage du yod est bloqué en présence d'une coda déjà existante, sauf si celle-ci est s. Il s'agit ici encore des vertus particulières de s ↗25.
    Ainsi le yod enjambe s+C encore dans °nạsc(e)re > *naistre* frm *naître* (dépalatalisation devant r), vasc̱ellu > *vaissel* frm *vaisseau*, piscīna > *peissine* frm *piscine* (dépalatalisation générale), angụstia > *angoisse*, ọstrea > *uistre* frm *huître*, pastiōne > *paisson* (métathèse).

22.2 Palatalisation de la coda existante

295 Le yod dégagé par la dépalatalisation devant r ne peut s'ancrer en présence d'une coda à sa gauche, mais il la palatalise lorsqu'elle est palatalisable, ce qui est le cas de l et n (et de ces codas seulement ↗296-300). Ainsi la graphie <in> dans afr *veintre* représente-t-elle la palatale ɲ : vi̲nc(e)re > °ve̲ⁱn.tre > *veɲ.tre* = afr *veintre* frm *vaincre*. Il en va de même pour ca̲nc(e)ru et °fu̲lg(e)re montrés sous (171a) Rq1.

En revanche, r illustré sous (171b) est impalatalisable ↗296-300 et par conséquent ne produit jamais des formes avec un <i> graphique à sa gauche.

Le <i> graphique ne peut représenter un yod en coda puisqu'une telle forme posséderait deux codas successives (vi̲nc(e)re > *vej.n.tre), ce qui est interdit dans la langue ↗24. Seuls les groupes s+C peuvent soutenir une coda à leur gauche ↗294.1, cas montré sous (171c) Rq2.

(171)   yod dégagé à gauche par la dépalatalisation devant r :
        (non-) palatalisation des consonnes en coda

	coda	lat	j flottant	afr		frm
a.	n > ɲ	vi̲nc(e)re	°ve̲ⁱn.tre	veintre	<in> = ɲ	vaincre
	n > ɲ	ca̲nc(e)ru	°ca̲ⁱn.tre	chaintre	<in> = ɲ	chancre
	l > ʎ	°fu̲lg(e)re	°fu̲ⁱl.dre	foildre	<il> = ʎ	foudre
b.	r	ca̲rc(e)re	°ca̲ⁱr.tre	chartre	*chairtre	
	r	su̲rg(e)re	°su̲ⁱr.dre	sourdre	*souirdre	
c.	s > js	cre̲sc(e)re	°cre̲ⁱs.tre	croistre	<is> = js	croître

En somme, le yod flottant, lorsqu'il ne peut s'ancrer, laisse une trace en palatalisant les codas palatalisables n et l. Lorsque la coda n'est pas palatalisable, le yod disparaît corps et âme : c'est le cas de r. Le s, également impalatalisable, permet au yod de s'ancrer à sa gauche en raison de ses vertus particulières ↗25.

Remarques
1. Le <i> est un moyen graphique fréquent pour noter la palatalité de la consonne à sa droite. Ainsi <ill> ne fait que noter la géminée [ʎʎ] (ma̲c(u)la > *maille* [maʎʎə]) : la voyelle précédente demeure non altérée ↗243. Parfois plusieurs moyens graphiques pour indiquer la nasale palatale ɲ sont cumulés et demeurent jusqu'à l'orthographe moderne : <gn> et le <i> précédent dans *enseigne* < insi̲gnia ou *oignon* < ūni̲ōne où la voyelle tonique n'a jamais été suivie d'un yod.
2. La graphie <is> dans le type cre̲sc(e)re > *creistre* frm *croître* représente [js] et non pas un s palatalisé ↗294.1. La diphtongue oi dans afr *croistre* le prouve : elle ne peut provenir que d'un ei, qui est nécessairement d'origine combinatoire e+j (e̲ est entravé et donc ne peut diphtonguer).
3. Contrairement au yod issu de la dépalatalisation devant r, celui dégagé par la dépalatalisation générale (anci̲lla > *ancele* 'servante' et non pas *aincele* où <in> = [ɲ]) et la métathèse (canti̲ōne > *chançon* frm *chanson* et non pas *chainçon* où <in> = [ɲ]) ne palatise jamais la coda à sa gauche, même lorsqu'elle est palatalisable : aucun <i> graphique n'apparaît jamais à gauche de

la coda, que celle-ci soit l,n ou r (encore ici, sauf s, qui permet l'ancrage dans tous les cas : angustia > *angoisse* <is> = [js]).

La raison pour laquelle seul le yod dégagé par la dépalatalisation devant r palatalise la coda à sa gauche est chronologique : des trois processus, celui-ci est le plus ancien. Le yod flottant qu'il a produit est tombé dans la période d'activité de la palatalisation romane ↗228, qui avait déjà cessé d'opérer lorsque plus tard la dépalatalisation générale et la métathèse ont engendré leur yod.

22.3 Consonnes palatalisables

22.3.1 Seuls les vélaires k,g et n,l sont palatalisables

296 Dans l'évolution du français, quel que soit le stade évolutif, les seules consonnes palatalisables sont les vélaires k,g, ainsi que l et n. Ni r, ni s, ni t ou encore d'autres consonnes ne le sont, et il n'existe pas ni n'a jamais existé d'elles des versions palatales.

22.3.2 Transmission de la palatalité par contact ?

297 La question de savoir si une consonne est palatalisable se pose lorsque yod se meut à gauche, *i.e.* dans les trois circonstances mentionnées au §292 : les deux dépalatalisations et la métathèse.

La raison pour laquelle on a pu concevoir des versions palatales de r, s, t (notées r', s', t') est l'idée (introduite par Vising 1882 et canonisée par Meyer-Lübke 1890 : §509 *sqq.*) que lorsque yod enjambe une consonne, sa transmission au-delà de cette consonne ne peut se faire que **par contact**. Ainsi dans un groupe Cj, la palatalité est d'abord transmise au C qui devient C' (= C palatalisé). Ensuite C' relâche la palatalité à sa gauche, avant de dépalataliser : Cj > C'j > jC'j > jCj > jC. L'étape C' est donc éphémère (elle acquiert la palatalité pour la reperdre aussitôt), et on ne voit jamais cette consonne, qui doit son existence uniquement à l'idée que la transmission de la paltalité à gauche se fait par contact.

Le yod se comportant ainsi est dit *implosif* par Georges Straka et son école (Straka 1979 [1965] : 322 *sqq.*, La Chaussée 1989 : 73 *sqq.*), et la nature de la transmission est donc phonétique.

A l'inverse, la transmission de la palatalité par métathèse Cj > jC, *i.e.* sans palatalisation de C, est conçue dès Darmesteter (1874 : 387).

22.3.3 r', s', t' n'ont jamais existé

La transmission par contact, dont r', s', t' palatalisés sont l'instrument, rencontre des obstacles dirimants dont quelques-uns sont mentionnés ci-dessous (voir GGHF §§116.2, 284.4,5).

298 Groupes à labiale prj, brj

La transmission par contact suppose que toutes les consonnes traversées par yod ont été d'éphémères palatales. Ainsi le groupe entier tr dans arbi̯triu > *arvoire* 'illusion' a dû être palatalisé en t'r' lors du processus trj > jtr, et il en va de même pour str (strj > jstr) dans o̯strea > *uistre* frm *huître*. Cela est possible dans cette logique puisque les trois consonnes impliquées s, r, t sont palatalisables.

En revanche, les labiales sont absolument rétives à la palatalisation : la langue n'a jamais connu des labiales palatalisées, y compris de l'avis de ceux qui promeuvent la transmission par contact (Straka 1979 [1954] : 550). Or yod est bien transmis à travers les groupes à labiale prj > jpr (°cū̯priu > *cuivre*) et brj > jbr (°e̯briu > *ivre*) ↗292.

299 Conditionnement syllabique

Le fait distributionnel de base qui gouverne l'apparition du yod à gauche de la consonne enjambée a échappé aux auteurs qui conçoivent que la transmission de yod se fait par contact : cette transmission est **contrôlée par la structure syllabique** ↗292. Les consonnes simples C ou groupes .TR tautosyllabiques sont traversés, alors que les groupes hétérosyllabiques C.C bloquent. Cela disqualifie d'office toute analyse où la structure syllabique ne joue aucun rôle, ce qui est le cas de la transmission par contact.

Ainsi l'ancrage à gauche dans le cas de prj (°cū̯.priu > *cuivre*) et brj (°e̯briu > *ivre*) a lieu pour la même raison que dans le groupe sans labiale trj (arbi̯.triu > *arvoire* 'illusion') : dans CCj, le yod est transmis lorsque le groupe CC est tautosyllabique .TR, bloqué s'il est hétérosyllabique C.C. La palatalisabilité des labiales ↗298 n'y joue aucun rôle.

Remarque
1. L'idée que yod se transmet par contact est l'enfant de son temps : les auteurs qui la suivent avaient pour seul instrument la chaîne linéaire des phonèmes. Dans cet environnement, les segments flottants sont inconcevables. Ce n'est qu'avec la **structure autosegmentale** ↗16, introduite dans les années 1970, que l'analyse de la **palatalité flottante** se mouvant à gauche devient possible.

---

300 Résolution progressive des groupes C.j

La résolution progressive des groupes C.j ↗227 atteste du fait que r et s n'ont jamais été palatalisables, ou palatalisés.

Créés par la consonification latine ↗84, le groupe C.j est éliminé successivement par divers processus. D'abord dj, gj sont réduits à ɟ ↗225 et tj assibilé en tsj ↗226, puis le C des groupes C.j qui demeurent sont palatalisés au cas où ils sont palatalisables : kj > tts °facia > *face*, nj > ɲɲ °montānea > *montagne*, lj > ʎʎ meliōre > *meilleur* ↗228. Les groupes C.j restants sont ensuite soumis à la métathèse C.j > j.C, qui concerne s, ts, r ↗229. Enfin, le yod des groupes C.j, qui ne sont toujours pas réduits parce que leur C n'est ni palatalisable ni apte à la métathèse, se renforce en [c,ɟ] > ʧ,ʤ : c'est le cas des groupes labiale + yod : sapiat 3s subj > *sache*.

Il apparaît donc clairement que seuls n,l,k sont palatalisables : r,s,ts pratiquent la métathèse parce que, justement, ils ne le sont pas.

Tobias Scheer

Partie IV : **Aperçu de l'évolution ultérieure
(fin 13ᵉ jusqu'au Grand Siècle)**

23 Période trouble de la fin du 13ᵉ au 17ᵉ siècle : le moyen français et la Renaissance

23.1 La norme élargit son champ d'action

301 Jusqu'au 13ᵉ siècle, l'irruption de la norme ↗36 *sq.* dans l'évolution de la langue n'est pas décelable, si ce n'est par le biais des **mots savants** ↗35 : on peut considérer que c'est l'action de la norme qui les soustrait de l'évolution phonétique et populaire. La norme ici agit dans un domaine **confiné à certains types de vocabulaire** : ecclésiastique, technique, juridique, médical, scientifique, etc.

Cela change à partir de la fin du 13ᵉ siècle lorsque le champ d'action de la norme s'élargit à tous les mots. Sa marque de fabrique est désormais la **soustraction à l'évolution phonétique et populaire** d'un grand nombre de mots qui n'appartiennent à aucun champ thématique particulier. Le résultat en est, le plus souvent, un **lexique partagé** entre mots que la norme n'a pas réussi à empêcher de suivre l'évolution naturelle, et d'autres où son action a préservé, ou rétabli, l'état ancien.

L'évolution (lc i̯, ẹ >) oi > e, examinée en détail au chap. 24, est ainsi le héraut d'une période d'instabilité qui, durant quatre siècles, verra le **combat de la norme contre toute sorte d'innovation** créer, selon sa fortune d'armes, des irrégularités dans l'évolution phonétique que la langue n'a pas connues auparavant et dont le frm est toujours empreint. Ce n'est qu'au 16ᵉ ou 17ᵉ siècle que la situation se stabilise, en faveur de la norme ou de l'innovation, souvent en partageant la poire en deux (tel mot suit la norme, tel autre l'innovation).

On appelle moyen français (14ᵉ jusqu'au milieu du 16ᵉ siècle), puis français de la Renaissance (ou français pré-classique, milieu 16ᵉ - milieu 17ᵉ siècles) cette période d'instabilité entre la fin de l'afr au 13ᵉ siècle et le français classique du Grand Siècle.

Remarque
1. Toutes les langues ont une norme, qu'elles soient à tradition écrite ou orale. On ne parle pas de la même façon lors d'un événement liturgique, politique ou funéraire que lorsque l'on est en famille. Aujourd'hui on entend par norme une codification prescriptive de la langue, surtout s'agissant de l'écrit, qui est produite par des institutions comme l'Académie Française, la loi, l'école, les journaux, la littérature etc. Ces institutions ayant été absentes au Moyen-Age, l'emploi du mot *norme* pour cette période est certes en hiatus avec l'idée qu'on s'en fait en temps modernes, mais il n'en reste pas moins que la pression sociale sur l'emploi de la langue s'y est également exercée : elle existe sous tous les cieux et de tous temps. La norme peut revêtir des habits variés, et ceux que nous avons l'habitude de voir dans une société occidentale moderne ne sont que des facettes de son arsenal. Afin d'apprécier l'évolution de la langue sous l'emprise des forces sociales, il est utile d'en considérer toutes les facettes, rassemblées ici sous l'appellation *la norme*. Glessgen (2017) propose une synthèse des travaux concernant l'apparition, en français, de la norme (ou de la langue / variété exemplaire).

23.2 Apparition et évolution de la norme

23.2.1 Structuration sociale

302 La norme est l'expression d'une **structuration sociale** assez avancée pour être à même d'imposer, sur un territoire donné, une forme donnée d'un mot lorsqu'elle est en concurrence avec une autre forme. La norme est donc fonction de l'organisation sociale d'une société, et si on cherche à comprendre pourquoi, dans le cas du français, elle fait irruption au 13e siècle plutôt qu'avant ou après, il est utile de considérer l'évolution de la société.

Depuis le milieu du 9e et jusqu'au début du 11e siècle, le royaume franc, devenu carolingien, a vécu en **état de guerre permanent**, celle-ci se déroulant au cœur de son territoire : les **invasions vikings**, venant de la mer, ont terrassé, mis à sac, pillé, détruit et brûlé les pays côtiers dans toute l'Europe, jusqu'en Méditerranée et à Constantinople. Etaient particulièrement exposées les villes situées sur les rives des fleuves, les Vikings remontant ceux-ci par l'estuaire. Ainsi Paris a été assiégée une première fois en 845 (Charles le Chauve négocie le départ des Vikings moyennant une forte somme), puis conquise, mise à sac et brûlée (surtout les églises et abbayes) à trois reprises en 852, 856 et 861. Les autres villes en bordure de la Seine et de la Loire connaissent le même sort, à de multiples reprises durant la période des invasions : Rouen, Beauvais, Meaux, Chartres, Evreux, Bayeux, Orléans, Nantes. Toutes les tentatives de contrer, d'enrayer ou de contrôler les envahisseurs ayant échoué, Charles III dit *le Simple* se résout à officialiser l'occupation de fait : au traité de Saint-Clair-sur-Epte en 911, il cède la basse vallée de la Seine à un viking nommé Rollon, qui promet de la défendre contre ses congénères. C'est le début *de jure* de la province de la Normandie. Le dernier raid viking sur le royaume est enregistré un siècle plus tard en 1017.

La société médiévale se reconstruit ensuite, à tous les niveaux, et une mesure de sa structuration est le siècle des cathédrales : celles-ci ont été construites massivement à partir du milieu du 12e siècle et jusqu'au milieu du 13e siècle. Leur édification suppose, outre la prospérité économique, une organisation artisanale, agricole, intellectuelle, religieuse et civile avancée.

L'ascendance générale de la société médiévale en Gaule se mesure également par sa démographie, qui reflète les invasions, puis la reconstruction : on estime qu'à la fin de l'empire romain au 5e siècle, la Gaule comptait 12 millions d'habitants, réduits par les conséquences des invasions germaniques à 8,8 millions du temps de Charlemagne (autour de 800). Les invasions vikings provoquent ensuite une chute brusque, en l'espace de 50 ans seulement, à 6 millions d'habitants vers 850. La reconstruction de la société est ensuite reflétée par une population presque trois fois plus nombreuse en 1226, date à laquelle elle est estimée à 16 millions d'habitants. Elle atteint son apogée à 20 millions d'habitants en 1350, avant que la Grande Peste (ou Peste Noire, 1347-1352, tuant en Europe entre 30% et 60% de la population) et la guerre de Cent Ans (1337-1453) ne la réduisent sensiblement à 11 millions à la sortie de celle-ci en 1457. Il faudra alors attendre 1600 pour retrouver les 20 millions d'habitants de 1350.

Enfin, les croisades sont également un indicateur de la vigueur générale, et en particulier démographique, de la société en Gaule (et plus généralement en Europe). La première croisade est lancée par le pape Urbain II à Clermont-Ferrand en 1095, soit moins d'un siècle après la fin des invasions Vikings. Suivront sept autres croisades jusqu'en 1291, qui toutes, sauf la sixième initiée par le Saint Empire Romain Germanique, sont à l'initiative française et fournies essentiellement par des participants venant de la Gaule. On appelle les possessions des croisés en Terre Sainte les Etats Latins ou Etats Francs. Pour la première croisade entre 1095 et 1101, on estime à cent mille militaires (milites, au siège de Nicée en 1097) et autant de civils (pedites), qui font partie de la croisade dite populaire de Pierre l'Ermite ou Gautier Sans-Avoir depuis la France, de Folkmar, Gottschalk ou Emich de Leiningen depuis le Saint Empire (France 1994 : 122-142, Fiori 1998 : 343). Les effectifs de la croisade populaire en particulier témoignent de la démographie excédentaire de la France et du Saint Empire, ainsi que de la ferveur religieuse populaire qui régnait parmi les paysans, prêts en masse à abandonner leur foyer pour un avenir incertain (et en l'occurrence létal).

Il n'est pas fortuit que l'apparition de la norme conditionnant l'évolution du langage soit plus ou moins concomitante avec l'apogée de la civilisation médiévale qui se traduit par les faits externes mentionnés.

23.2.2 Indicateurs attestant la norme

303 On peut évoquer les indicateurs suivants pour mesurer l'installation progressive de la norme :

1. la conscience de parler la même langue ;
2. la conscience de former un groupe social cohérent (qu'au 19e siècle on appellera nation), dont un élément important est la langue ;
3. la réflexion sur la langue d'abord par des commentaires, ensuite par des grammaires et dictionnaires ;
4. l'intervention de l'Etat.

Remarque
1. L'objet des pages qui suivent, qu'on appelle **histoire externe** de la langue, est évoqué dans de très nombreux travaux, parmi lesquels Petit de Juleville (1896), Gougenheim (1951), Perrett (1998), Cerquiglini (2007), Lodge (2008), Rey et al. (2011), Siouffi (2020).

23.2.3 *Romanz, franceis*

304 Les premiers textes dans la langue du peuple, le **vernaculaire** qu'on appelle afr, apparaissent aux 9ᵉ-10ᵉ siècles. Afin de le différencier du latin, les auteurs d'alors le désignent par le mot *romanz* (< rōmānice frm *roman*), qui alors réfère seulement à la langue parlée dans le nord de la Gaule. Cela traduit une conscience du fait que l'afr existe et forme une unité linguistique. En frm et dans le monde entier aujourd'hui, le mot *roman*, désignant un genre littéraire, a la même source : à l'origine, il désigne un écrit dans la langue du peuple, par opposition aux textes en latin.

Le concile de Tours, réuni par Charlemagne en 813, entérine l'existence de la langue populaire en stipulant que les homélies sont dorénavant prononcées non plus en latin mais en langue *tudesque* (germanique) et en langue *romane rustique*. Et ce, visiblement, pour la même raison qui fait que les Serments de 842 sont prononcés, par la troupe et ses chefs, en ces deux langues : afin que le peuple (homélies) et les soldats (Serments) comprennent. Le Sermon *Grant mal fist Adam* au début du 12ᵉ siècle est explicite sur cette situation : *Por icels enfanz / Le [le sermon] fiz en ronmanz / Qui ne sunt letrez*.

Le mot *franceis* (< franciscu, frm *français*) apparaît pour la première fois au 12ᵉ siècle, dans *Roland*. Comme auparavant *roman*, il désigne la langue parlée dans le nord de la Gaule.

L'expression *en franceis*, à l'écrit, se fait d'abord dans les textes littéraires (ou des retranscriptions d'oral comme dans les Serments), puis trouve son entrée dans les textes administratifs, les **chartes**, à partir du 13ᵉ siècle. Le latin demeure toutefois prédominant, et l'évolution lente mais constante vers le français dans ce domaine est *in fine* sanctionnée par l'Etat au 16ᵉ siècle par l'ordonnance de Villers-Cotterêts (1539) dont les articles 110 et 111 stipulent que les documents administratifs doivent être désormais rédigés « en langaige maternel françois, et non autrement ».

23.2.4 Le prestige naissant de Paris

305 L'afr connaît un certain nombre de variétés, ou **dialectes**, que l'on distingue traditionnellement, parmi lesquels l'anglo-normand, le picard, le wallon ou le bourguignon. Jusqu'au 13ᵉ ou 14ᵉ siècle, ils sont autonomes dans le sens qu'on décèle peu d'influence mutuelle, ou parisienne. A partir du 12ᵉ siècle, certaines variétés (anglo-normand, picard) disposent d'une **scripta**, i.e. d'un canon écrit qui uniformise une certaine variation. La production littéraire est typiquement anglo-normande, plus tard picarde et des villes comme Chartres, Rouen, Arras ou Troyes sont des centres d'activité avant l'entrée en scène de Paris, qui jusqu'au 12ᵉ siècle ne joue aucun rôle.

A partir du 13ᵉ ou 14ᵉ siècle, toutefois, les textes présentent souvent des traits dialectaux mélangés qui semblent incohérents. On en a conclu que les copistes, locuteurs d'un dialecte donné, cherchaient avec plus ou moins de fortune à imiter une **norme supra-régionale** venant de Paris.

Dès lors la transformation du statut politique et social de la capitale en prestige de la scripta qui s'y est développé au 13ᵉ siècle, exerçant une emprise sur les autres variétés, prend son essor et est observable tout au long des siècles qui suivent. Parmi ses nombreuses manifestations, on compte, entre les 14ᵉ et 16ᵉ siècles, les excuses que des auteurs de textes littéraires présentent pour leur langue imparfaite, due à leur origine provinciale. Ainsi Jean de Meung (originaire de Meug-sur-Loire dans le Loiret, né vers 1240 et mort vers 1305), qui à l'occasion de sa traduction de la *Consolation de Philosophie* de Boèce (datée entre 1300 et 1305) avertit : « Si m'escuse de mon langage / Rude, malostru et sauvage / Car nés ne sui pas de Paris / Ne si cointes com fut Paris »

L'installation de cette norme parisienne est dans un premier temps uniquement sociale, sans intervention de l'Etat. Il faudra attendre le Grand Siècle avec l'éclosion de la monarchie absolue et versaillaise pour voir l'Etat régler les affaires de langage, ce qui mettra un terme au foisonnement des disputes sur le langage auquel on aura assisté à la Renaissance ↗307-309.

23.2.5 Commentateurs et grammairiens

306 Un autre indicateur de l'entrée en scène de la norme est la réflexion sur la langue : des avis ayant pour objet la langue elle-même apparaissent au 14ᵉ siècle. On appelle leurs auteurs des **commentateurs**.

Ces avis sont à propos de mots, et typiquement provoqués lorsque leurs auteurs sont confrontés à la langue parce qu'ils font des traductions, ou à l'occasion de manuels de français, dits *Manières de langage*, rédigés à l'intention de l'aristocratie anglophone, de voyageurs ou commerçants. Le plus ancien d'entre eux est le *Traite sur la langue françoise*, poème didactique en 1140 octosyllabes, rédigé par l'anglo-normand Walter de Bibbesworth entre 1240 et 1250.

Nicole Oresme (vers 1320-1382) traduit des textes grecs et latins en français dans divers domaines (biologie, philosophie, mathématiques). En tête de sa traduction de l'*Ethique* d'Aristote (vers 1370), il note :

> « une science qui est forte, quant est de soy, ne peut pas estre bailliee en termes legiers à entendre, mès y convient souvent user de termes ou de mots propres en la science qui ne sont pas communellement entendus ne cogneus de chascun, mesmement quant elle n'a autrefois esté tractee et exercee en tel langage. »

Les néologismes issus d'emprunts au latin suscitent le courroux de l'auteur anonyme de l'un des poèmes recueillis dans *Le Jardin de Plaisance et fleur de rhetorique*, publié en 1501 : *Quint vice est d'innovation / De termes trop fort latinisans / Ou quant l'on fait corruption / D'aucuns termes mal consonants, / Trop contrains ou mal resonans / Ou sur le latin escumez ; / Ainsi ilz sont moult dissonans, / Indignes d'estre resumez.*

Geofroy Tory est imprimeur et cherche à restaurer, dans les caractères d'imprimerie, la typographie des lettres romaines, qu'il pense être proportionnelles au corps humain. Les 23 lettres de l'alphabet qu'il propose aux imprimeurs et graveurs (où U et V sont confondus, J et W étant absents) représentent les 9 muses, les 7 arts libéraux, les quatre vertus cardinales et les trois grâces. Dans son ouvrage *Champ Fleury ou L'Art et science de la proportion des lettres* publié en 1529, l'avant-dernier livre traite de *Linuention des Lettres Attiques, & de la conference proportionnalle dicelles au Corps & Visage naturel de Lhomme parfaict*. Dans le premier livre, il appelle « a mettre & ordonner la Langue Francoise par certaine Reigle de parler elegamment en bon & plussain Langage Francois. »

Les **grammaires** représentent l'étape suivante des écrits à propos de la langue. Le *Donait françois* de John Barton, composé au début du 15ᵉ siècle, est encore un manuel de français, mais considéré comme la première grammaire de la langue. L'auteur précise que son texte veut « briefment entroduyr les Anglois en la droit language du Paris et de païs là d'entour, fait aus despences de Johan Barton par pluseurs bons clarcs du languiage avantdite. » Suivent un siècle plus tard les grammaires de la Renaissance : *Lesclarcissement de la langue francoyse* de John Palsgrave (1530, toujours un manuel à l'intention des anglophones), *In linguam gallicam isagwge* de Jacques Dubois (1531), *Le tretté de la grammęre françoeze* par Louis Meigret (1550), le *Traicté de la Grammaire française* (1557) de Robert Estienne et la *Grammaire* de Pierre de la Ramée, dit Ramus (1572).

23.2.6 Langue digne et de plein exercice

307 Au 16ᵉ siècle, l'**Humanisme** venant d'Italie est l'apanage de la **Renaissance** où l'on redécouvrit l'Antiquité et chercha à s'en approprier le fonctionnement, notamment par l'étude de la littérature, de la culture et de la langue gréco-romaines. Cela déclenche une vague de traductions, en français, de textes anciens, que l'on ne lit plus dans l'original. Le **protestantisme**, autre manifestation de la Renaissance, est fondé sur les règles énoncées dans la Bible, refusant toute déviation ou ajout (tels le célibat ou la fête de Noël) qu'a pu apporter l'Eglise catholique au cours des siècles. Le projet protestant suppose donc que les fidèles connaissent la Bible, et c'est la raison pour laquelle Luther en fait la traduction en allemand, traduction ensuite transposée dans les autres langues.

Ainsi au 16ᵉ siècle, les voix se multiplient pour défendre l'usage du français contre le latin, selon l'idée, inouïe alors, que le français serait une langue de plein exercice, comparable en dignité avec le grec et le latin, capable de véhiculer tous les contenus. S'y exprime autant la conscience de la langue que du groupe qui la parle : en 1529, le précité Geofroy Tory propose ainsi de « escripre en francois, comme Francois nous sommes. » La langue ici est vecteur de l'identité politique, culturelle et, dira-t-on au 19ᵉ siècle, nationale.

23.2.7 16ᵉ siècle : foisonnement d'avis et récits descriptifs

308 Dans le contexte humaniste décrit, le raisonnement à propos du langage qui dépasse le simple commentaire émerge donc au 16ᵉ siècle. Des avis fort divergents s'entrechoquent dans un concours libre d'idées où l'Etat n'intervient pas. Les néologismes et emprunts foisonnent et on devise, se dispute, argumente pour ou contre telle forme ou tel mot, une graphie ou un usage.

On expérimente également toutes sortes de graphies pour transcrire la langue, la plus connue étant celle imaginée par Louis Meigret, dont il s'est servi pour écrire son *tretté de la grammęre françoeze* (publié en 1550). Voici comment il s'en explique (page 2 bis de son avis *ao' lęctevrs*) :

> « Or ęt il q'ao jourdhuy lę' Françoęs ont tant etranjé l'ecrittur' ęn vne gran' partie de vocables, de l'uzaje de parler : tant par vne fuperfluité de lęttres, qe par la cõnfuziõ de leur puyffançe (com' aotrefoęs je vous l'ey affes montré) q'il n'ęt pofsible de dreffer fur ęlle, aocune façon de grammęre qe çe ne fût a notre confuzion. »

Dans cette atmosphère, la langue parlée par le peuple peut être évoquée directement et dans un but **descriptif**. Charles de Bovelles (1533 : 36) écrit ainsi « Infantes et Parrhisij faciunt, vt in his [...] *vallet* pro *varlet*, *paller* pro *parler* », documentant la chute de r en coda ↗322 sans porter de jugement sur cette manière de parler. On est encore loin, ici, des disputes **normatives** qui au siècle suivant chercheront à imposer une norme obligatoire pour tous, au nom de la pureté de la langue et du fait que la Cour s'exprime ainsi.

Lorsque, au Grand Siècle, les débats se borneront à des concours normatifs (« il faut dire... », « il ne faut pas dire... »), la fenêtre sur l'état de la langue du peuple qui était quelque peu ouverte au 16ᵉ siècle se fermera : on n'assistera alors plus qu'à des discussions savantes entre membres de l'élite qui ne fournissent pas d'information sur le français parlé à cette époque. Tout au plus peut-on inférer que si les représentants de la norme condamnent telle façon de parler, elle doit avoir cours dans le peuple. Mais cela n'est pas une certitude, et assez différent des descriptions directes de ce qui se disait, du type que fournit Charles de Bovelles.

23.2.8 La monarchie absolue et son apanage : vision du passé, langue unique, purisme

309 La conscience que la langue contemporaine est distincte de la langue pratiquée jadis n'apparaît guère qu'au 17ᵉ siècle : on appelle alors la langue française du passé **l'ancienne langue**, ou **l'ancien françois**. Cela va de pair avec la conscience, alors naissante, que l'Etat français du Grand Siècle est issu d'une construction lente, parsemée d'entraves mais persévérante, entreprise par la maison royale capétienne (régnant sans interruption depuis Hugues Capet en 987 à travers ses branches Valois et Bourbon jusqu'à la Révolution Française), qui a rassemblé politiquement, administrativement et culturellement les différentes entités présentes en Gaule (que l'on appellera nation à partir du 19e siècle).

Un aspect de cette **conscience d'unité** administrée depuis Versailles est ce que l'on appelle le **purisme**, qui au Grand Siècle dirige les esprits (Malherbe, Vaugelas, Bouhours, Boileau) et la production littéraire (Racine, Corneille, Molière) : c'est l'idée qu'il existe une **langue unique** qui sert le propos de l'Etat et contribue à en forger l'identité. Elle doit être surveillée pour pouvoir assurer ces fonctions, et imposée partout en tant que registre haut. Dans ce cadre, on combat les régionalismes, néologismes et emprunts. C'est le sommet de l'Etat, **la Cour**, qui en définit les propriétés : le bon usage est celui qui est pratiqué par « la plus saine partie de la Cour » (préface de Vaugelas 1647 [1697]), et la création de l'Académie Française en 1634 matérialise, par la volonté de l'Etat, l'ensemble de cette attitude.

La grammaire de Laurent Chiflet, publiée en 1659 et intitulée *Essay d'une parfaite Grammaire de la langue françoise*, s'accorde avec l'esprit de son temps : l'auteur avertit dans le sous-titre de son ouvrage que « le lecteur trouvera, en bel ordre, tout ce qui est de plus nécessaire, de plus curieux, et de plus élégant, en la pureté, en l'orthographe, et en la prononciation de cette langue. »

Se pose alors la question des **variétés parlées en France** qui ne correspondent pas au standard de référence unique ainsi établi. Elles sont par la nature des choses jugées inférieures et servent de **marqueur social** : qui ne parle ni n'écrit selon la norme est aussi socialement inférieur. Au 18e siècle, cette attitude est consignée dans l'Encyclopédie (publiée par Diderot et d'Alembert entre 1751 et 1772), sous l'entrée *patois* :

> « PATOIS (gram.). Langage corrompu tel qu'il se parle presque dans toutes les provinces : chacune a son patois ; ainsi nous avons le patois bourguignon, le patois normand, le patois champenois, le patois gascon, le patois provençal, etc. On ne parle la langue que dans la capitale. »

Cela est à contraster avec la signification de *franceis* au 12e siècle, qui renvoyait à l'ensemble des idiomes parlés dans le royaume anciennement franc, au nord de la Gaule.

Il a été indiqué au §308 que le 16e siècle est entièrement étranger à cette idée d'une langue unique à prestige social suprême, instituée et surveillée par l'Etat, qui est l'apanage du régime politique de la monarchie absolue.

23.2.9 Résumé : la norme accouchant et précipitant la période d'instabilité

310 La période d'instabilité entre le 13e et le 17e siècle, où l'évolution naturelle de la langue est altérée par des forces extérieures relevant du domaine social, est initiée par l'irruption de la norme, expression d'une certaine organisation sociale. La norme est

au début encore simplement sociale : l'Etat n'en fait pas son affaire. Elle navigue à vue jusqu'au 16ᵉ siècle, cherchant à inhiber l'innovation, et ainsi crée des exceptions lexicales à l'évolution phonétique qui, selon sa fortune, sont plus ou moins nourries.

La norme ayant ainsi été créatrice de variation, celle-ci est figée dans l'état où elle se trouve lorsque l'Etat au 17ᵉ siècle prend les choses en main. La norme est désormais un instrument au service de la monarchie absolue et centralisatrice. Le fait que la période d'instabilité se ferme à ce moment n'est pas étranger à cette évolution de la norme. La langue qui en résulte, le français classique, sera désormais peu variable en comparaison à la période précédente, et aboutira au frm moyennant relativement peu de changements.

23.3 Evolutions phonétiques durant cette période d'instabilité

311 La norme s'attaque à certaines lois phonétiques, mais non à d'autres. Ainsi, durant la période d'instabilité, certaines évolutions se déroulent normalement, *i.e.* en affectent progressivement tous les mots, le résultat étant un lexique uniforme où l'état ancien n'existe plus. D'autres évolutions, subissant le frein de la norme, ne conquerront jamais tous les mots et la situation lexicale résultante est erratique.

Remarque
1. William Labov (1994-2010, Vol.1 : 541-543) a identifié deux façons par lesquelles un changement peut être implémenté, qu'il appelle **d'en haut** (phonologique) et **d'en bas** (phonétique). Ce dernier est **phonétiquement graduel** (la modification se fait en petites étapes), **lexicalement abrupt** (tous les mots changent en même temps) et **imperceptible** par les locuteurs, donc socialement non exploité et non accessible à l'action de la norme (changement dit aussi **néogrammairien**). Le premier en revanche est phonétiquement abrupt, lexicalement graduel, **conscient** pour les locuteurs et donc vecteur de **marquage social** et terrain d'activité pour la norme (changement classiquement connu en tant que **diffusion lexicale**).

23.3.1 Evolutions échappant à l'action de la norme

312 Voici quatre évolutions qui se déroulent entre le 13ᵉ et le 17ᵉ siècle mais ne montrent aucune trace d'intervention de la norme : à la fin de la période, le lexique est entièrement acquis à l'innovation. Cela ne signifie pas, bien sûr, qu'il n'y ait eu une progression successive de l'innovation, commentée ou peut-être combattue par la norme – mais *in fine* la loi phonétique s'impose partout, selon le déroulement normal et naturel de l'évolution.

313 Elimination de schwa en hiatus
Schwa en hiatus est éliminé ↗195. Le processus est accompli au 15ᵉ siècle lorsqu'il précède la voyelle comme dans *meür* (< matūru) frm *mûr*, *peeur* (< pavōre) frm *peur*, *veoir* (< vidēre) frm *voir*. Il s'achève au 16ᵉ siècle seulement au cas où la voyelle précède schwa : *vrayement* frm *vraiment*.

314 Elimination de yod après consonne palatale
Au 13ᵉ siècle, la consonification i̯e > je ↗324 produit (de nouveau ↗84) de nombreux groupes C+yod, mais yod est ensuite éliminé après consonne palatale (ʃ,ʒ,ʎ,ɲ) (voir le détail au §325) : afr *arrachier, abregier, taillier, baignier* > 17ᵉ, frm *arracher, abréger, tailler, baigner*. La norme a combattu les formes innovantes pendant des siècles (on trouve *arrachier, abregier* etc. encore au 17ᵉ siècle), mais *in fine* en vain : le frm ne connaît aucun mot avec yod après consonne palatale (à l'exception de *chien* < cane, seul mot où le groupe C_{pal}+yod est suivi d'une voyelle nasale).

La perte de yod après consonne palatale a produit en frm, pour le même suffixe, *gauch-er* mais *droit-ier*, *orang-er* mais *pomm-ier*, ou encore *bouch-er* mais *épic-ier*.

Remarque
1. Dans les infinitifs en *-er, -ier*, la perte de yod après consonne non palatale, due à l'action analogique, est fréquente : afr *aidier, laissier, flairier* > mfr, frm *aider, laisser, flairer* etc.

315 Voyelles nasales
Les voyelles suivies de consonnes nasales ont été à partir du 10ᵉ ou 11ᵉ siècle nasalisées par celles-ci, que la nasale se trouve en coda (afr *chanter* [ʃãnter] < cantāre), à l'intervocalique (afr *lune* [lỹnə] < lūna) or en finale (afr *chemin* [ʃəmĩn] < °camīn(u)). La nasalisation des consonnes intervocaliques est documentée par l'abaissement e > a de la voyelle tonique sous l'influence de la nasalité dans fem(i)na > *feme* [fãmə] frm *femme* [fam].

Les voyelles nasales sont ensuite à partir de la fin du 15ᵉ siècle (ou dès le 13ᵉ siècle selon certains auteurs) dénasalisées lorsque la nasale suivante est intervocalique : lūna > afr *lune* [lỹnə] > [lynə] frm *lune* [lyn], *femme* [fam]. Ce processus s'achève seulement vers la fin du 17ᵉ siècle. Dans *Les femmes savantes* de Molière, la vieille Bélise prononce *grammaire* encore [grãmɛr], ce qui fait que son interlocutrice Martine, plus jeune, croit qu'elle parle de *grand'mère* [grãmɛr] : (Bélise) *veux-tu toute ta vie offenser la grammaire ?* – (Martine) *Qui parle d'offenser grand'mère ni grand-père ?* La voyelle nasale ici est donc déjà archaïque, provoquant le malentendu que Molière met en scène.

Ayant dans un premier temps conservé leur timbre, les trois voyelles nasales hautes ĩ (afr *chemin* [ʃəmĩn] < °camīn(u)), ỹ (afr *lundi* [lỹndi] < lūn(a)e di̯e) et ũ (afr *munt* [mũnt] frm *monde*) s'abaissent à partir du 13ᵉ siècle pour aboutir, au 17ᵉ siècle, à ɛ̃ (> [ʃəmɛ̃]), œ̃ (> [lœ̃di]) et ɔ̃ (> [mɔ̃d]), état dans lequel elles se trouvent aujourd'hui.

La voyelle nasale ẽ (provenant de ɛ+nasale cę̄ntu > *cent* ↗111 ou de e+nasale sacrāmę̄ntu > *sairement* frm *serment* ↗116) s'ouvre spontanément au 11ᵉ siècle et rejoint ã < a+nasale (> *cent* [sã], *serment* [seʁmã]).

Enfin, les consonnes nasales en position finale et pré-consonantique sont éliminées à partir de la fin du 16ᵉ siècle : afr *chemin* [ʃəmĩn] > [ʃəmẽn] (abaissement) > [ʃəmẽ] (perte de la consonne nasale). Dans des variétés méridionales modernes, ces consonnes nasales s'entendent encore aujourd'hui : *monde* [mɔndə], *bon* [bɔŋ], etc.

316 Uvularisation de r
Depuis le latin, le r était apical (roulé comme en italien ou en espagnol). Il est devenu uvulaire [ʁ] / [χ] (on dit grasseyé) vers la fin du 17ᵉ siècle par changement non conditionné (*i.e.* dans toutes les positions), et l'est toujours en frm ([χ] avant ou après consonne sourde *t[χ]ain*, *mer[χ]ci*, [ʁ] ailleurs *d[ʁ]ain*, *me[ʁ]le*).

Cette évolution est commune à une aire géographique contiguë en Europe, mais qui transcende les familles de langues : allemand, norvégien, français, sorabe (langue slave parlée en Allemagne).

23.3.2 Evolutions entravées par l'action de la norme

317 Voici le bref récit de quelques évolutions actives entre le 13ᵉ et le 17ᵉ siècle dont l'accomplissement a été entravé par l'action de la norme, de sorte qu'elles n'ont pu transformer tous les mots, le résultat étant une situation **lexicalement erratique** où tel mot a suivi l'innovation, alors que tel autre n'y a pas participé.

Un cas particulier, l'évolution d'afr ue en e (populaire : rį̄g(i)da > *raide*) ou oi (due à l'action de la norme : rį̄g(i)da > *roide*) est examiné en détail au §326.

318 e > a devant r en coda
Dès le 13ᵉ siècle, e est abaissé à a devant r en coda. Ainsi afr *lairme* (< lạcr(i)ma) > *larme*, afr *sercelle* (< °cercę̄dula) > *sarcelle*, afr *escherpe* (< °skịrpa g) > *écharpe*, afr *merchiet* (< mercā̧tu) > *marché*. Les mots cités représentent l'héritage moderne de ce processus, qui dans le reste du lexique n'a pas pris : *herbe* (< hę̄rba), *cerf* (< cę̄rvu), *merde* (< mę̄rda), etc.

La norme a ici très largement emporté la pièce. Elle s'attaque également à des formes où le a était de droit, *i.e.* non issu de l'innovation e > a. D'ordre social, la norme ne sait pas faire la différence : elle comprend qu'il existe des a « indus » devant r, mais ignore l'étymologie et alors combat tous les a devant r. Ainsi Geofroy Tory note en 1529 que « les dames de Paris, au lieu de a prononcent e bien souvent, quand elles disent, *Mon mery est a la porte de Perys* ». Le a tonique de *mari* < mạr(i)tu est non diphtongué puisqu'entravé, et celui de *Paris* < Parīsio, parce qu'il est atone. Quelques mots dont le a de droit (entravé ou atone) a été faussement « rétabli » en e sont parvenus en frm : afr *esparge* (< asp<u>a</u>ragu) > *asperge*, afr *sarcou* (< sarc<u>o</u>phagu) > *cercueil*, afr *jarbe* (< g<u>a</u>rba frk) > *gerbe*, afr *garir* (< °gar<u>i</u>re < °warjan frk) > *guérir*.

319 La Loi de position

Le lt, puis le pfr, font la différence entre les voyelles moyennes fermées e,o et ouvertes ɛ,ɔ. Lorsque la longueur vocalique latine disparaît, les oppositions s'expriment au moyen de cette distinction : en position tonique, lc <u>i</u>,<u>ē</u> > e mais lc <u>e</u> > ɛ, et de même lc <u>u</u>,<u>ō</u> > lt o mais lc <u>o</u> > lt ɔ ↗78. Dès lors e,o autant que ɛ,ɔ existent dans les deux configurations syllabiques, en syllabe ouverte comme en syllabe fermée.

Dès le 12ᵉ siècle pour e/ɛ, aux 15ᵉ-16ᵉ siècles pour o/ɔ et ø/œ, une tendance se fait jour qui règle la distribution des voyelles moyennes en fonction de la structure syllabique : e,o,ø se rencontrent en syllabe ouverte, alors que ɛ,ɔ,œ se trouvent en syllabe fermée. C'est ce que l'on appelle la **Loi de position**.

On peut aujourd'hui observer dans des variétés méridionales du français le système qu'elle produit lorsqu'elle n'est pas perturbée par la norme : la distribution de e,o,ø et ɛ,ɔ,œ y est strictement **complémentaire**, le premier ensemble ne survenant qu'en syllabe ouverte et le second, uniquement en syllabe fermée (sachant que la consonne finale C# ferme la syllabe). Il s'agit là d'un marqueur qui identifie, aux oreilles des locuteurs du français standard ou du nord, l'**accent du Midi** : le standard fait la différence entre *jeune* [ʒœn] et *jeûne* [ʒøn], mais dans le Sud les deux sont homophones [ʒœn]. Il en va de même pour *saule* [sol] et *sol* [sɔl] (seulement [sɔl] dans le Sud), *cote* [kɔt] et *côte* [kot] (seulement [kɔt] dans le Midi), ou encore *pré* [pre] et *prêt* [prɛ] (uniquement [pre] dans le Sud). Le **système régulier** du Sud produit des alternances en conséquence, inconnues au Nord : *saigner* [seɲe] mais *(il) saigne* 3s [sɛɲ], *poser* [poze] mais *(il) pose* 3s [pɔz], *hôte* [ot] mais *hôtel* [otɛl] et *hôtellerie* [otɛl(ə)ʁi].

Si le Sud échappe à son contrôle, la norme a pu façonner ce qui est devenu le français standard. Elle a à son habitude agi contre l'innovation, donc ici cherché à empêcher le passage de e,o,ø à ɛ,ɔ,œ en syllabe fermée, et au contraire de ɛ,ɔ,œ à e,o,ø en syllabe ouverte.

La norme a perdu son combat en **syllabe fermée interne** (__C.CV), qui en français standard ne connaît que ɛ,ɔ,œ : *ch[ɛ]rcher, v[ɛ]rser, p[ɔ]rter, n[ɔ]rmer, s[œ]rfer, h[œ]rter*. Il est impossible ici en français standard de prononcer e,o,ø.

Mais la situation est différente en **syllabe fermée finale** (__C#, la consonne finale C# étant devenue coda depuis la fin du 15ᵉ siècle ↗264). La voyelle d'avant e/ɛ obéit à la règle : seul ɛ existe dans ce contexte (*s[ɛ]c, f[ɛ]sse, t[ɛ]te, b[ɛ]te*, etc.). Mais on y rencontre o (*côte* [kot], *paume* [pom], *hôte* [ot], *r[o]se, ch[o]se*) autant que ɔ (*cote* [kɔt], *pomme* [pɔm], *b[ɔ]tte, m[ɔ]tte, atr[ɔ]ce, bel[ɔ]te, chl[ɔ]re*), et de même ø (*thérap[ø]te, gu[ø]se, jeûne* [ʒøn], *ém[ø]te*) tout autant que que œ (*fl[œ]ve, jeune* [ʒœn], *gu[œ]le, h[œ]re*).

En **syllabe ouverte finale** (__#), les acteurs sont inversés : ici ce sont o/ɔ et ø/œ qui suivent la règle (seuls o et ø se rencontrent : *agne[o], agi[o], anne[o], rése[o], feu* [fø], *jeu* [ʒø], *nev[ø]*), alors que e/ɛ produit autant e (*pré* [pre], *fée* [fe], *né* [ne]) que ɛ (*prêt* [prɛ], *fait* [fɛ], *naît* 3s [nɛ]).

Enfin, en **syllabe ouverte interne**, la norme du frm admet la variation pour e/ɛ dans certains mots (*fêter* peut être *f[e]ter* ou *f[ɛ]ter*, *bêtise* se prononce *b[e]tise* ou *b[ɛ]tise*), mais impose e dans d'autres : *léger* ne peut être prononcé que *l[e]ger*, **l[ɛ]ger* étant impossible. Il en va de même pour *débat*, *général* (les deux é), *prévu* etc. Mais la situation est différente pour o/ɔ : ici certains mots imposent ɔ (*sommer*, *possible*, *blocage*), d'autres o (*applaudir*, *autant*, *beauté*, *causer*, *avocat*, *cambrioler*, *catholique*), mais la variation n'est guère prévue par la norme (le premier o de *psychologie* est censé être ɔ selon la norme, mais on peut certainement entendre o). Enfin, ø/œ présente un troisième cas de figure : seul ø est possible (*demeurer*, *coiffeuse*, *creuser*, *abreuvoir*, *fleurir*, *gueuler*).

Ailleurs qu'en syllabe fermée interne, donc, la distribution de e,o,ø et ɛ,ɔ,œ est tout sauf commandée par la structure syllabique : aucun principe général ne la régule, et les trois voyelles ne se comportent pas de la même manière. Ce que l'on appelle la **Loi de position, en frm standard, n'a donc de loi que le nom**, alors qu'elle le porte de droit dans les variétés méridionales.

La genèse de cette situation est très largement **due à la norme**, dont l'action est comme ailleurs lexicalement et autrement erratique. Certes on fera valoir, avec raison, que d'autres processus sont venus perturber l'application de la Loi de position, comme la fermeture de ɔ en o devant fricative voisée (ɔ > o / __v,z) qui a produit *chose* [ʃoz], *rose* [roz], *oser* [oze] ou *pauvre* [povrə]. On dira par ailleurs que le o dans *côte* est dû à l'allongement du ɔ d'origine sur l'espace laissé vacant par le s déchu (cɔsta > afr *coste* > afr *cote* frm *côte* [kot]). Mais cela n'explique pas pourquoi, s'agissant de e/ɛ, la situation identique dans tɛsta > afr *teste* > afr *tete* frm *tête* [tɛt] n'a pas produit le même résultat, soit e : *[tet] est impossible en frm.

C'est l'**action et la fortune frustes de la norme** qui est à l'origine de la **situation anarchique moderne**. On peut suivre ses interventions au fil des commentateurs et grammairiens. D'Alembert, s'exprimant en tant que secrétaire perpétuel de l'Académie Française dans l'*Histoire des membres de l'Académie Française* publiée en 1787, raille du haut de son perchoir l'accent aigu, qui impose [e] dans le mot *téméraire*, alors que la prononciation réelle selon lui est [ɛ] :

> « On prodigue l'accent aigu dans un grand nombre de mots, qu'on prononceroit ridiculement en suivant à la rigueur cet accentuation. Par exemple, on marque d'un accent aigu les deux premiers e du mot *téméraire*, comme si les syllabes te & me dans ce mot se prononçoient de la même maniere que les dernieres syllabes de *bonté* & d'*aimé*. Il en est de même d'une infinité d'autres mots ; car cette absurdité se rencontre à tout moment dans notre accentuation. L'e dans les deux premieres syllabes du mot *téméraire* à beaucoup plus de rapport, quant à la prononciation, avec celle du premier e dans le mot *fidèle*, e qu'on marque d'un accent grave. Ainfi il seroit beaucoup plus raisonnable d'écrire & d'accentuer ainsi, *tèmèraire*. » D'Alembert (1787 : 248)

Les accents aigu et grave représentent ainsi un instrument important qu'utilise la norme pour imposer la prononciation souhaitée. Ici d'Alembert, pourtant représentant de la norme, semble la combattre. Vaugelas, représentant de la norme un siècle plus tôt, encense *mecredi* sans r pour *mercredi* en ajustant ainsi la norme à la prononciation réelle ↗322. De même D'Alembert ici cherche à modifier la norme en l'alignant sur la prononciation réelle. Mais visiblement, la norme, déjà ancienne alors, a prévalu puisqu'en frm *téméraire* se prononce bien avec deux [e].

Ailleurs, l'ancienne norme a cédé : en 1878, l'Académie Française décide de substituer l'accent grave à l'accent aigu dans des mots comme *collége, siége, privilége, avénement* et *j'abrége*, désormais écrits *collège, siège, privilège, avènement* et *j'abrège*. Depuis plusieurs siècles, l'accent aigu marque ainsi l'interdiction de prononcer [ɛ] pour <é>.

Comme dans les deux exemples cités datant des 18e et 19e siècles, aujourd'hui encore la non-conformité de la prononciation avec cette loi graphique provoque des réactions. Le mot *événement* est un cas d'école : en tout point identique à *abrègement*, il est passé à travers les mailles de la réforme de 1878. La graphie impose pour *événement*, par l'accent aigu, la prononciation [e] pour la deuxième voyelle. Or celle-ci est prononcée [ɛ] (quoiqu'en 1968, le *Dictionnaire de la Prononciation Française* de Léon Warnant donne encore la prononciation [e] en langage soutenu). Cela est source d'erreur en orthographe, et les élèves du secondaire devaient apprendre que la graphie *évènement*, qui correspond à leur prononciation, est proscrite. Cela jusqu'à la réforme de l'orthographe de 1990 proposée par l'Académie Française et validée par l'Etat, qui cède sur ce mot et désormais admet les deux graphies, *évènement* et *événement*.

En somme, la norme, s'agissant de la Loi de position, a été battue à plate couture en syllabe fermée interne où l'évolution phonétique naturelle est allée à son terme, mais ailleurs a réussi à installer un état lexical erratique parsemé de variation libre et de quelques régularités spécifiques à certaines voyelles et dans certains contextes.

320 Consonnes finales

La **liaison** se met en place à partir de la fin du 12e siècle lorsque les consonnes finales de mot cessent d'être prononcées devant mot à initiale consonantique (*peti[t] canon* > *peti canon*). Mais elles subsistent devant pause (*il est peti[t]*). C'est seulement à partir de la fin du 15e siècle que les consonnes finales cèdent également dans ce contexte (> *il est peti*), amenant ainsi le système de liaison du frm ↗264.

La **chute de la consonne finale devant pause** est la conséquence du changement de son statut syllabique : intervocalique en pfr, tout au long du afr et du mfr, elle devient coda à partir de la fin du 15e siècle, et en tant que telle, comme les codas internes durant le pfr et l'afr ↗245, est éliminée.

Or la chute des consonnes finales devant pause a été combattue par la norme, qui a réussi à en rétablir un certain nombre. Ainsi dans *duc*, qui était prononcé [dy] au

16ᵉ siècle, mais s'est ensuite stabilisé en tant que [dyk]. Il en va de même pour *bec, coq, sec, chef, neuf, cep, vis, chétif, jadis, fait* (*c'est un fait*) etc.

S'agissant des obstruantes appuyées finales, la norme a obtenu gain de cause dans *direct, sept* et *huit* où elle a réussi à restaurer le -t, mais a échoué dans *respect* [rɛspɛ] et *aspect* [aspɛ] où le -t n'est pas prononcé. Il en va de même encore pour *arc, turc, bec, bouc, sac, roc* (victoire de la norme : le -c final graphique est prononcé), au contraire de *clerc, porc, banc, blanc, croc, escroc* (échec de la norme, qui n'a pu sauver le -c ici). On peut encore noter que le -c, lorsqu'il n'est pas prononcé dans le mot seul, peut apparaître dans des composés ou locutions tels *por[k]-épic, cro[k]-en-jambe*, etc.

L'absence de -s dans *os*, de -k dans *duc* et *bouc* (ainsi que de -t dans *bout*) apparaît dans un rébus proposé en 1587 par Etienne Tabourot, qui montre le dessin d'un os, d'un bouc, d'un duc (oiseau : le grand-duc) et d'un globe pour signifier « au bout du monde ».

Ici le combat de la norme a produit une situation lexicale erratique dont le frm a hérité, mais globalement a connu peu de fortune.

321 r final

-r final a été éliminé selon la règle depuis la fin du 15ᵉ siècle ↗320 : on disait au 16ᵉ siècle *dortoi, mouchoi, tiroi, acheteu, menteu, porteu, plaisi, loisi* pour *dortoir, mouchoir, tiroir, acheteur, menteur, porteur, plaisir, loisir*. Le -r ici a été restauré, mais est absent jusqu'à ce jour après [e,ɛ] dans *chevalier, dîner, premier, dernier, foyer, berger, léger, rocher, papier* (alors qu'il est présent, dans le même contexte, dans *fer, amer, enfer*). La graphie le note toujours ici, et en registre soutenu il peut être mobilisé en liaison (*le permie[ʁ] enfant*).

Dans les infinitifs, le -r a été de même éliminé partout dans un premier temps au 16ᵉ siècle : on disait *donné, couri, pouvoi* pour *donner, courir, pouvoir*. Suivant la tendance faisant foi ailleurs, il a ensuite été restauré, sauf après [e,ɛ], d'où son absence aujourd'hui dans le premier groupe en -er (*donner* [dɔne]), alors qu'il est présent dans les 2ᵉ et 3ᵉ groupes (*courir* [kuʁiʁ], *pouvoir* [puvwaʁ]).

La norme a selon sa nature combattu l'innovation (Maupas 1618 : 11 « Ie trouve naiſe, la fantaiſie d'aucuns, qui affectent une laſche prononciation du bas populas, d'obmettre & ſupprimer du tout, toutes les *r*, finales, ainſi *Vous plaist-il veni diſné avec moy, vous me ferez plaiſi,* au lieu de dire. *Venir, diſner, plaiſir*. » italiques dans l'original), mais sous la plume de Vaugelas (1647 [1697] : 332) accepte la perte de r dans les infinitifs : « on prononce *aller, courir*, comme ſi l'on eſcrivoit, *allé, couri* » (italiques dans l'original).

Ici la norme a été plus forte que son plus illustre représentant s'agissant des infinitifs, où la poire a été coupée en deux, abandonnant le r à son sort naturel dans le 1ᵉʳ groupe, mais le sauvant dans les 2ᵉ et 3ᵉ groupes. Ailleurs, la situation est lexicalement erratique, toutefois en observant la tendance que r final est restauré partout sauf après [e,ɛ]. Senio̅re > sieur frm *Mon-sieur* [məsjø] fait partie des cas où le -r n'a pas été rétabli dans la prononciation (contrairement à seniōre > *sieur* frm *Sieur* [sjœʁ]).

322 Chute de r en coda

Les sonantes en coda sont progressivement éliminées ↗245, et ce mouvement affecte r à partir du 12ᵉ siècle : des rimes telles *sage* : *large* l'attestent ↗249. Mais la graphie demeure muette : elle continue à noter r lorsqu'il n'est plus prononcé (cas des rimes). Par conséquent il est difficile de juger de la progression de la chute de r devant consonne, ainsi que de son étendue dans le lexique.

Au 15ᵉ siècle, on retrouve les rimes attestant l'absence de r chez François Villon (1431-1463) : *rouges* : *courges*, *mesle* : *perle*, *hurmes* : *grumes*.

Au 16ᵉ siècle, lorsque les témoignages des commentateurs et grammairiens arrivent, Charles de Bovelles (1533) documente que le processus est toujours en cours : « Infantes et Parrhisij faciunt, vt in his [...] *vallet* pro *varlet*, *paller* pro *parler* » (p. 36). Il en va de même, dit-il p. 32, pour *Charles* et *marle*, prononcés *Challes* et *malle*. De Bovelles donne par la même occasion une indication concernant la stratification sociale (langage des enfants) et dialectale (on dit cela à Paris, lui-même étant picard).

Un siècle plus tard, Oudin (1633 : 28) confirme que l'absence de r se pratique dans le registre populaire : « L'on prononce aussi vulgairement, *Mecredy* pour *Mercredy* : *abre* pour *arbre* : *mabre* pour *marbre*. » Il aura ainsi mis trois mots sous les projecteurs qui vont focaliser, voire totaliser, les commentaires pendant un siècle et demi, en jetant un voile sur ce qui se passe réellement dans la langue.

La norme semble d'abord reculer pour l'un de ces mots, lorsque Vaugelas, la voix de la norme puriste du Grand Siècle, accepte la perte de r dans *mercredi* (mais le rétablit dans *arbre* et *marbre*) :

> « *Mercredy, arbre, marbre, plus*
> Tous ceux qui ont tant soit peu estudié, & qui sçavent l'etymologie de ce mot qui vient de Mercure, ont de la peine à l'écrire & à le prononcer autrement que *mercredy*, avec une *r* après l'*e*. Il y en a d'autres qui tiennent, qu'à cause de cette etymologie il faut bien écrire *mercredy* ; mais il faut prononcer *mécredy* sans *r*, tout de mesme que l'on écrit, *arbre*, & *marbre*, & neanmoins on prononce *abre* & *mabre*, pour une plus grande douceur. A quoy je répons qu'il est vray qu'autrefois on prononçoit à la Cour *abre*, & *mabre* pour *arbre*, & *marbre*, mais mal ; aujourd'huy cela est changé, on prononce l'*r*, comme à *plus*, on ne prononçoit pas l'*l*, & aujourd'huy on la prononce. La plus saine opinion, & le meilleur usage est donc non seulement de prononcer, mais d'écrire, *mécredy*, sans *r*, & non pas *mercredy*. » Vaugelas (1647 [1697] : 717 *sq*., italiques dans l'original)

Le prestige de Vaugelas en tant que législateur du bon usage peut se mesurer au fait que son texte, ainsi que le partage lexical entre *arbre* / *marbre* d'une part et *mercredi* d'autre part, seront la référence de ses cadets pour statuer sur la question.

Ainsi chacun va de son écho à la loi édictée par Vaugelas, souvent en référence directe à lui. Dupleix (1651 : 329 *sq*.), condamne *mecredi* sans r. Chiflet (1659 [1680] :

268) dit : « L'on prononce et l'on écrit, *Mercredi, arbre, marbre*, et non pas *Mecredi, abre, mabre*. » Milleran (1694 II : 100-102) dans un premier temps établit que r se prononce toujours devant les lettres c et f (*arc, Marc, marché, merci, remercier, cerf, nerf*), « excepté le suivant, où il vaut mieux ne point prononcer l'r. *Mercredi*. » En 1704, l'Académie Française, dans ses « Observations de l'Académie Françoise sur les Remarques de M. de Vaugelas » (Académie Françoise 1704 : 416 *sq.*), confirme le partage lexical de *mercredi* (sans r) et *arbre, marbre* (avec r) à l'écrit, mais admet désormais la prononciation de *mercredi* avec r. Sous l'entrée *mercredi*, on lit dans le Dictionnaire Grammatical de Féraud (1761 : 422) : « Pour la prononciation il semble que dans la conversation on peut dire *mécredi*, mais que dans le discours soutenu on doit prononcer *mercredi*. » Enfin, dans son *Manuel des étrangers amateurs de la langue Françoise*, Domergue (1805 : 457) conseille « faites sonner r dans *notre, votre, mercredi*, (le jour de *Mercure*). »

Malgré Vaugelas et son autorité, et visiblement malgré l'absence de r dans la prononciation du peuple, à force de labeur, la norme a donc gagné la partie un siècle et demi plus tard. Ce débat sur trois mots, *arbre, marbre* et *mercredi*, au sein de représentants de l'élite, obscurcit le tableau général : nous ne savons pas quelle était la situation dans d'autres mots, ni dans le registre populaire.

Il se peut, par ailleurs, comme il est souvent observé, que la perte de r en coda ait été particulièrement favorisée (poussant donc à l'acceptation par la norme) lorsque le mot contient un autre r à droite : *arbre, mercredi, marbre*, précisément.

Mais quoi qu'il en soit, et de façon d'autant plus surprenante, on constate qu'en frm, tous les r dont on sait ou suppose qu'ils ont été supprimés dans l'ensemble des registres, ont été restitués. On peine à trouver des cas en frm où un r étymologique ferait défaut en coda : kamerling frk > afr *chamberlenc* frm *chambellan*, mha bërcvrit > afr *berfrei*, 1180 *berfroi* > 1404 *baffroy*, 1441 *beiffroy*, 1465 *beffroy* > frm *beffroi* et °her(i)bergāre > afr *herbergier* frm *héberger* sont des cas isolés.

En somme, il s'agit ici de la plus éclatante des victoires de la norme : le lexique n'est point partagé, son action n'a laissé survivre aucune forme, ou presque, anciennement populaire. Ce processus est encore remarquable du fait qu'il dure : alors que la situation est figée au 17ᵉ siècle pour les autres évolutions sous emprise de la norme, il faut ici visiblement attendre le 19ᵉ siècle, puisqu'en 1805, Domergue pense encore devoir rappeler qu'il faut prononcer le r dans *mercredi*. Le bras de Vaugelas est long…

323 o > u (ouisme)

Au 12ᵉ siècle, lt o (< lc u, ō, plus lc o atone, plus lc ū atone libre ↗78 *sq.*) devient u ↗92-2°. Il s'agit d'un changement non conditionné, *i.e.* affectant tous les lt o de la langue, en syllabe ouverte (cubāre > *cover* > 12ᵉ *couver*) comme fermée (bucca > *boche* > 12ᵉ *bouche*) et s'agissant des voyelles toniques (bucca > *boche* > 12ᵉ *bouche*), prétoniques (abortāre > *avorter* > 12ᵉ *avoulter* frm *avorter*) ou initiales (dormīre > *dormir* > 12ᵉ *dourmir* frm *dormir*).

Dans un premier temps, l'innovation se déroule normalement. Tout au plus fait-on valoir, comme ailleurs, l'action de l'analogie qui a pu empêcher le passage à ou. Ainsi dans les verbes, le o radical est atone à l'infinitif (portāre > *porter*), mais tonique aux 1-3s (pŏrtat 3s > *porte*) ↗32 *sq*. Il est donc appelé à devenir ou dans le premier cas (lc o atone), mais non dans le second (lc o bref tonique). Ainsi les formes à o tonique du verbe ont pu peser sur les formes à o atone, empêchant le passage à ou, ou restaurant le o : portāre > *porter* > 12ᵉ *pourter*, puis *porter* par analogie.

Mais beaucoup de formes qui échappent à l'évolution phonétique o > ou ne disposent pas d'un scénario analogique, telles urtīca > *ortie* > 12ᵉ *ourtie* > 17ᵉ, frm *ortie*, ou corbĭc(u)la > *corbeille*. Elles sont le fait de la norme, qui à partir de la Renaissance et de l'Humanisme du 16ᵉ siècle redécouvre le latin et cherche à l'imiter ↗307. Or le ou issu de l'évolution populaire était o en latin, et il s'agissait alors de réinstaller le latin dans ses droits. Par conséquent, à partir du milieu du 16ᵉ siècle, les formes en ou ont été combattues par la norme, qui ici s'exprime dans sa robe humaniste. Les esprits s'échauffaient particulièrement à propos de cette question de savoir s'il faut restaurer o ou maintenir ou : en 1587, Tabourot rapporte cette querelle entre **ouistes** (qui prônent *souleil*, *rousée*, *cousin*) et **non-ouistes** (qui à cela opposent *soleil*, *rosée*, *cosin*).

Ces débats interminables sont allés bon train jusqu'au 17ᵉ siècle lorsque le bon usage pour chacun des mots a été imposé individuellement (par la norme devenue affaire d'Etat ↗309). La situation du frm est celle-ci, erratique : o dans *corbeau*, *corvée*, *forêt*, *fromage*, *poteau*, *rosée*, *soleil* etc., mais ou dans *boudin*, *bourdon*, *couleur*, *coupable*, *couronne*, *cousin*, *douleur*, *moulin*, *mourir*, *nourrir*, *poulain*, *pouvoir*, *vouloir* etc.

Ici le combat entre la norme et la loi phonétique est resté assez indécis : les deux peuvent faire valoir un butin lexical appréciable.

Tobias Scheer

24 *Raide vs roide* : action de la norme sur l'évolution ue > e

24.1 Nouvelle consonification au 13ᵉ siècle

324 Au 13ᵉ siècle, les deux (seules) diphtongues ouvrantes i̯e et u̯e consonifient leur premier élément, amenant jɛ, wɛ Rq1 :

1° (lc e̱ >)	i̯ɛ > jɛ	pe̱de > afr *pié* >	13ᵉ pje	frm *pied*
2° (lc i̱,ē̱ > ei > oi > oe >) u̯e > wɛ		vi̱tru > afr *vuerre* >	13ᵉ vwɛrre	frm *verre*

Yod issu de la consonification i̯ɛ > jɛ forme avec la consonne précédente une **attaque branchante**, et cet état demeure jusqu'à ce jour : pe̱de > frm *pied* /pje/. Marque du statut d'attaque branchante ↗230.1, le yod est dévoisé par l'obstruante sourde précédente : frm [pçe].

S'agissant de u̯e > wɛ Rq2, le résultat we devenu wɛ ↗163 connaît deux sorts différents. Dans certains mots, le w est perdu : u̯e > we > wɛ > ɛ. Le ɛ qui en résulte est écrit <e> (vi̱tru > afr *veitre* > 12ᵉ *vuerre* > 13ᵉ *vwɛrre* > *verre*) ou <ai> (crē̱ta > afr *creie* > 12ᵉ *cruere* > 13ᵉ *crwere* > *craie*). Dans d'autres mots, la consonification n'a pas lieu et la diphtongue u̯e > uɛ demeure. Elle est dès le 13ᵉ siècle concurrencée par wa, qui finit par s'imposer au 18ᵉ-19ᵉ siècle. La graphie de cette diphtongue est invariablement <oi> depuis le 12ᵉ siècle, quelle que soit sa prononciation ↗63. Ainsi dans °sapē̱re > afr *saveir* > afr *savoir* > 12ᵉ *savuer* <savoir> > 18ᵉ-19ᵉ *savwar* <savoir> frm *savoir*.

L'évolution wɛ > ɛ étant populaire et phonétique, le maintien de la diphtongue <oi> est dû à l'action de la norme, qui cherche à empêcher l'innovation, ici la consonification.

Le détail des trois évolutions mentionnées est montré sous (172).

(172) consonification : i̯ɛ, u̯e > jɛ, wɛ

processus		iɛ (< lc e̱) > jɛ	ue (< lc i̱,ē̱) > ue > wa	> e
	lc	pe̱de	°sapē̱re	vi̱tru
diphtongaison	pfr	piede	sapeire	veitru
ei > 12ᵉ oi > oe > ue <oi>		–	sapuere	vuerre
consonification	13ᵉ	pjed	–	vwɛrre
constitution d'une attaque branchante Tᴿ		pʲed	–	–
élimination de w	13ᵉ-17ᵉ	–	–	verre
18ᵉ-19ᵉ ue > wa (<oi> transcrit les deux)		–	savwar	–
	afr	pié	savoir	verre
	frm	pied		

> **Remarques**
> 1. On appelle ce processus traditionnellement *bascule des diphtongues*. Ce terme exprime l'idée qu'il a été provoqué par un mouvement de l'accent, d'abord localisé sur le premier élément (i̯e, u̯e), et qui se serait ensuite déplacé sur le second élément (> i̯e, u̯e), suivant une attirance naturelle pour l'élément le plus ouvert. Dépourvu de sa protection accentuelle, le premier élément se serait alors réduit à une consonne (> je, we). Il n'existe aucun indice ou fait qui atteste l'accentuation variable, en français, sur le premier ou second élément d'une diphtongue, et encore moins que la consonification observée i̯e, u̯e > je, we ait un quelconque rapport avec l'accent. Il s'agit d'une simple consonification, rejoignant celle que la langue a connue en latin, qui alors a concerné les voyelles hautes et moyennes (donc incluant e,o) en hiatus : fo̯lia > °folja > *fueille* frm *feuille*, vi̯dua > °vidwa > *veuve* ↗84.
> 2. Il est utile ici de rappeler la trajectoire lc i̯,ē > afr ei > oi > 12ᵉ o̯e > u̯e > ue > 18ᵉ-19ᵉ wa frm wa qui depuis son stade évolutif oi acquis au 12ᵉ siècle et jusqu'en frm est écrit <oi>, quelle que soit sa prononciation (rē̯ge > afr *rei* > *roi*) ↗63. Cette diphtongue afr 12ᵉ u̯e <oi> est distincte de celle, écrite afr <ue>, qui provient de lc o̯ > <ue> (co̯r > *cuer* mfr *cœur*) ↗62.

24.2 ie > je

325 A la différence des liquides r,l qui ne peuvent s'engager qu'avec les obstruantes ↗18, yod est apte à former une attaque branchante avec toutes les consonnes.

(173) attaques branchantes .Cj créées par la consonification Ciɛ > Cjɛ

après	lat	afr	13ᵉ, mfr	frm	après	lat	afr	13ᵉ, mfr	frm
p	pe̯de	*pié*	*pjé*	*pied*	ts	cælu	*ciel*	*cjel*	*ciel*
b	be̯ne	*bien*	*bjen*	*bien*	s	se̯det 3s	*siet*	*sjet*	*sied*
v	ve̯nit 3s	*vient*	*vjent*	*vient*	m	me̯l	*miel*	*mjel*	*miel*
t	te̯net 3s	*tient*	*tjent*	*tient*	l	le̯p(o)re	*lievre*	*ljevre*	*lièvre*
d	de̯us	*Dieu*	*djeu*	*Dieu*	r	re̯m	*rien*	*rjen*	*rien*

Il existe néanmoins deux restrictions. Comme dans d'autres langues, une **attaque branchante triple** est impossible : *TRj (condition syllabique) (174a). Par ailleurs, le français prohibe les **attaques branchantes homorganiques** (condition segmentale) : yod ne peut s'engager avec une consonne palatale (*C_palj) (174b) ↗314.

(174) perte de yod

a. TR_

	lat	afr	13ᵉ, mfr	frm
br	bre̯vi	*brief*	*bref*	*bref*
tr	°treuwa frk	*trieve*	*treve*	*trêve*
kr	°crem(e)re	*criembre*	*crembre*	*craindre*
kr	crepō 1s	*crieve*	*creve*	*(je) crève*
gr	°gre̯ve	*grief*	*gref*	*grief*

b. C_pal__

	lat	afr	13ᵉ, mfr	frm
ʃ	cāru	*chier*	*cher*	
ʒ	mandūcāre	*mangier*	*manger*	
ʎ	cōnsiliāri	*conseillier*	*conseiller*	
ɲ	ba(l)neāre	*baignier*	*baigner*	

Dans ces configurations impossibles, yod est perdu, mais de manière définitive seulement au 17ᵉ siècle. Sous l'action de la norme qui combat l'innovation et donc cherche à préserver le yod, la langue a hésité pendant quatre siècles durant lesquels les formes en <TRie> et <TRe> (*brief / bref*) (174a), ainsi qu'en <C$_{pal}$ie> et <C$_{pal}$e> (*abregier / abreger*) (174b) ont cohabité et alimenté des débats interminables entre grammairiens qui condamnent tantôt les unes, tantôt les autres.

Comme ailleurs, l'état du frm a été établi au 17ᵉ siècle : la norme a été battue à plate couture pour ce qui concerne <C$_{pal}$ie> : le frm ne connaît aucun mot avec yod après consonne palatale (sauf *chien* ↗314). Mais la norme a pu sauver une poignée de mots s'agissant de <TRie> : *grief, grièvement, brièvement*.

24.3 Action de la norme sur l'évolution de ue

326 Du 13ᵉ au 17ᵉ siècle, la langue a hésité entre les deux évolutions de ue, illustrées sous (175) : des formes en <oi> et <e, ai> d'un même mot ont cohabité, la norme combattant l'innovation et donc cherchant à imposer la diphtongue <oi>. En fonction de sa fortune, le résultat au 17ᵉ siècle, dont le frm a hérité, est lexicalement erratique : la diphtongue <oi> se stabilise dans un mot, la forme populaire en <e, ai> dans un autre.

(175) évolution d'afr ue

> we > wa (écrits <oi>)   > e > ɛ (écrit <e> ou <ai>)

lat	afr	13ᵉ, mfr	frm	lat	afr	13ᵉ	frm
fi̱de	fei	fue	foi	di̱scu	dois	dwes	dais
ni̱gru	neir	nuer	noir	°cogno̱sc(e)re	conoistre	conwestre	connaître
vi̱d(e)t 3s	veit	vuet	voit	°mari̱scu frk	marois	marwes	marais
°sapē̱re	saveir	savuer	savoir	ri̱g(i)da	roide	rwede	raide
sē̱ru	seir	suer	soir	vi̱tru	voire	vwere	verre
crē̱dere	creire	cruere	croire	toni̱tru	tonoire	tonwere	tonnerre
lē̱ge	lei	lue	loi	°fri̱scu	frois	frwes	frais
rē̱ge	rei	rue	roi	crē̱ta	croie	crwee	craie
fri̱g(i)du	freit	fruet	froid	clē̱ta	cloie	clwee	claie
dī̱rectu	dreit	druet	droit	glis- celt	gloise	glwese	glaise

Le *Livre des Mestiers* du prévôt de Paris Etienne Boileau, écrit vers 1268, montre que le processus phonétique et populaire a pu dans un premier temps être implémenté systématiquement : le seul représentant d'afr ei dans ce texte est e. On peut donc penser qu'à partir d'un aboutissement populaire général ei > e, la norme a avec quelque fortune rétabli <oi>. Ainsi **tous les <oi> que l'on trouve depuis le mfr et jusqu'au frm doivent leur existence à l'action de la norme**.

Une voix de la norme parmi beaucoup d'autres, au 16ᵉ siècle, est Guillaume Des Autels, qui dans un ouvrage publié en 1551 écrit :

> « d'où sont venus ces mots il *feset*, il *diset*, et la rime que l'on appelle équivoque de *Ceres* avec *serois* ? Pourquoy ha on laissé le mot régulier et uzité de *royne* pour dire *reine* ? Pourquoy quelque dame voulant bien contrefaire la courtisanne à l'entrée de cest yver dira qu'il fait *fret*. [...] Voulons-nous endurer celle tant démesurée licence ? [...] Hastons, hastons-nous d'y mettre ordre. » (italiques dans l'original, cité selon Livet 1859 : 125 *sq*.)

La norme a réussi à rétablir <oi> dans *may* (pour *moi*), *var* (pour *voir*), *avar* (pour *avoir*), *recever* (pour *recevoir*), *savar* (pour *savoir*), et on trouve encore au 16ᵉ siècle *je cray* pour *je crois*, *fret* pour *froid*, *tra* pour *trois*, *dret* pour *droit*, etc.

La variation lexicale où certains mots admettent la prononciation e, alors que d'autres s'y refusent, est bien documentée par Charles Maupas en 1625, qui comme Des Autels au siècle précédent condamne l'innovation en e :

> « La naïve et vraye prolation de cette diphthongue devroit estre quasi comme *oe*, *e* ouvert, ainsi *foy*, *loy*, *roy*, *voir*, *trois*, *nois*, etc. Mais la depravation qui s'est rampee depuis quelques annees en ça l'a grandement brouillee et rendué incertaine. Car on s'est pris à la proferer comme e ouvert ou plutost comme la diphthongue *ai* en ces mots : *mais*, *jamais*, *faire*, *plaisir*. Ce qui est survenu à la cour du Roy, à mon opinion, par une folle imitation des erreurs des estrangers qui, ne sçachans bien prononcer nostre langue, la corrompent; et les courtisans, singes des nouveautez, ont quitté la vraye et anciéne, pour contrefaire le baragoin estrangier. Mais les doctes et bien disans és cours de Parlement et ailleurs retiennent tous-jours l'antique et naïve. Mesme l'erreur ne s'estend pas sur tous mots, ains principalement sur les preterits imparfaits des verbes comme ...*j'aimoy*...*j'aimerois*... item quelques autres mots à plaisir, comme pour *droit*, *froid*, *estroit*, *croistre*, *connoistre*, *paroistre*, à l'adventure diront-ils *drait*, *fraid*... Mais non pas *chaisir*, *lay*, *fay*, *Ray*, *trais*, *mais*, au lieu de *choisir*, etc. Ils diront peut-estre *craire* pour *croire*, mais non pas la *craix* pour la *croix*, ni *baire*, *naire* pour *boire*, *noire* : ni *une fais*, *deux fais*, *quelquefais*... en quoy se void qu'il n'y a que volage incertitude. Et qui la voudra ensuyvre, je ne m'y oppose pas, ains il en a icy l'advertissement. » (italiques dans l'original, cité selon Thurot 1881-1883 I : 377 *sq*.)

La norme n'a pas réussi à imposer <oi> dans les marques flexionnelles comme l'imparfait -ḗ(b)at > afr -*oit* 3s > mfr, frm -*ait* (dēbḗbat 3s imp > *devoit* frm *devait*) ou le conditionnel, ni dans le suffixe -ēta désignant des ensembles d'arbres ou de fleurs (*chênaie*, *roseraie*, *frênaie*, *saussaie*, *au(l)naie*, etc.).

On la voit progressivement perdre du terrain au 17ᵉ siècle lorsque la prononciation en e, pour certains mots ou morphèmes, est admise, par exemple par Chiflet dans sa *Grammaire de la langue françoise* (publiée en 1659) :

> « Aux preterits imparfaits, qui sont terminez en *ois*, comme *je parlois*, *tu parlois*, etc., *je parlerois*, *tu parlerois*, etc. *ois* se prononce de meilleure grace et avec plus de douceur en e ouvert, ou, qui est le même, en *ai*, *je parlais*, *je parlerais*, etc. Quoy qu'à la rigueur on ne condamne pas pour une faute de les prononcer en *oi*. Les étrangers ont tort de dire que cette prononciation est une

nouveauté, car il y a plus de quarante ans que je l'ay veuë observer dans le commun usage. Il est vray qu'on luy a long-temps resisté, comme à une molesse affectée de langage effeminé : mais enfin elle a gagné le dessus. » (Chiflet 1659 [1722] : 204, italiques dans l'original)

A la fin du 17ᵉ siècle, la cause est perdue et la norme a changé de camp : en 1695, Hindret décrit les vains efforts de maintenir <oi> dans la prononciation soutenue, dont la langue courante désormais ne se soucie plus :

« On a entendu des predicateurs et des avocats prononcer *j'avois* au lieu de *j'avais*, etc... Ils ont eu beau dire que [...] cette ancienne diphthongue oi avoit quelque chose de plus emphatique et de plus convenant au discours soûtenu, que la maniere négligente et relâchée de prononcer, dont on usoit dans le discours familier; on n'a point eu égard à leurs raisons, l'usage l'a emporté; et nos plus zélés partisans du langage de leur jeunesse ont enfin si bien cédé à l'usage d'aujourd'hui, qu'ils n'osent plus prononcer que comme nous. » (italiques dans l'original, cité selon Thurot 1881-1883 I : 380)

L'hésitation de la langue est visible en frm dans les gentilés, qui sont tantôt en *-ois* (*chinois, hongrois, suédois*, etc.), tantôt en *-ais* (*japonais, anglais, finlandais* etc.).

Elle a encore laissé son empreinte dans des mots qui possèdent à la fois des formes en <oi> et en <ai>, différenciées sémantiquement : *François - français, Benoît - benêt, harnois - harnais, roide - raide, ormoie - ormaie.*

24.4 Statut phonologique des avatars de <u>ie</u>, <u>ue</u>

327 La consonification du 13ᵉ siècle est à l'origine du divorce entre yod et w, qui ensuite traversera tous les stades évolutifs de la langue et est bien connu en frm.

Ce divorce se manifeste d'abord par le fait que yod issu de <u>ie</u> > <u>je</u> forme avec la consonne précédente une attaque branchante, alors que w issu de <u>ue</u> > <u>we</u> en est inapte. Il est donc perdu dans l'évolution phonétique régulière, d'où les aboutissements en e ↗326 Rq1.

Ensuite, le projet de la norme consiste à empêcher la perte de i dans <u>ie</u>, ainsi que celle de u dans <u>ue</u> <oi>. S'agissant de <u>ie</u>, la norme n'a besoin d'intervenir que dans les cas après TR (br<u>e</u>vi > *brief* frm *bref*) et après consonne palatale (c<u>a</u>ru > *chier* frm *cher*) où le i est menacé ↗325. Ailleurs, la consonification est invisible graphiquement : le yod qui en est issu dans p<u>e</u>de > *pié* frm *pied* est autant écrit <i> que la première partie de la diphtongue <ie>. Elle est indécelable phonétiquement car yod et i devant voyelle ont la même prononciation, la différence étant d'ordre phonologique : consonne dans <u>je</u> (affiliation à un constituant consonantique) *vs* voyelle dans <u>ie</u> (affiliation à un constituant vocalique).

Dans les deux contextes où le i était menacé, son maintien supposait que <ie> fût maintenu à l'état de diphtongue phonologique (affiliation seulement à un noyau). En effet, une attaque triple TRj (176a) est phonologiquement mal formée Rq2, et les attaques C$_{pal}$+yod étaient interdites à partir du 13e siècle (176c). Mais rien ne s'oppose à une attaque branchante TR (176b) ou à une consonne palatale (176d) suivies d'une diphtongue ie.

(176)

	a. attaque triple TRj	b. TR suivi de la diphtongue ie	c. attaque branchante C$_{pal}$+yod	d. C$_{pal}$ suivie de la diphtongue ie
	*	ok	*	ok
	C V C V	C V C V	C V C V	C V C V
	⋀ ∣ ∣	⋀ ⋀ ∣	⋀ ∣ ∣	∣ ⋀ ∣
	br j e f	br ie f	ch j e r	ch ie r

La période où la langue a hésité à cause de l'action de la norme arrive à son terme au 17e siècle : la norme perd son combat définitivement, ce qui veut dire que <ie> ne peut plus être diphtongue. Dans les formes où une consonne palatale était encore suivie de <ie>, le <i> est alors perdu. S'agissant des mots où <ie> était encore présent après TR, une autre solution est adoptée : la diphtongue <ie> (i et e appartiennent au même noyau syllabique, comptant donc pour une seule voyelle ↗21) devient l'hiatus i.e (i et e appartiennent à deux noyaux différents, comptant pour deux voyelles).

L'événement qui signe cette évolution est la scansion de mots tels *meurtrier* et *sanglier*, qui est modifiée au 17e siècle : bisyllabiques jusqu'alors (*meurtrier* avec <ie> diphtongue comptant pour une seule voyelle), elle est désormais (à partir du *Cid* de Corneille et jusqu'au frm) nécessairement trisyllabique (*meurtrier* avec <ie> hiatus comptant pour deux voyelles, pour un total de trois syllabes). Le statut hiatique de <ie> est d'ailleurs confirmé par la présence d'un yod (anti-hiatique) en son sein : on dit frm *meurtr[ije]r*, et de même en l'absence de frontière suffixale dans *gr[ije]f*.

L'action de la norme concernant <oi> a été la même, phonologiquement parlant, que pour <ie> : refusant la consonification qui ici entraîne la perte de <o>, elle a cherché à maintenir <oi> à l'état de diphtongue. Qu'il s'agisse en frm bien d'une diphtongue et non pas d'un hiatus est établi par le fait qu'après TR, <oi> ne compte que pour une seule syllabe (*trois* est monosyllabique, alors que *grief* est bisyllabique), et qu'il est impossible de faire apparaître un glide anti-hiatique en son sein.

Remarques
1. Le fait que w soit incapable de se constituer en attaque branchante explique pourquoi il n'y a pas d'**effet d'homorganicité** pour lui : l'interdiction *C$_{pal}$j est la conséquence du rapport rapproché des deux consonnes au sein d'une attaque branchante. En l'absence de ce rapport dans C.w, le w n'est pas sensible aux propriétés segmentales de la consonne précédente.

2. L'impossibilité pour un groupe TR d'être suivi d'un glide est documenté en frm à l'occasion de la **synérèse**, qui dans une séquence ij (*lier* [lije]), uw (*nouer* [luwe]) ou yɥ (*tuer* [tyɥe]) suspend la prononciation de la voyelle : *lier* peut également être prononcé [lje], *nouer* [nwe] et *tuer*, [tɥe]. Or la synérèse est impossible après groupe TR : *plier* [plije], *trouer* [truwe] et *influer* [ɛ̃flyɥer] ne peuvent être *[plje], *[trwe] et *[ɛ̃flɥer], respectivement.

Tobias Scheer

Repères chronologiques

siècle	événement	§§
2ᵉ av. JC	consonification latine	84
1ᵉʳ ap. JC	palatalisation romane	
	k,g+i,e > [c,ɟ]	282
	nj, lj, kj > ɲɲ, ʎʎ, tts	228
lt 1ᵉʳ	assibilation tj > tsj	226
lt	t.l > k.l	242
lt - afr	CCC : élimination de la C médiane	211
lt 2ᵉ	métathèse	229
lt 2ᵉ-4ᵉ	dj, gj > ɟ	225
2ᵉ-3ᵉ	métathèse	229
2ᵉ-3ᵉ	palatalisation romane k,g+i,e > [c,ɟ]	282
3ᵉ-4ᵉ	diphtongaison romane : ɛ > i̯e, o > u̯ɔ	146-1°
3ᵉ	dépalatalisation devant r : [c,ɟ]+r > j+t,d	286
4ᵉ	affrication [c,ɟ] > tʃ,dʒ	282
3ᵉ-4ᵉ	voisement et spirantisation intervocaliques	257
3ᵉ-4ᵉ	antériorisation a > æ	145-1°
3ᵉ-5ᵉ	vélaires en coda : réduction à yod	275
3ᵉ-6ᵉ	centralisation des voyelles atones en schwa ancien ə¹,	179
	puis syncope des voyelles centralisées	192-195
4ᵉ-5ᵉ	dépalatalisation générale tʃ > j+ts	286
5ᵉ	palatalisation gallo-romane	287
5ᵉ	labiales et vélaires amuïes par un u,o adjacent	259.1, 262
5ᵉ-6ᵉ	monophtongaison au > ɔ	145-2°
6ᵉ	diphtongaison française : e > ei̯, o > ou̯, a > æɛ	146-2°
6ᵉ	effet Bartsch-Mussafia sur le a,ā et le i,ē toniques libres	157
6ᵉ-8ᵉ	a > e initial après consonne palatale	184
6ᵉ-8ᵉ	changement non conditionné : u > y	145-3°
7ᵉ	centralisation de a atone (sauf a initial) en schwa tardif ə²	181
7ᵉ-8ᵉ	dégémination	238.1
7ᵉ-9ᵉ	élimination des labiales en coda	241
8ᵉ-9ᵉ	vocalisation de yod en coda	246
10ᵉ-11ᵉ	nasalisation des voyelles devant consonne nasale	315
9ᵉ-11ᵉ	chute de ð (< t,d) intervocalique et final	260
11ᵉ	centralisation de e initial en schwa tardif ə²	187
11ᵉ	vocalisation de l en coda	247
11ᵉ	chute de s en coda devant consonne voisée	248
12ᵉ	début de la perte de r en coda	249, 322
fin 12ᵉ	début de la liaison, avènement de l'accent de groupe	264-267

12ᵉ-16ᵉ	Loi de position	319
13ᵉ	chute de s en coda devant consonne sourde	248
13ᵉ	monophtongaisons	147
13ᵉ	désaffrication : ts > s, dz > z, tʃ > ʃ, dʒ > ʒ	197
fin 13ᵉ	consonification iɛ, uɛ > jɛ, wɛ	324
13ᵉ-17ᵉ	wɛ > ɛ, évolution combattue par la norme qui cherche à maintenir ou restaurer uɛ	326
13ᵉ-17ᵉ	élimination de yod après consonne palatale	325
13ᵉ-17ᵉ	abaissement des voyelles nasales hautes ĩ, ỹ, ũ > ɛ̃, œ̃, ɔ̃	315
fin 12ᵉ-17ᵉ	la prononciation de schwa en syllabe ouverte devient optionnelle (état du frm)	192.2
14ᵉ-17ᵉ	élimination du schwa en hiatus	195
15ᵉ	dénasalisation des voyelles nasales intervocaliques	250, 314
à partir de la fin 15ᵉ	la consonne finale de domaine C# devient coda et chute	264 *sq.*
16ᵉ	chute des consonnes nasales en coda	315
16ᵉ-17ᵉ	r final tend à ne plus être prononcé	321
17ᵉ-19ᵉ	ʎ > j	228.3
fin 17ᵉ	uvularisation r > ʁ	316
18ᵉ-19ᵉ	de façon lexicalement erratique, restauration du r final sous l'action de la norme, dans sa nouvelle prononciation uvulaire ʁ	321
18ᵉ-19ᵉ	wɛ et wa (écrits <oi>) ayant été en concurrence depuis le 13ᵉ siècle, wa s'impose	163, 324

Tobias Scheer

Glossaire des termes

antépénultième (voyelle, accent)
Avant-avant-dernière voyelle d'un mot. L'accent est antépénultième dans pl<u>a</u>ngere (> *plaindre*).

apocope
Suppression de la dernière voyelle d'un mot. Le -e de partīre a été apocopé lors de l'évolution qui a amené afr *partir*. Cas particulier de la ↗syncope.

appuyé
↗consonne appuyée

astérisque
L'astérisque ° indique qu'une forme n'est pas attestée, mais qu'il y a des raisons de penser qu'elle a existé. Ainsi l'infinitif °captiāre n'est pas attesté, mais afr *chacier* le suppose (et l'adj captīvus 'captif' est documenté).

A ne pas confondre avec * qui indique, dans l'Abrégé, le fait qu'une forme est agrammaticale, *i.e.* mal formée : *vl par exemple est impossible en afr.

attaque branchante
Groupe de consonnes qui est tautosyllabique, *i.e.* dont les deux membres appartiennent à la même syllabe. Le groupe tr dans *pa.trie* est tautosyllabique (ou homosyllabique), mais dans *par.tie* il est ↗hétérosyllabique.

Synonymes : groupe CC solidaire, joint, explosif.

coda
Position d'une consonne qui se trouve ou bien en finale ou bien devant une consonne hétérosyllabique : __{#,C}. Dans *par.tir*, les deux r sont placés en coda.

Selon les langues, la consonne finale C# a le statut de coda, ou d'une consonne ↗intervocalique ↗23. En français, elle était intervocalique en pfr, afr, mfr et jusqu'à la fin du 15ᵉ siècle. Elle est devenue coda à partir de cette période. Ainsi le -r de *par.tir* est coda en frm, mais ne l'était pas en afr.

consonne appuyée
Consonne qui est placée après une coda, *i.e.* après une consonne hétérosyllabique. On dit que la coda en question appuie la consonne appuyée : dans p<u>o</u>r.ta, le t est appuyé, et il l'est par le r.

disjoint (groupe CC)
↗hétérosyllabique

entravée (voyelle)
Voyelle placée en ↗syllabe fermée, *i.e.* suivie d'une coda.

étymon
Forme diachroniquement primitive d'un mot. Les mots français ont majoritairement un étymon latin, mais beaucoup ont un étymon germanique, dans une moindre mesure provenant d'autres langues (gaulois, arabe, persan, etc.).
    L'étymon d'afr *uevre* frm *œuvre* est le latin op(e)ra et celui d'afr *esclater* frm *éclater*, le francique (germanique) °slaitan. L'étymon de *canfre* frm *camphre* est l'arabe kāfūr.

explosif (groupe CC)
↗attaque branchante

extramétrique
Ensemble de segments, à la fin du mot, qui ne sont pas pris en compte pour le calcul métrique, comme par exemple le placement de l'accent. En latin, la quantité de la voyelle finale est indifférente, aussi bien que la présence d'une ou plusieurs consonnes à sa droite. Elle ne joue donc aucun rôle dans l'assignation de l'accent et pour cette raison est dite extramétrique ↗74. Ainsi Asg leporem, dont la voyelle finale est brève, reçoit l'accent sur la voyelle antépénultième tout comme Apl leporēs, dont la voyelle finale est longue. De même, la présence d'une consonne finale dans les deux formes citées ne joue aucun rôle : c'est toujours la même voyelle qui est tonique lorsque cette consonne est absente dans ABLsg lepore.

groupe consonantique
Deux ou plusieurs consonnes consécutives. Tr dans petra (> *pierre*) est un groupe consonantique, autant que nct dans punctu (> *point*).

hétérosyllabique
Appartenant à deux syllabes différentes. Le groupe rt dans *par.tie* est hétérosyllabique puisque r appartient à la syllabe précédente, mais t à la syllabe suivante. En revanche le groupe tr dans *pa.trie* est tautosyllabique (attaque branchante) : ses deux membres appartiennent à la même syllabe.
    Synonymes : groupe CC disjoint, implosif, non solidaire.

homorganique
Qui partage le lieu d'articulation. La nasale du préfixe in- en anglais adapte son lieu d'articulation à la consonne suivante : elle est labiale m dans *im-possible*, vélaire ŋ

dans *iŋ-credible*, dentale n dans *in-dependent*. On dit ici que le groupe NC est homorganique : les deux consonnes partagent le même lieu d'articulation.

homosyllabique
↗attaque branchante

implosif (groupe CC)
↗hétérosyllabique

intervocalique
Une consonne est intervocalique lorsqu'elle est précédée et suivie d'une voyelle : cas du g dans rēge (> *roi*). Dans les langues où la consonne finale C# n'est pas une ↗coda, elle est intervocalique. C'était le cas en pfr, afr, mfr et jusqu'à la fin du 15ᵉ siècle ↗23.

joint (groupe CC)
↗attaque branchante

libre (voyelle)
Voyelle placée en ↗syllabe ouverte, *i.e.* non suivie d'une coda.

métrique
En poésie, étude des propriétés formelles des vers. Des catégories utilisées en métrique sont par exemple la césure, l'hémistiche, l'alexandrin, le pied, la scansion.

muta cum liquida
Groupe de consonnes dont la première est une obstruante et la seconde, une liquide (r,l). Seul *muta cum liquida* peut constituer une ↗attaque branchante en français ↗18.

non solidaire (groupe CC)
↗hétérosyllabique

oxyton
Mot accentué sur la dernière syllabe. Le futur en français est basé sur des oxytons créés par structure périphrastique infinitif + habēre : part(i)r-a̱t 3s > (il) *partira*.

paradigme
L'ensemble des formes sous lesquelles un verbe, nom ou adjectif peut apparaître. Un verbe par exemple peut se manifester en tant qu'inf., 1-3s, 1-3pl, part., imp., etc.

parmétrique (variation)
Choix que font les langues concernant une propriété grammaticale. Par exemple, le français et les autres langues romanes connaissent les attaques branchantes, mais les

langues sémitiques n'en possèdent pas. Admettre ou non dans son inventaire syllabique les attaques branchantes représente une variation paramétrique.

paroxyton
Mot accentué sur l'avant-dernière syllabe, comme par exemple mercēde (> *merci*).

pénultième (voyelle, accent)
Avant-dernière voyelle d'un mot. L'accent est pénultième dans mercēde (> *merci*).

populaire
On dit qu'une évolution est populaire lorsqu'elle est effectuée par le langage parlé du peuple (par opposition à des mots savants). L'évolution populaire est naturelle : soustraite à l'action de la norme, elle représente le cours normal de l'innovation.

position (consonne qui fait position)
Terme venant de la métrique latine. On dit d'une consonne qu'elle fait position lorsqu'elle ferme la syllabe, *i.e.* en est la ↗coda. En latin, le tr dans pe̠tra (> *pierre*) est normalement une attaque branchante (pe̠.tra), mais par licence poétique le t peut *faire position*, *i.e.* acquérir de statut de coda (pe̠t.ra).

Position Forte
Position d'une consonne qui se trouve ou bien à l'initiale ou bien après une coda : {#,C}__ ↗205. Dans po̠r.ta, le p et le t sont placés en Position Forte.

post-coda
↗consonne appuyée

primaire, secondaire
Un groupe consonantique est primaire lorsqu'il a déjà existé en latin. Il est secondaire lorsqu'il a été créé au cours de l'évolution ultérieure. *Idem* pour tous les autres objets : une consonne peut se trouver en Position Forte primaire (position déjà occupée en latin) ou secondaire (position acquise au cours de l'évolution), une consonne finale peut être primaire (déjà finale en latin) ou secondaire (placée dans cette position par l'évolution), une coda peut être primaire ou secondaire, etc.

proparoxyton
Mot accentué sur l'avant-avant-dernière syllabe, comme pla̠ngere (> *plaindre*).

sandhi (externe et interne)
Processus qui a lieu à proximité d'une frontière entre deux morphèmes (sandhi interne – interne au mot) ou entre deux mots (sandhi externe – externe au mot). La liaison est un processus en sandhi externe : elle engage une consonne (flottante)

appartenant à un mot, et est déterminée par le mot suivant. Le -t de *petit* est prononcé lorsque le mot suivant est à initiale vocalique (*peti[t] enfant*), mais demeure muet au cas où le mot suivant commence par une consonne (*peti café*).

savant
Un mot est savant lorsqu'il est soustrait à l'évolution régulière par un usage particulier relevant d'institutions comme l'Eglise ou l'Etat (militaire, textes juridiques), mais également de la science, de la médecine ou de la technologie.

scansion
↗métrique

secondaire
↗primaire

solidaire (groupe CC)
↗attaque branchante

syllabe fermée
Syllabe qui possède une coda. Dans *par.tie*, la première syllabe *par* est fermée mais la seconde, *tie*, ouverte.

syllabe ouverte
Syllabe qui ne possède pas de coda. P_ede_ (> *pié* frm *pied*) est fait de deux syllabes ouvertes : p_e_ et de. S'oppose à ↗syllabe fermée.

tautosyllabique
↗attaque branchante

timbre
Désigne la différence entre deux voyelles qui ne relève pas de la longueur : i et u ont un timbre différent, mais i et ī, distincts par leur longueur, ont le même timbre.

voyelle entravée
Voyelle placée en ↗syllabe fermée, *i.e.* suivie d'une coda.

voyelle libre
Voyelle placée en ↗syllabe ouverte, *i.e.* non suivie d'une coda.

Tobias Scheer

Glossaire des processus

affrication
Processus qui transforme une occlusive simple en affriquée. Dans jocu > *jeu* <j> = [ʤ], le yod initial a d'abord été renforcé en ɟ, qui s'est ensuite affriqué en ʤ.

allongement compensatoire
Processus par lequel un segment s'étend sur l'espace syllabique demeuré vacant après l'élimination d'un voisin. Ainsi le r de pe̲tra a-t-il occupé l'espace du t lorsque celui-ci a été éliminé, le résultat étant un r géminé : pe̲tra > °pie̲tra > *pierre*.

allongement tonique
Processus par lequel une voyelle en syllabe ouverte s'allonge sous l'effet de l'accent. Ce processus a été général en lt et a conduit aux diphtongaisons spontanées ↗75 (par exemple dans lc pe̲tra > lt pē̲tra (> *pierre*).

apocope
↗syncope

assibilation
Processus qui transforme un t en ts. En lt, t a été assibilé en ts par un yod suivant : cantiō̃ne > °cantjō̃ne > °cantsjō̃ne > *chançon* frm *chanson*.

assimilation (dissimilation)
Transfert d'une propriété articulatoire d'un segment à un autre. Une assimilation rend deux objets similaires qui l'étaient moins. Ainsi la palatalisation est une assimilation : dans ce̲ntu > *cent*, une consonne non palatale, la vélaire <c> = [k], devient palatale <c> = [ts] sous l'influence de la voyelle palatale (antérieure) à sa droite, [e].

La **dissimilation** est le processus inverse : elle rend plus dissemblables qu'ils ne l'étaient auparavant deux segments qui au départ partageaient des propriétés.

changement non conditionné (spontané)
↗évolution non conditionnée (spontanée)

consonification
Processus par lequel une voyelle en ↗hiatus ou un élément d'une diphtongue change d'affiliation syllabique : appartenant à un noyau, elle s'associe à une attaque et ainsi devient glide, j ou w. La diachronie du français a connu plusieurs consonifications dont celle qui s'est produite déjà en latin classique lorsque les voyelles i,e,u,o suivies

d'une autre voyelle en hiatus deviennent glide. Ainsi folia, trisyllabique, devient fol.ja, bisyllabique (> *fueille* frm *feuille*).

La consonification est le processus inverse de la ↗vocalisation.

désaffrication
Processus qui transforme une affriquée en fricative. Au 13ᵉ siècle, le français a perdu toutes les affriquées qu'il possédait par cette évolution : ts > s, dz > z, tʃ > ʃ, dʒ > ʒ.

diphtongaison
Processus qui transforme une voyelle simple en voyelle complexe, *i.e.* qui est constituée de deux articulations vocaliques successives ↗12. On distingue la diphtongaison spontanée par laquelle une voyelle latine devient diphtongue sans contribution d'un segment voisin (habēre > *aveir* frm *avoir*) et la diphtongaison de coalescence (ou combinatoire) lors de laquelle une voyelle se combine avec un glide suivant (dīrectu > °dīrejtu > *dreit*, *droit*).

dissimilation
↗assimilation

épenthèse
Insertion dans la chaîne linéaire d'un segment (voyelle ou consonne) absent de la forme lexicale ou diachroniquement primitive. En frm par exemple, le -t- dans *a-t-il dit cela ?* est **épenthétique** puisqu'il n'appartient ni à la forme conjuguée *a* du verbe avoir, ni à *il*. Il en va de même pour le t dans *stabilo-t-er* (comparer avec *stabilo*), *siro-t-er* (comparer avec *sirop*) ou *cacao-t-ier* (comparer avec *cacao*).

L'épenthèse peut concerner une consonne ou une voyelle. Dans la diachronie du français, le premier cas est représenté par le type cam(e)ra > *chambre* où une consonne, ici b, est insérée lorsque la syncope crée un groupe R'r ou R'l qui est inconnu de la langue ↗235.

L'épenthèse vocalique s'observe en afr (et d'autres langues romanes) lorsque l'étymon (latin ou germanique) commence par s+C : ce groupe #sC cesse d'être admis et reçoit une voyelle à sa gauche, la **prothèse**, qui est e- en afr. Ainsi scrībere > *escrivre* frm *écrire*, spatha > *espee* frm *épée*, stabula > *estable* frm *étable*.

évolution non conditionnée (spontanée)
Les processus phonologiques, en synchronie comme en diachronie, sont en règle générale déclenchés par un contexte ↗27 : une vélaire est palatalisée lorsqu'elle se trouve à proximité d'une source palatale.

Mais il existe également, en diachronie seule, des processus qui n'ont pas de conditionnement, qu'on dit **spontanés**. Ils s'effectuent donc en toute circonstance et n'ont pas de déclencheur, affectant ainsi tous les segments visés qui sont présents dans la langue au moment de leur activité.

Ainsi lt u (< lc ū) > afr y qui affecte tous les u du latin tardif, quelle que soit leur position : lūna > *lune* (tonique), ūrīna > *urine* (atone), pūrgāre > *purger* (syllabe fermée).

fortition
↗lénition

lénition, fortition
[du lat. fortis 'fort, robuste' et lenis 'mou, tendre'] La fortition augmente la force d'un segment en modifiant ses caractéristiques articulatoires. Classiquement, les segments (voyelles autant que consonnes) sont classés sur une échelle de force, du plus faible au plus fort. Pour les consonnes, cette échelle coïncide très largement avec l'échelle de ↗sonorité, de telle façon que les consonnes les plus faibles sont les plus sonores (les sonantes), et les plus fortes, les moins sonores (obstruantes). Ainsi un processus qui transforme une semi-voyelle en occlusive (ou affriquée) est une fortition (ou renforcement). C'est le cas de l'évolution en français de yod latin en position initiale : lat. jocu > *jeu* [dʒø] frm *jeu* [ʒø].

Le processus inverse est la **lénition**, qui implique donc l'augmentation de la sonorité d'un segment. Dans nepōte > *neveu* par exemple, *p* (occlusive) devient *v* (fricative) à l'intervocalique (*i.e.* ↗**spirantise**).

métathèse
Processus par lequel deux segments sont intervertis : l'ordre linéaire XY est changé en YX. Ainsi rj > jr dans paria > *paire* ↗229.

palatalisation
Processus par lequel une articulation palatale (proche du palais dur ↗13) introduit cette caractéristique à un voisin non palatal. Les **agents palataux** sont les voyelles d'avant (i,e, plus tard a ↗146-1°) et yod. En français, les consonnes vélaires k,g ainsi que l,n sont leur cible. Ainsi le e ce centu, précédé de la vélaire k en latin, transmet sa palatalité à celle-ci, qui par ce processus est transformée en ts : afr *cent* <c> = [ts].

spirantisation
Processus qui transforme une occlusive en fricative. Par exemple, p devient v à l'intervocalique comme dans nepōte > *neveu*.

spontanée (évolution)
↗évolutions non conditionnées

syncope

Processus qui amuït une voyelle. Le e dans p<u>au</u>p(e)re, posttonique, est syncopé, *i.e.* éliminé dans l'évolution du français, le résultat étant afr *povre* frm *pauvre*. On utilise parfois un mot spécifique, **apocope**, pour désigner l'élimination d'une voyelle finale.

vocalisation

Processus qui effectue un changement d'affiliation syllabique : un glide associé à une coda se combine avec la voyelle précédente pour former une diphtongue, qui est associée uniquement à un noyau. Une consonne (j,w) devient donc une voyelle (i,u). Ainsi le yod en coda issu de la réduction des vélaires en coda dans f<u>a</u>cta > °f<u>aj</u>ta forme avec la voyelle précédente la diphtongue ai pour aboutir à afr *faite* (diphtongue de coalescence, ou combinatoire).

La vocalisation est le processus inverse de la ↗consonification.

Tobias Scheer

Exercices

1 Evolution lc > afr > frm étape par étape (mots choisis)

Lors du concours, on demande aux candidats de détailler les processus successifs qui transforment les mots latins pour aboutir à l'afr et au frm. Le lecteur pourra vérifier ses connaissances dans ce domaine au moyen des mots *infra* pour lesquels les étapes évolutives successives sont rappelées. Les mots ont été choisis parmi les 180 mots importants de l'Abrégé (voir l'avant-propos) en fonction de leur représentativité pour les processus importants et récurrents. Ils ont été classés en trois niveaux de difficulté (facile, moyen, difficile), chacun représenté par dix mots. Le lecteur pourra ainsi se proposer de décliner les étapes successives de l'évolution pour un mot donné sans regarder la solution, puis comparer ce qu'il a fait avec ce qui est indiqué.

Pour chaque mot, les processus sont datés et identifiés par une description, puis le paragraphe de l'Abrégé traitant de la question est indiqué. Lorsqu'il est utile, la colonne indiquant la forme phonétique produite par le processus ([ ]) est augmentée d'une colonne montrant sa graphie (< >).

Les datations absolues sont indicatives : leur valeur n'est pas gravée dans le marbre car elles sont, pour la période du pfr, déduites de la chronologie relative des processus. Parfois il n'est pas utile d'en proposer, ou alors le processus en question agit durant une large période (comme l'élimination de la consonne médiane des groupes CCC, qui se produit du lt à l'afr).

1.1 Facile

dulcia > *douce*

date	processus	§§	[ ]
lc			dulkia
lc	consonification latine : i,e+V > jV, u,o+V > wV	84	dulkja
lt	bouleversement du système vocalique latin : perte de l'opposition de longueur, changements de timbre des voyelles, allongement de la voyelle tonique libre	75-79	dolkja
2^e	palatalisation romane k+j > tts	228	doltтsa
lt - afr	CCC : élimination de la C médiane	211	doltsa
7^e	centralisation de a final en schwa tardif ə^2	181	doltsə
11^e	vocalisation de l en coda : ol > ow > ou	247	doutsə
12^e	monophtongaison ou > u	127	dutsə
13^e	désaffrication ts > s	197	dusə
afr, frm			*douce*

di̯urnōs Apl > *jorz* frm *jours* (pl)

date	processus	§§	[ ]
lc			di̯urnōs
lc	consonification latine : i,e+V > jV, u,o+V > wV	84	dju̯rnōs
lt	dj > ɟ > ʤ en Position Forte	225	ʤu̯rnōs
lt	bouleversement du système vocalique latin : perte de l'opposition de longueur, changements de timbre des voyelles, allongement de la voyelle tonique libre	75-79	ʤɔrnos
3ᵉ-6ᵉ	centralisation de o final en schwa ancien ə¹	190	ʤɔrnəs
3ᵉ-6ᵉ	syncope de schwa ancien ə¹	192	ʤɔrns
	-s > -ts (écrit <-z>) après r,ŋ, Cn	211.3	ʤɔrnts
lt - afr	CCC : élimination de la C médiane	211	ʤɔrts
13ᵉ	désaffrication ʤ > ʒ	197	ʒɔrs
12ᵉ-17ᵉ	la norme combat l'évolution o > u (querelle des ouistes aux 16ᵉ-17ᵉ siècles), mais u s'impose dans ce mot	323	ʒurs
15ᵉ	chute de la consonne finale	264	ʒur
afr			*jorz*
frm			*jours*

l̯ectu > *lit*

date	processus	§§	[ ]
lc			lektu
lt	bouleversement du système vocalique latin : perte de l'opposition de longueur, changements de timbre des voyelles, allongement de la voyelle tonique libre	75-79	lɛktu
3ᵉ-5ᵉ	vélaire k en coda : réduction à yod	243	lɛi̯tu
	effet fermant de yod en coda : ɛj > ij	109	lii̯tu
	yod en coda se confond avec i : ij > i	109	li̯tu
3ᵉ-6ᵉ	centralisation de o final en schwa ancien ə¹	188	li̯tə
3ᵉ-6ᵉ	syncope de schwa ancien ə¹	192	li̯t
3ᵉ-4ᵉ	voisement et spirantisation de t en position intervocalique finale : t > d > ð	260	li̯ð
	dévoisement en finale	256	li̯θ
9ᵉ-11ᵉ	élimination de θ en position intervocalique finale	260	li̯
afr, frm			*lit*

punctu > *point*

date	processus	§§	[ ]
lc			puŋktu
lt	bouleversement du système vocalique latin : perte de l'opposition de longueur, changements de timbre des voyelles, allongement de la voyelle tonique libre	75-79	pɔŋktu
lt - afr	CCC : élimination de la C médiane	211	pɔntu
3e-6e	centralisation de ō final en schwa ancien ə¹	190	pɔntə
3e-6e	syncope de schwa ancien ə¹	192	pɔnt
3e-5e	nasale vélaire ŋ en coda : réduction à ɲ = yod nasal ȷ̃	98, 244	pɔȷ̃t
10e-11e	nasalisation des voyelles devant cons. nasale ɔȷ̃ > ɔ̃ȷ̃, amenant ɔ̃ĩ	129	pɔ̃ĩt
12e	ɔ̃ĩ <oi> > ɔ̃ẽ <oi> > ũẽ <oi>	129	pũẽt
13e	consonification ũẽ > wẽ <oi>	324	pwẽt
16e-17e	élimination de t final	320	pwẽ
afr, frm			*point*

nocte > *nuit*

date	processus	§§	[ ]
lc			nokte
lt	bouleversement du système vocalique latin : perte de l'opposition de longueur, changements de timbre des voyelles, allongement de la voyelle tonique libre	75-79	nɔkte
3e-6e	centralisation de e final en schwa ancien ə¹	188	nɔktə
3e-6e	syncope de schwa ancien ə¹	192	nɔkt
3e-5e	vélaire k en coda : réduction à yod	243	nɔjt
	effet fermant de yod en coda : ɔj > uj	120	nujt
6e-8e	changement non conditionné : u > y	145-3°	nyjt
8e-9e	vocalisation de j en coda, amenant une diphtongue de coalescence : yj > yi, puis > ɥi	120	nɥit
16e-17e	élimination du t final	320	nɥi
afr, frm			*nuit*

simulante > *semblant*

date	processus	§§	[ ]
lc			simulante
lt	bouleversement du système vocalique latin : perte de l'opposition de longueur, changements de timbre des voyelles, allongement de la voyelle tonique libre	75-79	semolante
3e-6e	centralisation de o prétonique et e final en schwa ancien ə¹	188, 190	seməlantə

simul**a**nte > *semblant*

date	processus	§§	[ ]
3ᵉ-6ᵉ	syncope de schwa ancien ə¹	192	seml**a**nt
	épenthèse de b provoquée par le groupe ml	235	sembl**a**nt
10ᵉ-11ᵉ	nasalisation des voyelles devant cons. nasale	315	sẽmblɑ̃nt
11ᵉ	ouverture de ẽ > ã	315	sãmblɑ̃nt
16ᵉ	chute des consonnes nasales en coda	315	sãblɑ̃t
16ᵉ-17ᵉ	élimination du t final	320	sãblɑ̃
afr, frm			*semblant*

ins**i**mul > *ensemble*

date	processus	§§	[ ]
lc	la position de l'accent est la même que dans le mot dissyllabique s**i**mul (le préfixe in- ne compte pas)	180	ins**i**mul
lt	bouleversement du système vocalique latin : perte de l'opposition de longueur, changements de timbre des voyelles, allongement de la voyelle tonique libre lt **ē**	75-79	ensē̞mol
3ᵉ-6ᵉ	centralisation de o final en schwa ancien ə¹	190	ensē̞məl
3ᵉ-6ᵉ	syncope de schwa ancien ə¹	192	ensē̞ml
	raccourcissement de ē en syllabe fermée	75.2	ensĕml
3ᵉ-6ᵉ	épenthèse de b provoquée par le groupe ml	235	ensĕmbl
3ᵉ-6ᵉ	épenthèse d'un schwa d'appui après TR final, qui comme les autres schwas après TR sera stable	180, 193	ensĕmblə
10ᵉ-11ᵉ	nasalisation des voyelles devant cons. nasale	315	ẽnsẽmblə
11ᵉ	ouverture de ẽ > ã	315	ãnsãmblə
16ᵉ	chute des consonnes nasales en coda	315	ãsãblə
afr			*ensamble*
frm			*ensemble*

opera > *uevre* frm *œuvre*

date	processus	§§	[ ]
lc			**o**pera
lt	bouleversement du système vocalique latin : perte de l'opposition de longueur, changements de timbre des voyelles, allongement de la voyelle tonique libre lt ɔ	75-79	ɔ̄pera
3ᵉ-6ᵉ	centralisation de e posttonique en schwa ancien ə¹	188	ɔ̄pəra
3ᵉ-6ᵉ	syncope de schwa ancien ə¹	192	ɔ̄pra
3ᵉ-4ᵉ	voisement et spirantisation de pr intervocalique (pr > br > βr > vr)	271	ɔ̄vra
4ᵉ	diphtongaison romane ɔ̄ > uɔ (écrit <ue>)	166	u**ɔ**vra

opera > *uevre* frm *œuvre*

date	processus	§§	[ ]
7ᵉ	centralisation de a final en schwa tardif ə², le schwa servant de voyelle d'appui au groupe vr	181	uɔvrə
13ᵉ	monophtongaison uɔ > œ	166	œvrə
fin 17ᵉ	uvularisation r > ʁ	316	œvʁə
afr			*uevre*
frm			*œuvre*

venīre > *venir*

date	processus	§§	[ ]
			wenīre
lt	bouleversement du système vocalique latin : perte de l'opposition de longueur, changements de timbre des voyelles, allongement de la voyelle tonique libre lt i	75-79	wenīre
lt	en position initiale (= forte) : w > v	223	venīre
3ᵉ-6ᵉ	centralisation de e final en schwa ancien ə¹	188	venīrə
3ᵉ-6ᵉ	syncope de schwa ancien ə¹	192	venīr
11ᵉ	centralisation de e initial en schwa tardif ə²	187	vənīr
16ᵉ-17ᵉ	r final tend à ne plus être prononcé	321	vəni(r)
18ᵉ-19ᵉ	restauration du r final sous l'action de la norme, dans sa nouvelle prononciation uvulaire ʁ	321	vənīʁ
afr, frm			*venir*

facta > *faite*

date	processus	§§	[ ]
lc			fakta
3ᵉ-5ᵉ	vélaire k en coda : réduction à yod	243	fajta
7ᵉ	centralisation de a final en schwa tardif ə²	181	fajtə
8ᵉ-9ᵉ	vocalisation de j en coda, amenant une diphtongue de coalescence : aj > ai	102	faitə
13ᵉ	monophtongaison ai > ɛ	102	fɛtə
afr, frm			*faite*

1.2 Moyen

°potet 3s > *puet* frm *peut*

date	processus	§§	[ ]	< >
lc			pɔtet	
lt	bouleversement du système vocalique latin : perte de l'opposition de longueur, changements de timbre des voyelles, allongement de la voyelle tonique libre lt ɔ̄	75-79	pɔ̄tet	
3ᵉ-6ᵉ	centralisation de e final en schwa ancien ə¹	188	pɔ̄tət	
3ᵉ-4ᵉ	voisement et spirantisation intervocalique t > d > ð des deux t (à l'intervocalique phonétique et finale)	260	pɔ̄ðəð	
	dévoisement en finale	256	pɔ̄ðəθ	
4ᵉ	diphtongaison romane ɔ > uɔ (écrit <ue>)	166	puɔðəθ	
3ᵉ-6ᵉ	syncope de schwa ancien ə¹ créant un groupe ðθ qui devient θθ par assimilation de voisement	192	puɔθθ	
7ᵉ-8ᵉ	dégémination θθ > θ	238.1	puɔθ	
9ᵉ-11ᵉ	élimination de θ en position intervocalique finale	260	puɔ	*puet*
13ᵉ	monophtongaison uɔ > œ	166	pœt	*peut*
12ᵉ-16ᵉ	Loi de position œ > ø en syllabe ouverte	319	pø	
afr				*puet*
frm				*peut*

habēre > *avoir*

date	processus	§§	[ ]
lc	chute du h dès le lc		abēre
lt	bouleversement du système vocalique latin : perte de l'opposition de longueur, changements de timbre des voyelles, allongement de la voyelle tonique libre lt ē	75-79	abēre
2ᵉ	spirantisation intervocalique b > w > β > v	259	avēre
3ᵉ-6ᵉ	centralisation de e final en schwa ancien ə¹	188	avērə
6ᵉ	diphtongaison française e > ei	163	aveirə
3ᵉ-6ᵉ	syncope de schwa ancien ə¹	192	aveir
12ᵉ	ei > oi <oi> > oe <oi> > ue <oi>	163	avuer
13ᵉ	consonification ue > we > wɛ <oi>	324	avwɛr
13ᵉ-17ᵉ	la norme maintient we (concurrencé par e)	326	–
16ᵉ-17ᵉ	r final tend à ne plus être prononcé	321	avwɛ(r)
18ᵉ-19ᵉ	restauration du r final sous l'action de la norme, dans sa nouvelle prononciation uvulaire ʁ	321	avwɛʁ
18ᵉ-19ᵉ	wɛ et wa ayant été en concurrence depuis le 13ᵉ siècle, wa s'impose	163, 324	avwaʁ
afr, frm			*avoir*

vetulu > *vieil*

date	processus	§§	[ ]
lc			wetulu
lt	bouleversement du système vocalique latin : perte de l'opposition de longueur, changements de timbre des voyelles, allongement de la voyelle tonique libre lt ɛ	75-79	wē̞tulu
lt	en position initiale (= forte) : w > v	223	vē̞tulu
lt	centralisation et syncope précoce encore en lt	242	vē̞t.lu
	raccourcissement de ɛ̄ en syllabe fermée	75.2	vɛt.lu
lt	t.l > k.l	242	vɛk.lu
3ᵉ-5ᵉ	vélaire k en coda : réduction à yod	275	vɛj.lu
3ᵉ-5ᵉ	palatalisation romane j+l > ʎʎ	228	vɛʎ.ʎu
	diphtongaison conditionnée ɛ+ʎʎ > i̯ɛ+ʎʎ	108.1	vi̯ɛʎ.ʎu
3ᵉ-6ᵉ	centralisation de ō final en schwa ancien ə¹	190	vi̯ɛʎ.ʎə
3ᵉ-6ᵉ	syncope de schwa ancien ə¹	192	vi̯ɛʎ.ʎ
	dégémination ʎʎ > ʎ en finale	238.1	vi̯ɛʎ
13ᵉ	consonification i̯ɛ > jɛ	324	vjɛʎ
17ᵉ-19ᵉ	ʎ > j	228.3	vjɛj
afr, frm			*vieil*

caballu > *cheval*

date	processus	§§	[ ]
lc			kaballu
lt	bouleversement du système vocalique latin : perte de l'opposition de longueur, changements de timbre des voyelles, allongement de la voyelle tonique libre	75-79	kaballo
2ᵉ	spirantisation intervocalique b > w > β > v	259	kavallo
3ᵉ-4ᵉ	antériorisation a > æ (changement spontané)	145-1°	kævællo
3ᵉ-6ᵉ	centralisation de o final en schwa ancien ə¹	190	kævællə
3ᵉ-6ᵉ	syncope de schwa ancien ə¹	192	kævæll
	dégémination ll > l en finale	238.1	kævæl
5ᵉ	palatalisation gallo-romane k+æ > [c] > t͡ʃ	287	t͡ʃævæl
6ᵉ	retour de æ à [a] (changement spontané)	145.3	t͡ʃaval
6ᵉ-8ᵉ	a > e initial après consonne palatale	184	t͡ʃeval
11ᵉ	centralisation de e initial en schwa tardif ə²	187	t͡ʃəval
13ᵉ	désaffrication t͡ʃ > ʃ	197	ʃəval
afr, frm			*cheval*

malifatiu > *mauvais*

date	processus	§§	[ ]	< >
lc			malifatiu	
lc	consonification latine : i,e+V > jV, u,o+V > wV	84	malifatju	
1ᵉʳ	assibilation tj > tsj	226	malifatsju	
lt	bouleversement du système vocalique latin : perte de l'opposition de longueur, changements de timbre des voyelles, allongement de la voyelle tonique libre	75-79	malefatsjo	
2ᵉ-3ᵉ	métathèse tsj > j.ts	229	malefajtso	
3ᵉ-6ᵉ	centralisation de e prétonique et o final en schwa ancien ə¹	188, 190	maləfajtsə	
4ᵉ	voisement intervocalique f > v	259	malevajtsə	
3ᵉ-6ᵉ	syncope de schwa ancien ə¹	192	malvajts	
8ᵉ-9ᵉ	vocalisation de j en coda, amenant une diphtongue de coalescence : aj > ai	102	malvaits	*malvais*
11ᵉ	vocalisation de l en coda : al > aw > au	247	mauvaits	*mauvais*
13ᵉ	monophtongaison au > o et ai > ɛ	102, 103	movɛts	
13ᵉ	désaffrication ts > s	197	movɛs	
15ᵉ	chute de la consonne finale	264	movɛ	
afr, frm				*mauvais*

rēge > *roi*

Nota : ce mot connaît deux scénarios évolutifs possibles, celui montré ci-dessous où la diphtongue ei est issue de la diphtongaison française ↗283.1, et celui qui conçoit qu'elle est d'origine combinatoire ↗283.

date	processus	§§	[ ]	< >
lc			rēge	
lt	bouleversement du système vocalique latin : perte de l'opposition de longueur, changements de timbre des voyelles, allongement de la voyelle tonique libre lt e	75-79	rēge	
1ᵉʳ	palatalisation romane g+i,e intervocalique > ɟ > jj raccourcissement de ē en syllabe fermée	283 75.2	rēj.je rej.je	
3ᵉ-6ᵉ	centralisation de e final en schwa ancien ə¹	188	rej.jə	
5ᵉ	dégémination jj > j	238.1	re.jə	
6ᵉ	diphtongaison française e > ei élimination de yod simple intervocalique	163 258	rei.jə rei.ə	
3ᵉ-6ᵉ	syncope de schwa ancien ə¹	192	rei	
9ᵉ-11ᵉ	graphie <ei>	63	–	*rei*

rēge > *roi*

date	processus	§§	[ ]	< >
12ᵉ	ei > oi <oi> > oe <oi> > ue <oi>	163	rue	roi
13ᵉ	consonification ue > we > wɛ <oi>	324	rwɛ	
13ᵉ-17ᵉ	la norme maintient wɛ (concurrencé par e)	326	–	
18ᵉ-19ᵉ	wɛ et wa ayant été en concurrence depuis le 13ᵉ siècle, wa s'impose	163, 324	rwa	
afr, frm				roi

dolōre > *dolor* frm *douleur*

date	processus	§§	[ ]	< >
lc			dolōre	
lt	bouleversement du système vocalique latin : perte de l'opposition de longueur, changements de timbre des voyelles, allongement de la voyelle tonique libre lt o	75-79	dolōre	
3ᵉ-6ᵉ	centralisation de e final en schwa ancien ə¹	188	dolōrə	
6ᵉ	diphtongaison française o > ou (souvent écrit <o>)	169	dolourə	
3ᵉ-6ᵉ	syncope de schwa ancien ə¹	192	dolour	
9ᵉ-11ᵉ	graphie <o> pour ou	59		dolor
12ᵉ	o initial > u <ou>	189	dulour	doulor
12ᵉ-17ᵉ	la norme combat l'évolution o > u (querelle des ouistes aux 16ᵉ-17ᵉ siècles), mais u s'impose dans ce mot	323	–	
11ᵉ-12ᵉ	ou > eu (différenciation) > øu (assimilation partielle)	169	duløur	
13ᵉ	monophtongaison øu > ø	169	dulør	douleur
12ᵉ-16ᵉ	Loi de position ø > œ en syllabe fermée	319	dulœr	
16ᵉ-17ᵉ	r final tend à ne plus être prononcé	321	dulœ(r)	
18ᵉ-19ᵉ	restauration du r final sous l'action de la norme, dans sa nouvelle prononciation uvulaire ʁ	321	dulœʁ	
afr				dolor
frm				douleur

sacrāmentu > *sairement* frm *serment*

date	processus	§§	[ ]	< >
lc			sakrāmentu	
lt	bouleversement du système vocalique latin : perte de l'opposition de longueur, changements de timbre des voyelles, allongement de la voyelle tonique libre	75-79	sakramento	
3ᵉ-5ᵉ	vélaire k en coda : réduction à yod	275	saj.ramento	
3ᵉ-6ᵉ	centralisation de o final en schwa ancien ə¹	190	saj.ramentə	
3ᵉ-6ᵉ	syncope de schwa ancien ə¹	192	saj.rament	
7ᵉ	centralisation de a prétonique en schwa tardif ə²	181	saj.rəment	
8ᵉ-9ᵉ	vocalisation de j en coda, amenant une diphtongue de coalescence : aj > ai	102	sai.rəment	
10ᵉ-11ᵉ	nasalisation des voyelles devant cons. nasale e > ẽ	315	sai.rəmẽnt	*sairement*
11ᵉ	ouverture de ẽ > ã	315	sai.rəmãnt	
13ᵉ	monophtongaison ai > ɛ	102	sɛrəmãnt	
13ᵉ-17ᵉ	élimination de schwa	192.2	sɛrmãnt	*serment*
16ᵉ	chute des consonnes nasales en coda	315	sɛrmãt	
16ᵉ-17ᵉ	élimination du t final	320	sɛrmã	
afr				*sairement*
frm				*serment*

castellōs Apl > *chasteaus* frm *châteaux*

date	processus	§§	[ ]	< >
lc			kastellōs	
lt	bouleversement du système vocalique latin : perte de l'opposition de longueur, changements de timbre des voyelles, allongement de la voyelle tonique libre	75-79	kastɛllōs	
3ᵉ-6ᵉ	centralisation de ō final en schwa ancien ə¹	190	kastɛlləs	
3ᵉ-4ᵉ	antériorisation a > æ (changement spontané)	145-1°	kæstɛlləs	
5ᵉ	palatalisation gallo-romane k+æ > [c] > tʃ	287	tʃæstɛlləs	
6ᵉ	retour de æ à [a] (changement spontané)	145.3	tʃastɛlləs	
3ᵉ-6ᵉ	syncope de schwa ancien ə¹	192	tʃastɛlls	
7ᵉ-8ᵉ	dégémination ll > l	238.1	tʃastɛls	

Evolution lc > afr > frm étape par étape (mots choisis)

castellōs Apl > *chasteaus* frm *châteaux*

date	processus	§§	[ ]	< >
11ᵉ	vocalisation de l en coda, amenant la diphtongue complexe eau : ɛl > ɛw > ɛu > ɛau	110	tʃastɛaus	*chasteaus*
	monophtongaison au > o dans ɛau > ɛo	110	tʃastɛos	
13ᵉ	élimination de s en coda	248	tʃatɛos	
13ᵉ	désaffrication tʃ > ʃ	197	ʃatɛos	
15ᵉ	chute de la consonne finale	264	ʃatɛo	
16ᵉ	monophtongaison ɛo > o	110	ʃato	
afr				*chasteaus*
frm				*châteaux*

vidēre > *veoir* frm *voir*

date	processus	§§	[ ]	< >
lc			widēre	
lt	bouleversement du système vocalique latin : perte de l'opposition de longueur, changements de timbre des voyelles, allongement de la voyelle tonique libre lt e	75-79	wedēre	
lt	en position initiale (= forte) : w > v	223	vedēre	
3ᵉ-4ᵉ	spirantisation intervocalique d > ð	260	veðēre	
3ᵉ-6ᵉ	centralisation de e final en schwa ancien ə¹	188	veðērə	
6ᵉ	diphtongaison française e > ei	163	veðeirə	
3ᵉ-6ᵉ	syncope de schwa ancien ə¹	192	veðeir	
9ᵉ-11ᵉ	élimination de ð intervocalique, amenant un hiatus	260	veeir	*veeir*
11ᵉ	centralisation de e initial en schwa tardif ə²	187	vəeir	
12ᵉ	ei > oi <oi> > oe <oi> > ue <oi>	163	vəuer	*veoir*
13ᵉ	consonification ue > we > wɛ <oi>	324	vəwɛr	
13ᵉ-17ᵉ	la norme maintient we (concurrencé par e)	326	–	
16ᵉ-17ᵉ	r final tend à ne plus être prononcé	321	vəwɛ(r)	
14ᵉ-17ᵉ	élimination du schwa en hiatus	187.2, 195	vwɛ(r)	*voir*
18ᵉ-19ᵉ	wɛ et wa ayant été en concurrence depuis le 13ᵉ siècle, wa s'impose	163, 324	vwa(r)	
18ᵉ-19ᵉ	restauration du r final sous l'action de la norme, dans sa nouvelle prononciation uvulaire ʁ	321	vwaʁ	
afr				*veoir*
frm				*voir*

1.3 Difficile

capillōs Apl > *cheveus* frm *cheveux*

date	processus	§§	[ ]	< >
lc			kapillōs	
lt	bouleversement du système vocalique latin : perte de l'opposition de longueur, changements de timbre des voyelles, allongement de la voyelle tonique libre	75-79	kapellos	
3ᵉ-4ᵉ	antériorisation a > æ (changement spontané)	145-1°	kæpellos	
4ᵉ	spirantisation et voisement intervocalique p > b > β > v	259	kævellos	
3ᵉ-6ᵉ	centralisation de o final en schwa ancien ə¹	188	kævelləs	
3ᵉ-6ᵉ	syncope de schwa ancien ə¹	192	kævells	
lt - afr	CCC : élimination de la C médiane (= dégémination ll > l)	211	kævels	
3ᵉ-4ᵉ	antériorisation a > æ (changement spontané)	145-1°	kæpels	
4ᵉ	spirantisation et voisement intervocalique p > b > β > v	259	kævels	
5ᵉ	palatalisation gallo-romane k+æ > [c] > tʃ	287	tʃævels	
6ᵉ	retour de æ à [a] (changement spontané)	145.3	tʃavels	
6ᵉ-8ᵉ	a > e initial après consonne palatale	184	tʃevels	
11ᵉ	centralisation de e initial en schwa tardif ə²	187	tʃəvels	*chevels*
11ᵉ	vocalisation de l en coda : el > ew	247	tʃəvews	*cheveus*
	vocalisation de w, amenant une diphtongue de coalescence : ew > eu	115	tʃəveus	
13ᵉ	monophtongaison eu > ø	115	tʃəvøs	
13ᵉ	désaffrication tʃ > ʃ	197	ʃəvøs	
15ᵉ	chute de la consonne finale	264	ʃəvø	
afr				*cheveus*
frm				*cheveux*

cīvitāte > *cité*

date	processus	§§	[ ]
lc			kīvitāte
lt	bouleversement du système vocalique latin : perte de l'opposition de longueur, changements de timbre des voyelles, allongement de la voyelle tonique libre lt a	75-79, 187.1	kiwetāte
2ᵉ-3ᵉ	palatalisation romane k+i,e > [c]	282	[c]iwetāte
3ᵉ	w > β > v en position intervocalique	259	[c]ivetāte
3ᵉ-4ᵉ	antériorisation a > æ (changement spontané)	145-1°	[c]ivetǣte

cīvitāte > *cité*

date	processus	§§	[ ]
3ᵉ-6ᵉ	centralisation de e prétonique et e final en schwa ancien ə¹	188	[c]ivətǣtə
3ᵉ-6ᵉ	syncope de schwa ancien ə¹	192	[c]ivtǣt
3ᵉ-4ᵉ	voisement et spirantisation intervocalique t > d > ð	260	[c]ivtǣð
	dévoisement en finale	256	[c]ivtǣθ
4ᵉ	affrication [c] > tʃ	282	tʃivtǣθ
4ᵉ-5ᵉ	dépalatalisation générale tʃ > j+ts	286	tsivtǣθ
6ᵉ	diphtongaison française æ > æɛ	156	tsivtǣɛθ
7ᵉ-8ᵉ	monophtongaison æɛ > e	156	tsivteθ
7ᵉ-9ᵉ	élimination de v en coda	241	tsiteθ
9ᵉ-11ᵉ	élimination de θ en position intervocalique finale	260	tsite
13ᵉ	désaffrication ts > s	197	site
afr, frm			*cité*

mercēde > *merci*

date	processus	§§	[ ]
lc			merkēde
lt	bouleversement du système vocalique latin : perte de l'opposition de longueur, changements de timbre des voyelles, allongement de la voyelle tonique libre lt e	75-79	merkēde
2ᵉ-3ᵉ	palatalisation romane k+i,e > [c]	282	mer[c]ēde
3ᵉ-6ᵉ	centralisation de e final en schwa ancien ə¹	188	mer[c]ēdə
3ᵉ-4ᵉ	spirantisation intervocalique d > ð	260	mer[c]ēðə
3ᵉ-6ᵉ	syncope de schwa ancien ə¹	192	mer[c]ēd
	dévoisement en finale	256	mer[c]ēθ
4ᵉ	affrication [c] > tʃ	282	mertʃēθ
4ᵉ-5ᵉ	dépalatalisation générale tʃ > j+ts	286	merʲtsēθ
	perte du yod flottant, qui ne peut s'ancrer en présence d'une coda	294	mertsēθ
6ᵉ	diphtongaison française e > ei	163	mertseiθ
6ᵉ	effet Bartsch-Mussafia sur e tonique libre précédé d'une consonne palatale : ei > ii > i	164	mertsiθ
7ᵉ	yod dégagé à gauche ne peut s'ancrer en présence d'une coda : il est éliminé	294	mertsiθ
9ᵉ-11ᵉ	élimination de θ en position intervocalique finale	260	mertsi
12ᵉ-16ᵉ	Loi de position e > ɛ en syllabe fermée	319	mɛrtsi
13ᵉ	désaffrication ts > s	197	mɛrsi
fin 17ᵉ	uvularisation de r > χ	316	mɛχsi
afr, frm			*merci*

basiāre > *baisier* frm *baiser*

date	processus	§§	[ ]	< >
lc			basiāre	
lc	consonification latine : i,e+V > jV, u,o+V > wV	84	bas.jāre	
2ᵉ-3ᵉ	métathèse s.j > ʲ.s, yod flottant	229	baʲsāre	
2ᵉ-3ᵉ	voisement intervocalique s > z	248	baʲzāre	
2ᵉ-3ᵉ	ancrage de yod en coda ʲ.s > j.s	293	baj.zāre	
3ᵉ-4ᵉ	antériorisation a > æ (changement spontané)	145-1°	baj.zǣre	
3ᵉ-6ᵉ	centralisation de e final en schwa ancien ə¹	188	baj.zǣrə	
6ᵉ	diphtongaison française a > æ > æɛ	156	baj.zæɛrə	
6ᵉ	effet Bartsch-Mussafia sur lc a tonique libre précédé d'une consonne palatale : æɛ > iɛ	157	baj.ziɛrə	
3ᵉ-6ᵉ	syncope de schwa ancien ə¹	192	baj.ziɛr	
8ᵉ-9ᵉ	vocalisation de j en coda, amenant une diphtongue de coalescence : aj > ai	102	bai.ziɛr	*baisier*
13ᵉ	monophtongaison ai > ɛ	102	bɛ.ziɛr	
13ᵉ	consonification iɛ > jɛ	324	bɛ.zjɛr	
13ᵉ	élimination de j (par analogie : la consonne précédente n'est pas palatale)	325	bɛ.zɛr	
16ᵉ-17ᵉ	élimination du r final, que la norme ne restaurera pas	321	bɛ.zɛ	*baiser*
12ᵉ-16ᵉ	Loi de position ɛ > e en syllabe ouverte	319	bɛ.ze	
afr				*baisier*
frm				*baiser*

gaudia > *joie*

date	processus	§§	[ ]
lc			gaudia
lc	consonification latine : i,e+V > jV, u,o+V > wV	84	gaudja
lt	dj > ɟɟ > jj en position intervocalique	225	gauj.ja
3ᵉ-4ᵉ	antériorisation a > æ (changement spontané)	145-1°	gæuj.ja
5ᵉ	palatalisation gallo-romane g+æ > ɟ > dʒ	287	dʒæuj.ja
6ᵉ	retour de æ à [a] (changement spontané)	175	dʒauj.ja
5ᵉ-6ᵉ	monophtongaison de au, le yod en coda amenant o (plutôt que ɔ)	140	dʒoj.ja
7ᵉ	centralisation de a final en schwa tardif ə²	181	dʒoj.jə

gaudia > *joie*

date	processus	§§	[ ]
8ᵉ-9ᵉ	vocalisation de j en coda, amenant une diphtongue de coalescence : oj > oi	126	dʒoijə
	élimination de yod simple intervocalique	258	dʒoiə
12ᵉ	oi <oi> > oe <oi> > ue <oi>	140	dʒueə
13ᵉ	consonification ue > we > wɛ <oi>	324	dʒwɛə
13ᵉ	désaffrication dʒ > ʒ	197	ʒwɛə
13ᵉ-17ᵉ	la norme maintient wɛ (concurrencé par e)	326	–
13ᵉ-17ᵉ	chute de schwa final	192.2	ʒwɛ
18ᵉ-19ᵉ	wɛ et wa ayant été en concurrence depuis le 13ᵉ siècle, wa s'impose	163, 324	ʒwa
afr, frm			*joie*

seniōre > *seigneur*

date	processus	§§	[ ]	< >
lc			seniōre	
lc	consonification latine : i,e+V > jV, u,o+V > wV	84	senjōre	
lt	bouleversement du système vocalique latin : perte de l'opposition de longueur, changements de timbre des voyelles, allongement de la voyelle tonique libre lt o	75-79	senjōre	
2ᵉ	palatalisation romane n+j > ɲɲ	228	seɲɲōre	
3ᵉ-6ᵉ	centralisation de e final en schwa ancien ə¹	188	seɲɲōrə	
3ᵉ-6ᵉ	syncope de schwa ancien ə¹	192	seɲɲōr	
6ᵉ	diphtongaison française o > ou (<ou> ou <o>)	169	seɲɲour	
7ᵉ-8ᵉ	dégémination ɲɲ > ɲ	238.1	seɲour	
10ᵉ-11ᵉ	nasalisation des voyelles devant cons. nasale	315	sẽɲour	*seignour*
	le <ig> note la palatalité de la nasale suivante	203	–	*seignor*
11ᵉ	ouverture de ẽ > ɛ̃ (pas jusqu'à ã dans ce mot)	315	sɛ̃ɲour	
11ᵉ-12ᵉ	ou > eu (différenciation) > øu (assimilation partielle)	169	sɛ̃ɲøur	
13ᵉ	monophtongaison øu > ø	169	sɛ̃ɲør	*seigneur*
fin 15ᵉ	dénasalisation des voyelles nasales lorsque la nasale suivant est intervocalique	250, 315	sɛɲør	
16ᵉ-17ᵉ	r final tend à ne plus être prononcé	321	sɛɲø(r)	
18ᵉ-19ᵉ	restauration du r final sous l'action de la norme, dans sa nouvelle prononciation uvulaire ʁ	321	sɛɲøʁ	
18ᵉ-19ᵉ	Loi de position ø > œ en syllabe fermée	319	sɛɲœʁ	
afr, frm				*seigneur*

cōnsiliārī > *conseillier* frm *conseiller*

date	processus	§§	[ ]	< >
lc			kōnsiliārī	
lc	consonification latine : i,e+V > jV, u,o+V > wV	84	kōnsiljārī	
lt	bouleversement du système vocalique latin : perte de l'opposition de longueur, changements de timbre des voyelles, allongement de la voyelle tonique libre lt a	75-79	konseljāri	
2ᵉ	palatalisation romane l+j > ʎʎ	228	konseʎʎāri	
3ᵉ-6ᵉ	centralisation de i final en schwa ancien ə¹, non-centralisation du e prétonique en syll. fermée	188	konseʎʎārə	
3ᵉ-6ᵉ	syncope de schwa ancien ə¹	192	konseʎʎār	
6ᵉ	effet Bartsch-Mussafia sur a tonique libre précédé d'une consonne palatale : a > iɛ	157	konseʎʎiɛr	
7ᵉ-8ᵉ	dégémination ʎʎ > ʎ	238.1	konseʎiɛr	
10ᵉ-11ᵉ	nasalisation des voyelles devant cons. nasale	315	kõnseʎiɛr	*conseillier*
13ᵉ	consonification iɛ > jɛ	324	kõnseʎjɛr	
12ᵉ-16ᵉ	Loi de position e > ɛ en syllabe fermée	319	kõnsɛʎjɛr	
13ᵉ-17ᵉ	élimination de yod après consonne palatale	325	kõnsɛʎɛr	*conseiller*
16ᵉ	chute des consonnes nasales en coda	315	kõsɛʎɛr	
16ᵉ-17ᵉ	élimination du r final, que la norme ne restaurera pas	321	kõsɛʎɛ	
12ᵉ-16ᵉ	Loi de position ɛ > e en syllabe ouverte	319	kõnsɛʎe	
17ᵉ-19ᵉ	ʎ > j	228.3	kõsɛje	
afr				*conseillier*
frm				*conseiller*

vōce > *voiz* frm *voix*

date	processus	§§	[ ]	< >
lc			wōke	
lt	bouleversement du système vocalique latin : perte de l'opposition de longueur, changements de timbre des voyelles, allongement de la voyelle tonique libre lt o	75-79	wōke	
lt	en position initiale (= forte) : w > v	223	vōke	

vōce > *voiz* frm *voix*

date	processus	§§	[ ]	< >
2ᵉ-3ᵉ	palatalisation romane k+i,e > [c]	282	vō[c]e	
4ᵉ	affrication [c] > tʃ	282	vōtʃe	
3ᵉ-6ᵉ	centralisation de e final en schwa ancien ə¹	188	vōtʃə	
3ᵉ-6ᵉ	syncope de schwa ancien ə¹	192	vōtʃ	
4ᵉ-5ᵉ	dépalatalisation générale tʃ > j+ts	286	vōʲts	
	yod dégagé à gauche s'ancre en coda	293	vōj.ts	
	raccourcissement de ō en syllabe fermée	75.2	voj.ts	
8ᵉ-9ᵉ	vocalisation de j en coda, amenant une diphtongue de coalescence : oj > oi	126	voits	*voiz*
	graphie <-x>	201	–	*voix*
12ᵉ	oi <oi> > oe <oi> > ue <oi>	163	vuets	
13ᵉ	consonification ue > we > wɛ <oi>	324	vwɛs	
13ᵉ	désaffrication ts > s	197	vwɛs	
13ᵉ-17ᵉ	la norme maintient we (concurrencé par e)	326	–	
16ᵉ-17ᵉ	élimination de s final	320	vwɛ	
18ᵉ-19ᵉ	wɛ et wa ayant été en concurrence depuis le 13ᵉ siècle, wa s'impose	163, 324	vwa	
afr				*voiz*
frm				*voix*

caballicāre > *chevauchier* frm *chevaucher*

date	processus	§§	[ ]	< >
lc			kaballikāre	
lt	bouleversement du système vocalique latin : perte de l'opposition de longueur, changements de timbre des voyelles, allongement de la voyelle tonique libre lt a	75-79	kaballekāre	
2ᵉ	spirantisation intervocalique b > w > β > v	259	kavallekare	
3ᵉ-4ᵉ	antériorisation a > æ (changement spontané)	145-1°	kævællekǣre	
3ᵉ-6ᵉ	centralisation de e prétonique et e final en schwa ancien ə¹	188	kævəllekǣrə	
3ᵉ-6ᵉ	syncope de schwa ancien ə¹	192	kævəllkǣr	
lt - afr	CCC : élimination de la C médiane (= dégémination ll > l)	211	kævəlkǣr	
5ᵉ	palatalisation gallo-romane k+æ > [c] > tʃ	287	tʃævəltʃǣr	
6ᵉ	diphtongaison française ǣ > ǣɛ	156	tʃævəltʃǣɛr	

caballicāre > *chevauchier* frm *chevaucher*

date	processus	§§	[ ]	< >
6ᵉ	effet Bartsch-Mussafia sur lc a tonique libre précédé d'une consonne palatale : æɛ > iɛ	157	tʃævæltʃiɛr	
6ᵉ	retour de æ à [a] (changement spontané)	145.3	tʃavaltʃiɛr	
	a > e initial après consonne palatale	184	tʃevaltʃiɛr	*chevalchier*
11ᵉ	vocalisation de l en coda : al > aw > au	247	tʃevautʃiɛr	*chevauchier*
11ᵉ	centralisation de e initial en schwa tardif ə²	187	tʃəvautʃiɛr	
13ᵉ	monophtongaison au > o	103	tʃəvotʃiɛr	
13ᵉ	désaffrication tʃ > ʃ	197	ʃəvoʃiɛr	
13ᵉ	consonification iɛ > jɛ	324	ʃəvoʃjɛr	
13ᵉ-17ᵉ	élimination de yod après consonne palatale	325	ʃəvoʃɛr	*chevaucher*
16ᵉ-17ᵉ	élimination du r final, que la norme ne restaurera pas	321	ʃəvoʃɛ	
12ᵉ-16ᵉ	Loi de position ɛ > e en syllabe ouverte	319	ʃəvoʃe	
afr				*chevauchier*
frm				*chevaucher*

cadēre > *cheoir* frm *choir*

date	processus	§§	[ ]	< >
lc			kadēre	
lt	bouleversement du système vocalique latin : perte de l'opposition de longueur, changements de timbre des voyelles, allongement de la voyelle tonique libre lt e	75-79	kadēre	
3ᵉ-4ᵉ	antériorisation a > æ (changement spontané)	145-1°	kædēre	
3ᵉ-4ᵉ	spirantisation intervocalique d > ð	260	kæðēre	
3ᵉ-6ᵉ	centralisation de e final en schwa ancien ə¹	188	kæðērə	
3ᵉ-6ᵉ	syncope de schwa ancien ə¹	192	kæðēr	
5ᵉ	palatalisation gallo-romane k+æ > [c] > tʃ	287	tʃæðēr	
6ᵉ	retour de æ à [a] (changement spontané)	145.3	tʃaðēr	
6ᵉ	diphtongaison française e > ei	163	tʃaðeir	
	a > e initial après consonne palatale	184	tʃeðeir	
9ᵉ-11ᵉ	élimination de ð intervocalique	260	tʃeeir	*cheeir*
11ᵉ	centralisation de e initial en schwa tardif ə²	187	tʃəeir	
12ᵉ	ei > oi <oi> > oe <oi> > ue <oi>	163	tʃəuer	*cheoir*

cad**ē**re > *cheoir* frm *choir*

date	processus	§§	[ ]	< >
13ᵉ	désaffrication ʧ > ʃ	197	ʃə**u**er	
13ᵉ	consonification **u**e > w**e** > wɛ <oi>	324	ʃəwɛr	
13ᵉ-17ᵉ	la norme maintient w**e** (concurrencé par e)	326	–	
16ᵉ-17ᵉ	r final tend à ne plus être prononcé	321	ʃəwɛ(r)	
14ᵉ-17ᵉ	élimination du schwa en hiatus	187.2, 195	ʃwɛ(r)	*choir*
18ᵉ-19ᵉ	restauration du r final sous l'action de la norme, dans sa nouvelle prononciation uvulaire ʁ	321	ʃwɛʁ	
18ᵉ-19ᵉ	wɛ et wa ayant été en concurrence depuis le 13ᵉ siècle, wa s'impose	163, 324	ʃw**a**ʁ	
afr				*cheoir*
frm				*choir*

Céline Guillot-Barbance et Tobias Scheer (Evolution lc > afr > frm)
Céline Guillot-Barbance (Questions de synthèse)

2 Questions de synthèse

Les questions de synthèse que les candidats rencontreront au concours leur demandent d'appliquer leurs connaissances globales à un sujet particulier. Elles sont ouvertes : le candidat doit évaluer quels sont les éléments de réponse sollicités, et juger de leur exhaustivité.

Ci-dessous nous proposons cinq questions avec leur corrigé. Dans la mesure du possible, les mots utilisés sont puisés dans la liste des mots importants de l'Abrégé (voir l'avant-propos du livre).

1   Evolution de lc a,ā

Étudiez l'évolution de lc a,ā latin dans les mots suivants :
°captiāre > *chacier* frm *chasser*
mandat 3s > *(il) mande* frm *(com)mander*
mandāre > *mander* frm *(com)mander*
cadēre > *cheoir* frm *choir*
valet 3s > *(il) vaut*

Complétez l'étude phonétique par des remarques sur les graphies françaises.

Corrigé
De toutes les voyelles latines, la voyelle lc a,ā est celle qui a connu les évolutions les plus diverses en français, selon qu'elle était tonique ou atone et selon un grand nombre de facteurs contextuels : nature de la syllabe dont elle est le noyau (ouverte ou fermée), type de consonne qui précède (palatale ou non) ou qui suit (nasale ou non), suivie de yod ou w en coda avec lesquels elle peut former une diphtongue de coalescence.

Lc a,ā est aussi la voyelle qui résiste le mieux et donc le plus longtemps au processus d'affaiblissement (centralisation, puis syncope) qui touche les voyelles atones.

1. lc a,ā latin demeure a
Qu'elle soit tonique, initiale ou prétonique, la voyelle [a] se maintient telle quelle en syllabe fermée. Ce cas est exemplifié par *chacier* < °c**a**ptiāre, où lc a est initial et atone. Cet exemple permet d'observer qu'en syllabe fermée, lc a initial ne change pas, y compris lorsqu'il est précédé d'une consonne palatale (*vs cheoir* < c**a**dēre ↗184). L'exemple de *mander* [mãnder] frm [mãde] < m**a**ndāre montre à l'inverse que l'entrave (le fait de se trouver en syllabe fermée) n'empêche pas la nasalisation de la voyelle et que le résultat français de lc a,ā est différent (nasalisé : [ã]) dans ce contexte.

En l'absence de changement phonétique, la graphie <a> reste également inchangée en français depuis les origines ↗56 (et elle ne note pas la nasalité).

2. lc a,ā se nasalise
Lorsqu'il est suivi d'une consonne nasale, lc a,ā se nasalise aux 10e-11e siècle, quel que soit le type de syllabe (ouverte ou fermée) dans laquelle la voyelle se trouve ↗250, 315. Dans *m**a**nder* < m**a**ndāre, lc a est nasalisé en position initiale atone. A partir de la fin du 15e siècle, les voyelles nasales sont dénasalisées lorsque la nasale suivante est intervocalique ↗315. Cela n'étant pas le cas dans *m**a**nder* < m**a**ndāre, la voyelle nasale demeure. Ensuite, la consonne nasale en coda chute à partir de la fin du 16e siècle et ã nasal se maintient jusqu'à aujourd'hui ↗315.

Pendant la période médiévale, la nasalité de la voyelle n'est pas représentée en tant que telle sur le plan graphique (elle est déduite de la présence de la nasale qui suit) ↗56. Lorsque la consonne en coda ne se prononce plus, c'est le digraphe <an> qui note la voyelle ã.

3. lc a,ā latin devient schwa
En syllabe ouverte, lc a,ā initial précédé d'une consonne palatale passe à e en pfr ↗184 (mais il existe des cas comme °c**a**ptiāre > *ch**a**cier* où lc a,ā demeure dans ce contexte ↗184.1), puis e initial est centralisé en schwa tardif ə^2 au 11e siècle ↗187 : c**a**dēre > *ch**e**oir*. La graphie <e> qui note le schwa en toute position en français ↗60 est présente ici. En moyen français et français classique (14e-17e siècles), schwa en hiatus est éliminé ↗195 (> *choir*) et le <e> qui le notait disparaît également de la graphie (<choir>).

En position finale, lc a,ā latin se centralise toujours en schwa tardif ə^2 au 7e siècle ↗186. A partir du 12e siècle, schwa tardif cesse d'être systématiquement prononcé : la possibilité d'omettre ou de réaliser schwa caractérisera ensuite la langue à travers tous les stades évolutifs jusqu'à nos jours (*la semaine / la s'maine*) ↗192.2. Schwa final (issu de lc a,ā ou ayant une autre origine) est noté par la voyelle graphique <e> jusqu'à aujourd'hui : *mand**e*** < mand**a**t 3s.

4. lc a,ā diphtongue lorsqu'il est libre et tonique
En syllabe ouverte, lc a,ā tonique diphtongue toujours ↗156 *sq*. Il commence par s'antérioriser en æ aux 3e-4e siècles, puis son évolution dépend de la consonne qui précède. Si cette consonne n'est pas palatale, la diphtongaison française de æ produit æɛ au 6e siècle, qui ensuite avant les premiers textes afr (9e siècle) est monophtongué sans qu'on puisse d'abord définir précisément le timbre de la nouvelle voyelle, qui n'assone ni avec e ni avec ɛ. Cette voyelle se ferme ensuite en e et subsiste sans changement jusqu'en frm (*modulo* la Loi de position ↗319 qui fait qu'elle s'ouvre en ɛ en syllabe fermée). Le verbe mand**e**r < mand**ā**re illustre cette évolution. La voyelle graphique <e> a perdu tout lien avec le ā étymologique : elle note le résultat d'une évolution phonétique achevée avant les premiers textes ↗60.

Lorsque la diphtongue æɛ est précédée d'une consonne palatale comme dans *chacier* < °captiāre (la consonne palatale peut être distante : ʧ <ch> ici), elle est affectée par l'effet Bartsch-Mussafia et aboutit à iɛ au 6ᵉ siècle ↗157. La consonification du 13ᵉ siècle amène iɛ > jɛ ↗324 et le yod est éliminé entre la fin de l'afr et le 17ᵉ siècle ↗314 (par analogie ↗314.1, car le processus condamnant yod a lieu après consonne palatale ʃ,ʒ,ʎ,ɲ, or le s <c> de *chacier* n'est pas palatal). Le résultat final est le même que dans le cas précédent (e ou ɛ selon la Loi de position ↗319). La graphie médiévale <ie> <chacier> transcrit d'abord la diphtongue initiale issue de l'effet Bartsch-Mussafia ↗64, puis au 13ᵉ siècle emboîte le pas de l'évolution phonétique en notant <e> <chass**e**r>.

5. lc a,ā latin suivi de la latérale en coda
Dans v**a**let 3s, la syncope de la voyelle finale atone ↗188 place la latérale l en coda, et donc lc a en syllabe fermée : v**a**let 3s > °v**a**lt. Au 11ᵉ siècle, la latérale en coda se vocalise en w (> v**a**wt) ↗247, puis crée avec le a précédent une diphtongue de coalescence au (> *vaut*) ↗103. Enfin, la diphtongue au est monophtonguée en o au 13ᵉ siècle, mais la graphie <au> se maintient encore de nos jours ↗59.

2   ʤ : origine, évolution et graphie

Etudiez l'origine et l'histoire de ʤ français dans les mots suivants :
j**o**cu > *jeu*
g**e**nte > *gent*
ing**e**niu > *engin*
g**au**dia > *joie*
l**a**rga > *large*
    Complétez par des remarques sur les différentes représentations graphiques de ʤ en français.

Corrigé
La palatale ʤ n'existe pas en latin classique. Elle apparaît en latin tardif et pfr entre le 1ᵉʳ et le 5ᵉ siècle et provient soit de l'évolution d'une autre consonne palatale (yod latin renforcé), soit de la palatalisation d'une consonne vélaire. L'émergence de cette nouvelle consonne (ainsi que de sa jumelle sourde ʧ) est un fait majeur dans la transition latino-romane et dans l'histoire du français. Ses représentations graphiques ne sont pas homogènes, le lien étant souvent maintenu avec la consonne et la graphie d'origine.

1. ʤ provient du renforcement de yod
En position initiale, yod latin dans j**o**cu se renforce en ɟ en lt (1ᵉʳ-2ⁿᵈ siècles) ↗222 (> °ɟ**o**cu) avant de s'affriquer en ʤ au 4ᵉ siècle ↗282 (> °ʤ**o**cu), lequel ʤ aura cours

pendant toute la période afr : *jeu* [dʒø]. A la fin de l'afr au 13ᵉ siècle, toutes les affriquées sont désaffriquées ↗197 et le résultat en mfr et frm est ʒ : *jeu* [ʒø].

Yod latin étant noté au moyen des graphies latines <i> ou <j>, le graphème <j> est maintenu en français pour noter [dʒ] puis [ʒ] ↗199 : <**j**eu> préserve un lien graphique avec lc <**j**ocu>.

2. dʒ provient de la palatalisation de lc g
Lorsqu'elle est suivie d'une voyelle antérieure, l'occlusive vélaire g est palatalisée : d'abord lors de la palatalisation romane ↗281 *sq.* qui transforme g+i,e (g suivi de i ou e) en occlusive palatale ɟ dès le 1ᵉʳ siècle (la palatalité des voyelles antérieures i,e est transmise à la vélaire, la rendant palatale, ce qui constitue une assimilation ↗27). L'occlusive palatale ɟ est ensuite réduite à jj en position intervocalique (rēge > °rēɟe > °rējje > *rei* frm *roi* ↗283), mais en Position Forte (*i.e.* initiale et appuyée = après consonne ↗205) demeure : gente > °ɟente (position initiale) et ingeniu > inɟeniu (position appuyée). Plus tard au 4ᵉ siècle, ɟ est affriqué en dʒ, qui a cours pendant toute la période de l'afr : afr *gent* [dʒẽnt], afr *engin* [ẽndʒẽn].

Au 5ᵉ siècle, une nouvelle palatalisation se produit : la palatalisation gallo-romane ↗287-290, qui palatalise les vélaires également devant lc a,ā. Cela est la conséquence de l'antériorisation de a > æ (changement spontané) aux 3ᵉ-4ᵉ siècles qui, étant devenu une voyelle antérieure, a désormais le pouvoir palatalisant. Ainsi g devant a parcourt les mêmes étapes que devant i,e quelques siècles auparavant : g+a > ɟ > dʒ dans g**au**dia > *joie* [dʒoiə] et l**a**rga > *large* [lardʒə]. Enfin, toutes les affriquées sont désaffriquées au 13ᵉ siècle ↗197, ce qui produit frm *joie* [ʒwa] et *large* [laʁʒ].

Notons que la palatalisation de g devant au dans g**au**dia > *joie* suppose que la diphtongue latine au ne fût pas encore monophtonguée en o au moment de la palatalisation gallo-romane : n'étant pas palatale mais vélaire (postérieure), la voyelle o n'aurait pas eu d'effet palatalisant.

On observe dans les trois formes françaises deux graphies concurrentes de [dʒ] puis [ʒ]. Dans <gent> et <large>, le <g> latin est maintenu et sa valeur phonique est déduite de son entourage (il est suivi du graphème <e>). Dans le cas de <joie>, la consonne étymologique [g] n'a pas pu être maintenue devant le graphème <o>, qui implique la réalisation [g] (<gorge>). Devant <o> et <u>, le graphème <g> a ainsi été remplacé par <j>, disponible en français pour représenter [dʒ] puis [ʒ].

3 Diphtongaison spontanée *vs* de coalescence

Expliquez la différence entre diphtongaison spontanée et diphtongaison par coalescence dans les mots suivants :
dolōre > *dolor* frm *douleur*
habēre > *avoir*
dēbēbat 3s imp > *devoit*

vǫce > *voiz* frm *voix*

capill(ō)s Apl > *cheveus* frm *cheveux*

Détaillez les processus à l'œuvre dans chaque mot et commentez les graphies françaises.

Corrigé

Bien qu'elles puissent se confondre dans la suite de leur évolution phonétique en français, les diphtongues spontanées et de coalescence ont pour origine des processus bien différents. Dans le premier cas, la diphtongaison découle de la position libre (effet positionnel ↗27) d'une voyelle accentuée (effet accentuel ↗27), les voyelles libres s'allongeant puis diphtonguant sous l'accent en lt ↗75. Dans le second cas, la diphtongaison repose sur un élément contextuel (effet segmental ↗27) et naît de la combinaison d'une voyelle avec j ou w en coda, ces derniers descendant d'une ancienne consonne latine. On parle alors de diphtongue de coalescence (ou combinatoire), l'accent et la position de la voyelle ne jouant aucun rôle et le moment d'apparition de la diphtongue dépendant des facteurs contextuels.

1. Diphtongaisons spontanées

Dans le corpus à l'étude, deux diphtongues spontanées sont représentées. Il s'agit d'abord de lt o libre < lc ō,u (dolōre), qui par la diphtongaison française devient ou au 6ᵉ siècle (> °doloure) avant d'être monophtonguée en ø au 13ᵉ siècle (> *douleur* [dulør]) ↗169. Cette nouvelle voyelle ø étant également le point d'aboutissement de la diphtongue de coalescence eu (voir le point 2 *infra*), on peut supposer le passage de ou à eu par différenciation, puis de eu à øu et ø (alternant avec œ, comme dans *douleur* [dulœr], selon la Loi de position ↗319).

Le digraphe <eu> s'impose progressivement en français pour noter les phonies ø, œ inconnues du latin, mais au Moyen Age ce digraphe est largement concurrencé par d'autres graphies pour noter le produit de la diphtongaison spontanée de lt o libre, et en particulier par la graphie étymologique <o> (<dolor>).

La seconde diphtongue spontanée dans *avoir* < habēre et afr *devoit* < dēbēbat 3s imp a pour origine lt e libre (< lc i,ē) qui par la diphtongaison française devient ei au 6ᵉ siècle ↗163. Au 12ᵉ siècle, ei passe d'abord à oi puis à oe et ue, qui à la faveur de consonification du 13ᵉ siècle devient we puis wɛ ↗324. Sous l'action de la norme, wɛ se maintient jusqu'au début du 19ᵉ siècle, mais deux autres prononciations sont concurrentes : wa et ɛ (perte du w) rivalisant avec wɛ. La perte de w dans wɛ > ɛ représente l'évolution populaire, née au 13ᵉ siècle et combattue par la norme, qui a prévalu dans les imparfaits (afr *devoit* > frm *devait* [dəvɛ]), les conditionnels et dans le corps de certains mots (crēta > afr *croie* > frm *craie*, vĭtru > afr *voire* > frm *verre*) ↗326. Au début du 19ᵉ siècle, wa s'impose finalement partout où la norme avait réussi à maintenir wɛ (13ᵉ *avoir* [avwɛr] > frm *avoir* [avwaʁ]). Du 13ᵉ au 17ᵉ siècle, la langue a hésité entre ces trois prononciations, qui ont longtemps coexisté. Cette variation, ainsi que l'évolution phonétique que la diphtongue <oi> a parcourue depuis le

12ᵉ siècle, sont masquées par la graphie <oi> qui n'a jamais varié depuis que la diphtongue avait réellement la valeur phonétique [oi] du 12ᵉ siècle. Ce n'est qu'en 1835 que l'Académie française entérine la prononciation « divergente » [ɛ], en imposant la graphie <ai> dans les imparfaits et conditionnels, qui était déjà disponible pour noter [ɛ] provenant d'une ancienne diphtongue de coalescence [ai] ↗46. Mais dans le corps des mots, la graphie <e> peut également représenter ɛ < wɛ (vi̱tru > afr *voire* > frm *ve̱rre*).

2. Diphtongaisons de coalescence
La diphtongue oi présente dans vō̱ce > *voiz* frm *voix* provient de la coalescence de lc ō̱ > lt o̱ entravé avec yod en coda. Le yod est dégagé par la palatalisation romane de k+i,e > j+ts ↗284 : vō̱ce > °vo̱j.tse. Entravée, la voyelle tonique n'a pas pu diphtonguer spontanément, mais la vocalisation de yod en coda aux 8ᵉ-9ᵉ siècles ↗126 amène une diphtongue de coalescence oi (> °vo̱its). Celle-ci se confond avec la diphtongue spontanée ei > oi provenant de lt e̱ tonique libre et les deux suivent la même évolution jusqu'à wa au 19ᵉ siècle (voir point 1 *supra*). La graphie conservatrice <oi> se maintient jusqu'à aujourd'hui.

Dans le cas de capi̱ll(ō)s Apl > *cheveus* frm *cheveux*, la voyelle tonique lt e̱ est également entravée après la syncope de ō final (> °cape̱ls) et par conséquent ne peut diphtonguer spontanément. Lorsque la latérale l est vocalisée en w en coda au 11ᵉ siècle ↗247, celui-ci s'engage avec le e̱ précédent pour former la diphtongue de coalescence eu, qui est monophtonguée en ø au 13ᵉ siècle ↗115. Cette diphtongue eu reste toujours visible dans le digraphe <eu> qui note désormais [ø] (et [œ]) en français ↗61.

4 Les palatalisations et leur graphie

Décrivez les différentes représentations graphiques de la palatalité dans les mots français suivants :
caba̱llu > *cheval*
sapiat 3s subj > *(qu'il) sache*
°montā̱nea > *montagne*
seniō̱re > *seignor* frm *seigneur*
consi̱liu > *conseil*

Décrivez le phénomène phonétique de palatalisation dans ses phases et ses réalisations successives dans les mots étudiés et commentez son influence sur les graphies.

Corrigé
Les deux vagues de palatalisation qui se succèdent en lt et pfr font entrer de nouveaux segments dans le système phonologique de la langue. Leur représentation graphique

est basée sur l'alphabet latin, mais qui ne dispose pas de graphème simple pour noter les nouveaux segments. Ainsi dans la plupart des cas, leur transcription est basée sur la combinaison de deux ou trois graphèmes, dont l'un peut être la consonne étymologique du latin ↗203. Ces digraphes et trigraphes apparus dans le système graphique médiéval se sont généralement maintenus jusqu'à aujourd'hui avec très peu d'évolutions. Assez souvent, le graphème <i> représentant la voyelle palatale [i] contribue à rendre compte de la palatalité de la consonne ↗243.3, 295.1.

1. Le digraphe <ch> note tʃ puis ʃ

La palatalisation gallo-romane (5ᵉ siècle) de la consonne latine vélaire k devant les voyelles antérieures i,e,æ aboutit à l'affriquée tʃ ↗287-290, qui se simplifie en ʃ au 13ᵉ siècle ↗197 : cabạllu > **ch**eval. Le graphème <c> présent dans le digraphe <ch> est hérité de k latin noté <c>, et c'est l'ensemble formé par les deux éléments graphiques qui permet d'identifier le phonème palatal ↗47.

Dans le cas de sạpiat 3s subj > sa**ch**e, l'affriquée tʃ provient du renforcement de yod (issu de la consonification latine de i en hiatus ↗84) en position appuyée par une labiale (sạpiat > sạp.jat) ↗224, 227. La labiale du groupe p.j ne permettant ni la palatalisation ni la métathèse avec yod, celui-ci demeure intact pendant l'activité des ces processus. Il est résolu au 4ᵉ-5ᵉ siècle par le renforcement de yod d'abord en occlusive palatale sourde [c] après la sourde p (> °sạp[c]a), qui est ensuite affriquée en tʃ (> °sạptʃa) ↗230 sq. Enfin, la labiale placée en coda est éliminée selon la règle ↗241 (> afr sache [satʃə]) et la désaffrication du 13ᵉ siècle amène tʃ > ʃ (> 13ᵉ sache [saʃə]) ↗197. Le digraphe <ch>, qui note déjà tʃ puis ʃ dans le cas précédent, est également utilisé ici pour transcrire le nouveau segment, sans lien avec la graphie d'origine. Il est encore, avec <sch> et <sh>, la seule manière de représenter [ʃ] à l'écrit en frm ↗49.

2. Le digraphe <gn> et le trigraphe <ign> notent [ɲ]

Dans °montānea > monta**gn**e et seniōre > sei**gn**or, lc n est suivi de yod après la consonification latine du e (°montānea) ou i (seniōre) en hiatus ↗84. La consonne [n] étant palatalisable, sa palatalisation produit ɲɲ géminé ↗228, ce qui dans °montānea > °montaɲɲa) place ạ tonique en syllabe fermé et donc empêche sa diphtongaison.

Après la dégémination ɲɲ > ɲ qui a lieu au 7ᵉ-8ᵉ siècle, ɲ intervocalique n'évolue plus jusqu'à aujourd'hui. Le digraphe <gn>, qui garde la trace de la nasale n d'origine, est l'une des manières de représenter ɲ. Pendant la période médiévale, il est concurrencé par <ng> en finale (pugnu > 12ᵉ <poi**ng**> [pũɛ̃ɲ]) et par le trigraphe <ign(i)> (<monta**ign**e>) ↗203. Dans quelques mots comme <sei**gn**eur> et <o**ign**on>, ce trigraphe est toujours présent en frm, mais dans la très grande majorité des cas, <gn> s'est imposé.

3. Le digraphe <il> note [ʎ]

Lorsque la latérale l est suivie de yod, comme dans lt consẹljo (< lc consịliu), elle est palatalisée en ʎʎ géminé ↗228 (> °consẹʎʎo), qui dégémine au 7ᵉ-8ᵉ siècle ↗238.1

(> afr *conseil* [kɔ̃nsɛʎ]) et passe à yod entre le 17ᵉ et le 19ᵉ siècle ↗228.3 (> frm *conseil* [kɔ̃sɛj]). Le digraphe <il> visible dans <conseil> alternait au Moyen Age avec <ill>, <ll> et parfois <l> pour noter la prononciation ʎ ↗203. Trois de ces quatre solutions graphiques se sont conservées jusqu'à aujourd'hui, leur répartition dépendant de la voyelle qui précède ou qui suit ʎ : <il> (<conse**il**>), <ill> (<merve**ill**e>), <ll> (<fi**ll**e>).

5 Consonnes intervocaliques

Étudiez les consonnes intervocaliques latines dans les mots suivants :
sp**a**tha > *espée* frm *épée*
v**a**let 3s > *(il) vaut*
b**e**ne > *bien*
°c**a**pu > *chief*
°c**e**lu (< lc cælu) > *ciel*
   Commentez leur descendance graphique en français.

Corrigé
La position intervocalique est pour les consonnes une position faible par nature, générant entre le latin et le français divers processus de lénition (voisement, spirantisation, allant jusqu'à l'élimination) ↗205. Dans les mots étudiés, les consonnes intervocaliques latines sont souvent devenues finales, ce qui ne modifie pas leur situation dans la période médiévale, les consonnes finales se comportant comme des consonnes intervocaliques jusqu'à la fin du 15ᵉ siècle ↗251-255. Le résultat de ces évolutions diverses est dans certains cas la disparition pure et simple de la consonne, qui a parfois aussi chuté en laissant des traces sur son entourage. Certaines consonnes peuvent demeurer sous une forme modifiée en français, ou de façon plus exceptionnelle, survivent sans changement jusqu'à aujourd'hui.

1. La consonne intervocalique latine a disparu en français
Dans le cas de sp**a**tha (le <th> latin est une graphie rappelant l'origine grecque du mot : elle note t) > *espée*, la dentale intervocalique s'est progressivement affaiblie en français jusqu'à disparaître sans laisser aucune trace. Elle est voisée (sp**a**tha > °sp**a**da) et spirantisée (> °sp**a**ða) aux 3ᵉ-4ᵉ siècle ↗257 et apparaît en tant que ð dans les plus anciens textes : afr *espede* Eul. Le ð s'amuït ensuite à partir de la fin du 9ᵉ siècle et a entièrement disparu au début du 12ᵉ siècle ↗260 : afr *espée*. Les graphies pour ð sont variables : <d> (*espede* Eul.), <th> en anglo-normand (*espethe* Alex.), <dh> (*Lothariu* > *Ludher* Serm.) ou encore <ð> (*Anglo-Saxon Chronicle* (Ms. Laud) fin 9ᵉ siècle) ↗260.1. La consonne est absente de la graphie depuis le 12ᵉ siècle.

Deux autres mots illustrent le cas où la consonne a eu une influence sur la voyelle précédente, avant de disparaître. La latérale intervocalique présente dans v**a**let 3s est placée en coda suite à la syncope de la voyelle finale qui a lieu entre le 3ᵉ et le 6ᵉ siècle (v<u>a</u>let 3s > °v<u>a</u>lt). Dans cette position, elle se vocalise (l > w) au 11ᵉ siècle (> v<u>a</u>lt [vawt]) ↗247, puis crée avec le a précédent une diphtongue de coalescence au (> vaut) ↗103, qui est monophtonguée en [o] au 13ᵉ siècle ↗103. Le digraphe <au> continue de noter jusqu'à aujourd'hui le produit de la vocalisation de la consonne de départ. Pendant toute la période médiévale, <l> graphique peut aussi être préservé dans la graphie étymologique (<valt>), ou s'ajouter à <u> (<vault>) ↗47.

Comme le l intervocalique de v<u>a</u>let 3s, la nasale intervocalique dans be**n**e > *bien* reste également inchangée pendant des siècles. Après la diphtongaison romane lc <u>e</u> > i<u>ɛ</u> du 3ᵉ siècle ↗160 (b<u>e</u>ne > °bi<u>ɛ</u>ne) et la syncope de la voyelle finale entre le 3ᵉ et le 6ᵉ siècle (> °bi<u>ɛ</u>n), elle nasalise la diphtongue précédente au 10ᵉ-11ᵉ siècle ↗161 (> bĩɛ̃n), qui par la consonification du 13ᵉ siècle devient jɛ̃ (> bjɛ̃n) ↗324. Ce n'est qu'à partir de la fin du 16ᵉ siècle que la nasale chute en position finale (frm *bien* [bjɛ̃]). Elle se maintient dans la graphie, le trigraphe <ien> permettant ensuite de noter la nasalité de la séquence jɛ̃.

2. La consonne intervocalique latine se maintient sous une forme différente
L'exemple de °c<u>a</u>pu > *chief* permet d'observer une consonne intervocalique qui est voisée et spirantisée aux 3ᵉ-4ᵉ siècles (p > b > β > v) ↗257, 259 (°c<u>a</u>pu > °c<u>a</u>vu) avant de dévoiser en position finale (v > f) après la chute de la voyelle finale (> afr *chief*). La consonne finale chute à partir de la fin du 15ᵉ siècle, mais est rétablie sous l'action de la norme aux 16ᵉ-17ᵉ siècles ↗320. Elle s'est ensuite maintenue dans la prononciation comme dans la graphie jusqu'en frm.

3. La consonne intervocalique latine s'est maintenue sans changement en français
La latérale dans °c<u>e</u>lu (< lc c<u>æ</u>lu) > *ciel* n'a subi aucun changement, ni en position intervocalique, ni depuis que la syncope de la voyelle finale aux 3ᵉ-6ᵉ siècles l'a placée en position finale. Elle s'est également conservée dans la graphie.

Céline Guillot-Barbance et Tobias Scheer

Références bibilographiques

Académie Françoise (1704). *Observations de l'Académie Françoise sur les Remarques de M. de Vaugelas*. Paris : Coignard.
Baudouin de Courtenay, Jan Niecisław (1895). *Versuch einer Theorie phonetischer alternationen. Ein Capitel aus der Psychophonetik*. Straßburg : Trübner.
Bourciez, Edouard et Bourciez, Jean (1967). *Phonétique française*. 9e édition Paris : Klincksieck.
Bovelles, Charles de (1533). *Liber de differentia vulgarium linguarum et Gallici sermonit varietate*.
Carvalho, Joaquim Brandão de, Nguyen, Noël et Wauquier, Sophie (2010). *Comprendre la Phonologie*. Paris : PUF.
Cazal, Yvonne et Parussa, Gabriella (2015). *Introduction à l'histoire de l'orthographe*. Paris : Armand Colin.
Cerquiglini, Bernard (2007). *Une langue orpheline*. Paris : Minuit.
Chiflet, Laurent (1659 [1680]). *Essay d'une parfaite Grammaire de la langue françoise*. Sixième édition 1680, Cologne : Pierre le Grand.
Chiflet, Laurent (1659 [1722]). *Essay d'une parfaite Grammaire de la langue françoise*. Huitième édition 1722, Paris : chez la veuve de Pierre Ribou.
Curtius, Georg (1885). *Zur Kritik der neuesten Sprachforschung*. Leipzig : Hirzel.
D'Alembert, Jean Le Rond (1787). *Histoire des membres de l'Académie Française, morts depuis 1700 jusqu'en 1772*. Amsterdam.
Darmesteter, Arsène (1874). Compte-rendu de Joret 1874, Du C dans les langues romanes. *Romania* 3, 379-398.
Domergue, Urbain (1805). *Manuel des étrangers amateurs de la langue Françoise*. Paris : Guilleminet.
Dubois, Jacques (1531). *In linguam gallicam isagwge*. Reprint par Slatkine 1971, Paris : Stéphan.
Dupleix, Scipion (1651). *Liberté de la langue françoise dans sa pureté*. Paris : Becher.
Estienne, Robert (1557). *Traicte de la grammaire francoise*. Paris : R. Estienne.
Féraud, Jean-François (1761). *Dictionnaire grammatical de la langue françoise*. Avignon : Girard.
Fiori, Jean (1998). *Croisade et Chevalerie*. Paris, Bruxelles : DeBoeck.
France, John (1994). *Victory in the East. A Military History of the First Crusade*. Cambridge : CUP.
François, Jacques (2017). *Le siècle de la linguistique en Allemagne : de Humboldt à Meyer-Lübke*. Limoges : Lambert-Lucas.
Glessgen, Martin (2017). La genèse d'une norme en français au Moyen Âge : mythe et réalité du 'francien'. *Revue de Linguistique Romane* 81, 313-397.
Gougenheim, Georges (1951). *Grammaire de la langue française du XVIe siècle*. Lyon : IAC.
Köritz, Wilhelm (1886). *Das s vor Consonant im Französischen*. Straßburg : Bauer.
Kruszewski, Mikołaj (1881). *Über die Lautabwechslung*. Kazan : Universitätsbuch-druckerei Kazan.
La Chaussée, François de (1989). *Initiation à la Phonétique Historique de l'ancien français*. 3e édition revue et augmentée, Paris : Klincksieck.
Labov, William (1994-2010). *Principles of linguistic change. Vol. 1 Internal Factors, Vol. 2 Social Factors, Vol. 3 Cognitive and Cultural Factors*. Oxford : Blackwell.
Livet, Ch. L. (1859). *La grammaire francaise et les grammairiens du 16e siecle*. Paris : Didier & Durand.
Lodge, Anthony (2008). Les débuts de la standardisation du français. In J. Durand, B. Habert et B. Laks (éd.) *Congrès Mondial de Linguistique Française – CMLF'08*. Paris : Institut de Linguistique Française
Marchello-Nizia, Christiane, Prévost, Sophie, Combettes, Bernard et Scheer, Tobias (éd.) (2020). *Grande Grammaire Historique du Français*. Berlin : de Gruyter Mouton.

Maupas, Charles (1618). *Grammaire et syntaxe françoise*. Orléans : Boynard-Nyon.
Mauvillon, Eléazar (1754). *Cours complet de la langue françoise*. Dresde : Libraire du Roi.
Meigret, Louis (1550). *Le tretté de la grammère françoeze*. Paris : Wechel.
Meyer-Lübke, Wilhelm (1890). *Grammaire des Langues Romanes [trad. fr. E. Rabiet]. Tome Premier : Phonétique*. Paris : Welter.
Milleran, René (1694). *Les deux grammaires françaises. En deux parties. Première édition*. Marseille : Brebion.
Niedermann, Max (1991). *Précis de phonétique historique du latin*. 5e édition, Paris : Klincksieck.
Noske, Roland (2015). L'évolution de la structure prosodique du français et du francique. *Diachroniques* 5, 45-77.
Nyrop, Kristoffer (1903). *Grammaire Historique de la Langue Française. Tome 2 : Morphologie*. Copenhague : Det Nordiske Forlag.
Osthoff, Hermann et Brugmann, Karl (1878). Vorwort. *Morphologische Untersuchungen auf dem Gebiete der indogermanischen Sprachen* 1, III-XX.
Oudin, Antoine (1633). *Grammaire françoise rapportée au langage du temps*.
Palsgrave, Jehan (1530). *L'esclarcissement de la langue françoyse, composé par maistre Jehan Palsgrave, Angloys, natyf de Londres et gradué de Paris*. Edition 1852, Paris : Imprimerie Nationale.
Paris, Gaston (1881). Phonétique française : o fermé. *Romania* 10, 36-62.
Parussa, Gabriella et Cazal, Yvonne (2020). Codes de l'écrit : Graphies et ponctuation. In C. Marchello-Nizia, S. Prévost, B. Combettes et T. Scheer (éd.) *Grande Grammaire Historique du Français (chapitres 25-27)*. Berlin : De Gruyter Mouton, 493-591.
Perrett, Michèle (1998). *Introduction à l'histoire de la langue française*. Paris : Colin.
Petit de Juleville, L. (1896). *Histoire de la langue et de la littérature française. Des origines à 1900. Tome II, Moyen Age*. Paris : Colin.
Ramée, Pierre de la (1572). *Grammaire*. Paris : Wechel.
Rey, Alain, Duval, Frédéric et Siouffi, Gilles (2011). *Mille ans de langue française, histoire d'une passion. Tome I. Des origines au français moderne*. Paris : Perrin.
Scheer, Tobias (2015). *Précis de structure syllabique. Accompagné d'un apparat critique*. Lyon : ENS Editions.
Schuchardt, Hugo (1886). *Über die Lautgesetze – Gegen die Junggrammatiker*. Berlin : Oppenheim.
Siouffi, Gilles (2020). Histoire Externe. In C. Marchello-Nizia, S. Prévost, B. Combettes et T. Scheer (éd.) *Grande Grammaire Historique du Français*. Berlin : de Guyter Mouton, 63-156.
Straka, Georges (1979). *Les sons et les mots. Choix d'études de phonétique et de linguistique*. Paris : Klincksieck.
Tabourot, Etienne (1587). *Dictionnaire des rimes françoises*. Paris : Richer.
Thurot, Charles (1881-1883). *De la prononciation française, depuis le commencement du 16e siècle, d'après les temoignages des grammairiens. 2 Tomes*. Paris : Imprimerie Nationale.
Trimaille, C., Candea, M. et Lehka-Lemarchand, I. (2012). Existe-t-il une signification sociale stable et univoque de la palatalisation/affrication en français ? Étude sur la perception de variantes non standard. In F. Neveu *et al.* (éd.) *Actes du 3ème Congrès Mondial de Linguistique Française, CMLF 2012*. Paris : Institut de Linguistique Française, EDP Sciences, 2249-2262.
Vaugelas, Claude Favre de (1647 [1697]). *Remarques sur la langue françoise*. Paris : Théodore Girard.
Vising, Johan (1882). Über französisches ie für lateinisches á. *Zeitschrift für Romanische Philologie* 6, 372-385.
Warnant, Léon (1968). *Dictionnaire de la prononciation française. Troisième édition revue et corrigée*. Gembloux : Duculot.